ASEAN
大(メガ)市場統合と日本

TPP時代を日本企業が生き抜くには

深沢淳一・助川成也 著

文眞堂

はしがき

　今では想像もできないが，2000年前後の東アジア地域は，世界で唯一ともいえる自由貿易協定（FTA）の空白地帯だった。ASEAN（東南アジア諸国連合）は1990年代初めに北米自由貿易協定（NAFTA）や欧州連合（EU）の形成に刺激され，ASEAN自由貿易地域（AFTA）を始動させたにすぎず，日本，中国，韓国は当時，まだ地域統合に1つも参加していない状況だった。

　その東アジア地域で今，環太平洋経済連携協定（TPP），東アジア地域包括的経済連携（RCEP）構想という2つのメガFTAが実現に向けて動き出し，2015年末にはASEAN経済共同体（AEC）も一応は完成する。この15年ほどで，東アジアは世界有数のFTA密集地帯へと変貌を遂げ，まさに「アジア大統合時代」を迎えた。

　大統合の火付け役は，意外にも日本だった。2000年当時，通商産業省（現経済産業省）を中心とした日本政府は，シンガポールを相手に初のFTA交渉を始めた。シンガポールは関税をほとんど撤廃している自由貿易国であるうえに農産品輸出は皆無に等しく，日本にとって，国内農業保護の観点からも交渉の難易度が低かったためだ。

　世界貿易機関（WTO）による多国間交渉が行き詰まりを見せる中，日本は恐る恐る試しに始めた交渉だったが，中国は，日本がFTAでASEAN市場の囲い込みに乗り出したと深読みして，猛烈な巻き返しに動いた。2001年11月，ブルネイのバンダルスリブガワンで行われた中国とASEANの首脳会議で，双方は10年以内に自由貿易圏を完成させることに合意した。

　この合意が，「アジア大統合時代」の幕開けとなった。当日，現地は曇り

がちな天気だった。ASEANで中国脅威論が叫ばれ始めている中，日本側には，「FTAなど実現するはずはない」と合意を軽視する声もあった。だが，私たちの見方は違った。「アジア地域での日本の通商政策は，再検討を迫られることになる」──。当日，現地から東京に送信した原稿に，危機感を込めてそう記した。

結局，ASEANとのFTAで日本は慌てて中国を追随し，さらに韓国，インド，豪州・ニュージーランドが追いかけ始めた。東アジアで自国抜きの地域統合が進むことを危惧した米国もTPPなどで参入し，TPP交渉に入っていないASEAN加盟国はRCEPに進む。次々と通商の化学反応が引き起こされた。

アジア地域のFTAは二国間ベースでも広がり，今やASEANを軸にしたFTAは，企業が「利用する時代」を迎えている。日本企業にとって，FTAは関税削減・撤廃のメリットのみならず，投資戦略にも大きな影響を及ぼす。これまで企業は，市場規模，法人税減免など投資制度の恩典，賃金水準，部品調達先の多様性などを元に，進出先を検討してきた。今は，アジア域内で様々なFTAが張り巡らされたことにより，ASEAN内の1カ国に集中的に生産拠点を設け，そこからFTA網を活用して域内外に製品を供給する戦略が描ける。投資先の国を選ぶうえで，「どの国・地域とFTAを結んでいるのか」が重要な要素になっている。

FTAを「利用する時代」の効果は，すでにASEANに進出している企業に及んでいる。これまで日本企業は，東南アジア各国が長年にわたってそれぞれが高い関税率を設けていたため，非効率ながらも各国ごとに生産拠点を展開する戦略を余儀なくされていた。しかし，2000年代以降にアジア地域でFTAが急速に拡大したことにより，域内での生産や部品調達のネットワーク全体の再編が可能になり，拠点の統廃合で経営体質の改善が図られた。半世紀以上に及ぶ日本企業のアジア地域での投資行動は，FTAによって大きな変質を遂げたと言えるだろう。

しかし，メガFTAによる地域統合の実現や，ASEANの将来的な成長に，死角はないのだろうか。

はしがき

　本書は，読売新聞のシンガポール支局，バンコク支局（アジア総局）に計6年4カ月駐在し，アジア経済特派員やアジア総局長として東アジアの地域統合や政治・安全保障情勢を取材してきた深沢淳一と，日本貿易振興機構（JETRO）バンコク事務所で通算9年半にわたり，日本企業の投資支援やASEANの地域統合の分析，企業コンサルティングをしてきた助川成也とが，2000年前後からの通商交渉の舞台裏や，日本企業のASEAN投資の変化などを，現地でのフィールドワークをもとに書き記したものである。

　さらに，拡大する中間所得層を囲い込むため日本の内需型企業も積極的に進出を始めたASEAN各国に潜む様々な「中進国の罠」を分析し，AECが抱える「経済共同体」としての壁と問題点，TPPとRCEPによる大統合の将来像の課題などを網羅的に記している。

　ノンフィクション，専門書，ビジネス書の要素を散りばめた構成になっており，企業関係者，研究者，政府関係者，学生，マスコミなど，幅広い方々にお読みいただき，ASEANやメガFTAの実相と展望に関して，少しでもご参考になれば幸甚である。

　なお，本書の各部分は，執筆者の帰属する機関の公式見解ではないことにご留意をお願いしたい。また登場人物の肩書きはその当時のままとした。写真は深沢淳一が撮影した。

　末筆になるが，編集の労をとって頂いた文眞堂の前野隆氏，前野弘太氏他編集部の方々に心から御礼を申し上げたい。

2014年10月

深沢淳一・助川成也

目 次

はしがき ……………………………………………………………………… i
『アジア大統合時代』略語表 ……………………………………………… xi

第Ⅰ部
東アジア統合の黎明期～ASEAN を軸に FTA 網が急拡大
(深沢淳一)

はじめに ……………………………………………………………………… 2

第1章　中国，政治・安保・経済で「微笑みの南進」を開始 …… 4

1. 2001 年，ブルネイで自由貿易地域の創設に合意 ………………… 4
2. 日本が引き金を引いた中国の 2000 年からの仕掛け …………… 6
3. 「アーリー・ハーベスト」で中国ペースの交渉に ……………… 8
4. 「CLMV」への支援強化 …………………………………………… 10
5. 2001 年の専門家グループの報告書 ……………………………… 11
6. 東アジア FTA（East Asia FTA ＝ EAFTA）も視野に ………… 12
7. 2002 年，FTA の「枠組み協定」を締結へ ……………………… 14
8. 農業 8 分野の自由化を前倒し ……………………………………… 16
9. 中国は ASEAN の「脅威」か「好機」か ……………………… 17
10. FTA 完了の「2010 年」「2012 年」問題 ………………………… 20
11. 完成度の高い協定，投資・サービス分野も自由化 …………… 21
12. 2002 年，プノンペンの首脳会議 ………………………………… 23
13. 首脳レベルから実務レベルの段階に ……………………………… 24

- 14. アーリー・ハーベストと本格自由化がスタート ……………… 26
- 15. メコン川流域の雲南・インドシナ経済圏の基盤固め ……… 27
- 16. 「中国・ASEAN博覧会」と中越国境貿易 …………………… 30
- 17. TAC署名で「微笑みの南進」戦略の総仕上げ ……………… 32

第2章 後手に回った日本の東アジア戦略 ……………………… 38

- 1. WTO派が主流だった2000年前後 …………………………… 38
- 2. 1999年，シンガポールからのFTAの誘い ………………… 40
- 3. シンガポールとの「実験交渉」開始 ………………………… 41
- 4. 妥協しない米国の対シンガポールFTA交渉 ……………… 43
- 5. 2000年，ASEANから突然のFTA研究の提案 …………… 46
- 6. 日本ASEANで専門家グループを設置 ……………………… 48
- 7. ゴー・チョクトン首相の日本への期待 ……………………… 49
- 8. 付け焼刃的な「小泉演説」に失望感も ……………………… 51
- 9. 経産省主導で専門家グループが始動，FTA効果を検討へ ………… 54
- 10. 日本の農業保護の姿勢にASEANが猛反発 ……………… 55
- 11. 2002年4月，突然の「FTA推進宣言」 …………………… 56
- 12. 「二国間」優先と「ASEAN全体」優先で混乱，ASEAN側は遺憾 ……………………………………………………… 58
- 13. 2003年中にFTAの枠組み策定で合意へ ………………… 60
- 14. 首脳宣言の文案作業でも混乱 ……………………………… 61
- 15. 中国が「日中韓FTA」を不意に提案 ……………………… 62
- 16. FTAの枠組み策定へ，二国間のFTA事前協議も動き出す ………… 63
- 17. FTA作業部会でのタイの反発 ……………………………… 65
- 18. 2005年に交渉開始へ，原産地規則は累積型に …………… 67
- 19. 「特別首脳会議」の共同文書作りでASEANが反発 ……… 69
- 20. 「東アジア共同体」構想を巡っても混乱 …………………… 72
- 21. TAC署名を巡る日本側のドタバタ ………………………… 73
- 22. 戦略不在の「ASEAN戦略」 ………………………………… 75

第3章　当初は日本よりも「FTA後発国」だった韓国 …… 78

1. ASEANの誘いに消極的な対応 …………………………… 78
2. 2003年10月，盧武鉉大統領がASEANとのFTAを表明 …… 80
3. FTA対策で11兆円の農業・農村支援を実施 …………… 81
4. 政治主導でFTA戦略を一気に加速 ……………………… 82
5. メガFTA時代に備えた新たなFTA戦略 ………………… 84

第4章　インド，中国への対抗でASEANとのFTAを猛追 …… 86

1. 中国に対抗して2002年にASEANと初の首脳会議 …… 86
2. 譲歩を積み上げて「経済協力枠組み協定」をスピード締結 …… 87
3. 出遅れた豪州ニュージーランド ………………………… 90

第5章　米国，アジア太平洋地域をメガFTAで囲い込みへ …… 94

1. 当初はAPECの枠組みに着目するも期待外れに ……… 94
2. 2002年，ASEANとの会議を10年ぶりに再開 ………… 96
3. ブッシュ大統領が「ASEANイニシアチブ計画」を表明 …… 98
4. APECでアジア太平洋自由貿易圏（FTAAP）構想を提案 …… 100

第6章　TPP，RCEP交渉が始動，東アジア大統合時代に …… 102

1. 日中韓のFTA，政治関係悪化で迷走 …………………… 102
2. 東アジア首脳会議と地域統合の枠組みで日中が対立 …… 105
3. TPPで分断を恐れたASEANがRCEP推進 ……………… 109

おわりに ……………………………………………………… 112

第Ⅱ部
東アジア大統合時代，ASEANで挑む日本企業

（助川成也）

はじめに …………………………………………………………………… *114*

第1章 GATT/WTO 時代から FTA 時代へ，変わる日本の投資パターン …………… *116*

1．輸入代替工業化から輸出指向型工業化へ ………………………… *116*
2．積極的外資導入から制限的・選別的外資導入へ舵を切る東南アジア ……………………………………………………………… *119*
3．日本の資本財・中間財輸入に依存する東南アジアの輸出 ………… *120*
4．ASEAN 内需獲得の動きとアジア通貨危機下の日本企業の投資 … *124*
5．遅滞する WTO 多国間貿易自由化交渉と FTA 時代への幕開け …… *128*
6．中国の投資ブームと「チャイナ・プラスワン」の動き ……………… *131*
7．2011 年の 2 つの大自然災害を契機に進むリスク分散 ……………… *134*

第2章 FTA を軸に進む拠点再編とサプライチェーンの再構築 …………………………………………………………… *138*

1．挫折続きの ASEAN の経済協力 …………………………………… *138*
2．AFTA の創設と AFTA の先行適用を可能にした AICO …………… *139*
3．AFTA とその制度，利用に向けた条件 …………………………… *143*
4．AFTA の本格化と企業の域内生産分業 …………………………… *150*
5．FTA 構築競争でより高まる ASEAN の役割 ……………………… *158*

第3章 FTA 網の多層化で拡大する機会と規則の複雑化 ……… *160*

1．構築する時代から利用する時代に入った FTA …………………… *160*
2．FTA 毎に異なる利用規則とスパゲティボウル現象 ……………… *163*
3．FTA 利用手続きの改善を進める ASEAN ………………………… *166*
4．FTA 利用で「スパゲティボウル」の隙をつく …………………… *173*

第4章 事業環境改善に挑む ASEAN の日系産業界 …………… *177*

1．ASEAN 日本人商工会議所連合会（FJCCIA）とその設立の経緯 … *177*

 2．内政不干渉を堅持する ASEAN と事務局の限界................ *178*
 3．経済閣僚会議へのチャネルを持った在 ASEAN 日系産業界 *182*
 4．在 ASEAN 日系産業界と日 ASEAN 経済相との対話................ *184*
 5．新たなステージに入る対話 *189*

第 5 章　ASEAN 統合に備えメコンの活用に踏み出す企業 *192*

 1．域内投資が拡大する ASEAN *192*
 2．タイの産業集積を活用する ASEAN 後発加盟国 *196*
 3．「タイプラスワン」戦略を支える国境障壁低減化措置 *198*
 4．局地的にとどまる「タイプラスワン」拠点 *201*
 5．ASEAN 経済統合の深化に向けて *203*

第Ⅲ部
東アジア大統合の展望
～TPP，RCEP，AEC のメガ FTA の将来図

（深沢淳一・助川成也）

はじめに *208*

第 1 章　「緩やかな共同体」ASEAN の死角 *210*

 1．「巨大な隣人」中国，経済は共栄，安保は ASEAN 分断の脅威 ... *210*
 2．ミャンマー民主化ショック *215*
 3．「高齢化の罠」と「中進国の罠」............................. *222*
 4．ASEAN 各国，未成熟の民主化 *230*
 5．構想力のある統合の牽引役が不在に *237*

第 2 章　ASEAN 経済共同体（AEC）の実態 *240*

 1．「ASEAN 経済共同体」命名の由来 *240*
 2．ASEAN が進める緩やかな経済統合体の実体 *241*

3．ASEAN 経済共同体（AEC）の波及効果 ……………………………… *246*
　4．経済統合の推進に不可欠な ASEAN の抜本的な権限改革 ………… *248*
　5．ポスト AEC2015 に向けて ………………………………………………… *251*

第 3 章　東アジア大統合時代へ
　　　　　～TPP と RCEP，動き出したメガ FTA …………………………… *252*

　1．似て非なる 2 つのメガ市場統合 ………………………………………… *252*
　2．自由化水準が低くても，使い勝手に期待できる RCEP ……………… *259*
　3．TPP，RCEP，AEC の先にあるもの …………………………………… *262*

東アジア通商年表（ASEAN を巡る主な動き）……………………………… *266*

「アジア大統合時代」略語表

AANZFTA ASEAN 豪 NZFTA
ASEAN-Australia-Newzealand FTA

ACD アジア協力対話
Asia Cooperation Dialogue

ACFTA ASEAN 中国自由貿易地域
ASEAN-China Free Trade Area

ADB アジア開発銀行
Asian Development Bank

AEC ASEAN 経済共同体
ASEAN Economic Community

AEM-METI 日 ASEAN 経済閣僚会議
ASEAN Economic Ministers and the Minister for Economy, Trade and Industry of Japan

AFAS ASEAN のサービスに関する枠組み協定
ASEAN Framework Agreement on Services

AFTA ASEAN 自由貿易地域
ASEAN Free Trade Area

AHTN ASEAN 統一関税品目分類表
Asean Harmonized Tariff Nomenclature

AIC ASEAN 産業補完協定
ASEAN Industrial Complementary

AICO ASEAN 産業協力措置
ASEAN Industrial Cooperation

AIFTA ASEAN インド自由貿易地域
ASEAN-India Free Trade Area

AIIB アジアインフラ投資銀行
Asian Infrastructure Investment Bank

AIP ASEAN 産業計画
ASEAN Industrial Project

AJCEP 日 ASEAN 包括的経済連携協定
ASEAN-Japan Comprehensive Economic Partnership Agreement

AKFTA ASEAN 韓国自由貿易地域
ASEAN-Korea Free Trade Area

AP （自動車）輸入許可証
Approved Permit

APEC アジア太平洋経済協力会議
Asia-Pacific Economic Cooperation

APTA ASEAN 特恵関税協定
Agreement on ASEAN Preferential Trading Arrangement

ARF ASEAN 地域フォーラム
ASEAN Regional Forum

『アジア大統合時代』略語表

ASEAN ……東南アジア諸国連合
Association of South East Asian Nations

ASEM ……アジア欧州会議
Asia-Europe Meeting

ATIGA ……ASEAN物品貿易協定
ASEAN Trade in Goods Agreement

ATISA ……ASEANサービス貿易協定
ASEAN Trade in Services Agreement

BOI ……タイ投資委員会
Board of Investment

C/O ……原産地証明書
Certificate of Origin

CBTA ……越境交通協定
Cross-Boarder Transport Agreement

CCA ……ASEAN物品貿易協定調整委員会
ASEAN Coordinating Committee on the Implementation of the ATIGA

CEPT ……共通効果特恵関税
Common Effective Preferential Tariff

CFSP ……共通外交・安全保障政策
Common Foreign and Security Policy

CIF ……運賃・保険料込み条件
Cost, Insurance and Freight

CKD ……完全組立（ノックダウン）
Complete Knock-Down

CLMV ……カンボジア、ラオス、ミャンマー、ベトナムの頭文字
Cambodia-Laos-Myanmar-Vietnam

COC ……（南シナ海の）行動規範
Code of Conduct

CPTF-WG ……通関手続き・貿易円滑化作業部会
Customs Procedures and Trade Facilitation Working Group

CTC ……関税番号変更基準
Change in tariff Classification

CTH ……関税番号変更基準（4桁）
Change in Tariff Heading

CTSH ……関税番号変更基準（6桁）
Change in Tariff Sub-heading

DOC ……南シナ海行動宣言
Declaration on the Conduct of Parties of the South China Sea

EAS ……東アジア首脳会議
East Asia Summit

EC ……欧州共同体
European Community

EFTA ……欧州自由貿易連合
European Free Trade Association

EH ……自由化の一部前倒し措置
Early Harvest

EPA ……経済連携協定
Economic Partnership Agreement

EU ……欧州連合
European Union

EVSL ……自主的分野別自由化措置
Early Voluntary Sectoral Liberalization

FJCCIA	Federation of Japanese Chambers of Commerce and Industry in ASEAN	ASEAN日本人商工会議所連合会
FOB	Free on Board	本船甲板渡し条件
FTA	Free Trade Agreement / Free Trade Area	自由貿易協定／自由貿易地域
FTAAP	Free Trade Area of the Asia-Pacific	アジア太平洋自由貿易地域
GATS	General Agreement on Trade in Services	サービス貿易に関する一般協定
GATT	General Agreement on Tariffs and Trade	関税と貿易に関する一般協定
GEL	General Exception List	一般的除外品目
GMS	Greater Mekong Sub-region	大メコン川流域地域（国）
HS	Harmonized System	輸出入統計品目番号（関税番号）
HSL	Highly Sensitive List	高度センシティブ品目
IL	Inclusion List	適用品目（関税引き下げ対象品目）
IMF	International Monetary Fund	国際通貨基金
IMV	Innovative International Multi-purpose Vehicle	革新的国際多目的車
ITA	Information Technology Agreement	情報技術協定
JSEPA	Japan-Singapore Economic Partnership Agreement	日本・シンガポール新時代経済連携協定
METI	Ministry of Economy, Trade and Industry of Japan	経済産業省
MFN	Most Favoured Nation Treatment	最恵国待遇
MOU	Memorandum of Understanding	覚書
MRA	Mutual Recognition Agreement (Arrangement)	相互承認協定
NACC	National Anti Corruption Commission	国家汚職防止委員会
NAFTA	North American Free Trade Agreement	北米自由貿易協定
NIES	Newly Industrializing Economies	新興工業国・地域群
NLD	National League for Democracy	国民民主連盟
OCP	Operational Certification Procedures	運用上の証明手続き
ODA	Official Development Assistance	政府開発援助
PAD	People's Alliance for Democracy	市民民主化同盟

PAP	People's Action Party	人民行動党
PJCC	Police and Judicial Co-operation in Criminal Matters	警察・刑事司法協力
PSRs	Product Specific Rules	品目別規則
RCEP	Regional Comprehensive Economic partnership	東アジア地域包括的経済連携
RVC	Regional Value Content	域内原産割合
SARS	Severe Acute Respiratory Syndrome	重症急性呼吸器症候群
SEOM	Senior Economic Officials Meeting	高級経済事務レベル会合
SL	Sensitive List	センシティブ（重要）品目
SPDC	State Peace and Development Council	国家平和発展評議会
SPS	Sanitary and Phytosanitary Measures	植物衛生検疫措置
TAC	Treaty of Amity and Cooperation in Southeast Asia	東南アジア友好協力条約
TAFTA	Thai-Australia FTA	タイ豪FTA
TBT/STRACAP	Technical Barriers to Trade/Standards, Technical Regulations and Conformity Assessment Procedures	貿易の技術的障害
TEL	Temporary Exclusion List	一時的除外品目
TPP	Trans-Pacific Partnership	環太平洋経済連携協定
TRIMs	Agreement on Trade-Related Investment Measures	貿易に関連する投資措置に関する協定
TRIPS	Trade-Related Aspects of Intellectual Property Rights	知的所有権の貿易関連の側面に関する協定
UDD	United Front of Democracy Against Dictatorship	反独裁民主戦線
UMNO	United Malays National Organization	統一マレー国民組織
UNCTAD	United Nations Conference on Trade and Development	国際連合貿易開発会議
UNFC	United Nationalities Federal Council	統一民族連邦評議会
WO	Wholly Obtained	完全生産基準
WTO	World Trade Organization	世界貿易機関

第 I 部

東アジア統合の黎明期
～ ASEAN を軸に FTA 網が急拡大

はじめに

　アジアの市場統合は，どのような変遷をたどり，環太平洋経済連携協定（TPP），東アジア地域包括的経済連携（RCEP）構想に行きついたのか。第I部では，2000年前後に日本，中国，韓国，インド，豪州・ニュージーランド，そして米国が，ASEANとの地域統合やFTAに動き出した経緯を，当時の取材をもとに詳細に記し，「東アジア現代通商史」といえる内容にまとめた。ASEANを軸とする地域統合などを巡り，各国の対応を国別にくくっており，交渉の駆け引きや通商戦略の違いなどを比較できると思う。

　各国の特徴を大まかに記すと，次のようになる。

　FTAと経済協力，さらに安全保障などを絡めながら，通商・経済・政治，安保などを一体化させた総合的な対ASEAN戦略を進めてきた中国，司令塔と戦略がともに不在だった日本，ASEANとのFTAをバネに東アジアの「FTA最後発国」から「FTA最先端国」へと脱皮を遂げた韓国，ライバルの中国に対抗して強引にASEANとのFTAに割り込んできたインド，東アジアの地域統合から置き去りにされる焦りを強めた豪州・ニュージーランド，アジア太平洋経済協力会議（APEC）を軸にアジア太平洋自由貿易地域（FTAAP）構想とTPPでアジア市場の囲い込みに動き出した米国——。

　そして，ASEANはTPP交渉の参加国，非参加国によってASEAN域内の結束や外資誘致などの競争力が乱れる事態を懸念し，インドネシアが主導してASEAN中心の地域統合体であるRCEP構想を提唱した。

　第I部を通じて浮かび上がってくるのは，日本とシンガポールのFTA構想に端を発した東アジアの地域統合は，TPPやRCEPも含めて「自由化のバスに乗り遅れるな」という一種の群集心理のような連鎖が各国に広がり，それが地域統合の推進力になってきたということだ。その中で，各国ごとに通商政策の構想力，企画力，行動力，駆け引きなどの巧みさや稚拙さの違いが鮮明に表れている。

当時，日本は省庁間の縦割りの壁や，政治のリーダーシップの不在などから，通商戦略は後手に回りがちだった。政府内の動きや対外交渉の詳しい状況を各国のそれと対比することで，少しでも今後の教訓として参考になれば幸いである。なお，各国のASEANとの通商交渉の時系列的な比較を容易にするため，第1章中の図表「2000年代前半のASEANを巡る各国のFTA締結に向けた動き」と，巻末のアジア通商年表を，本書の展開に合わせてご参照ください。

第1章

中国,政治・安保・経済で「微笑みの南進」を開始

1. 2001年,ブルネイで自由貿易地域の創設に合意

　シンガポールのチャンギ国際空港から南シナ海を北東に約2時間の洋上フライトで,ボルネオ島の深い森に囲まれたブルネイに到着する。首都バンダルスリブガワンに着陸する直前,眼下に黄金の屋根を陽光にまぶしく反射させた大きなモスクが現れる。米同時多発テロから約2カ月後の2001年11月6日,この小さな熱帯のイスラム国で,中国とASEAN10カ国の首脳会議[1]が行われた。アジアで拡大を続ける地域統合の源流をたどると,この会議にたどり着く。

　当時,中国の朱鎔基首相とASEAN10カ国の首脳は「10年以内にFTAの創設を目指す」ことに合意し,総人口17億人にのぼる世界最大規模のFTAが実現に動き出した。この合意は,日本,韓国,インド,豪州・NZ,米国などが,競うように東アジアでの市場統合に走り出す号砲となり,東アジアの通商史に大きな転換点を刻み込んだ。

　緑に包まれた小高い丘の上にぽつんと建つ2階建ての国際会議場には,メディアセンターや記者会見場も設けられ,ASEAN各国や日中韓のメディアの関心は,政治分野では米同時多発テロに対するアジアの反テロの結束力,経済分野では中国とASEANのFTA構想の行方に集まった。

---

[1] 日本,中国,韓国とASEANは1997年のASEAN創設30周年を機に,毎年11月ごろのASEAN首脳会議の際に首脳会議を行っている,現在は豪・NZ,印,米露の16カ国による東アジア首脳会議も開催。初のASEAN首脳会議はインドネシア・バリ島で76年,原加盟のタイ,インドネシア,シンガポール,マレーシア,フィリピンの5カ国体制で開かれた。

中 ASEAN 首脳会議は昼前に，予定通り約1時間で終了し，各国記者は，立ち入り規制ゾーンから出てくる双方の政府関係者への確認作業に追われた。会議の結果は，日本でも，夕刊や翌日の朝刊で「中国・ASEAN，自由貿易協定締結へ」「中国先手，アジア囲い込みに成功」「出遅れ日本」（読売新聞）などの見出しの記事で大きく報じられた。

当日夕方，中国外務省の王毅次官は国際会議場で記者会見を行い，冒頭，約100人の取材陣を前に，「中国と ASEAN は10年以内に自由貿易地域（FTA）を創設することを目指し，直ちに交渉を開始することに合意した」と淡々と述べ，双方の首脳が FTA 実現に合意したことを公式に表明した。さらに「実現には，（自国産業を保護する動きや自由化による痛みなど）多くの困難や問題もある。しかし，最も重要なことは，首脳同士が FTA 創設を目指すという政治的な意志を表明したことだ」と述べ，「（難しい問題点は）政治のリーダーシップで乗り越えられる」と，政治主導で実現できるとの認識を強調した。

経済効果については，「中国と ASEAN の双方に発展の機会をもたらし，経済成長を導く大きな潜在力となる。FTA が発効すれば，中 ASEAN 間の貿易量は今より50％増加し，ASEAN の域内総生産（GDP）を1％，中国の GDP を0.3％押し上げる。ウィン・ウィン（ともに勝者）の結果をもたらす」と，地域統合の効果を繰り返し指摘した。

一方の ASEAN 側も，議長国であるブルネイのボルキア首相（国王）は「できるだけ早く締結できるよう，閣僚や事務レベルの交渉を開始させる」として，ASEAN が FTA 構想に完全にコミットしたことを明確に示した。

当日，ASEAN 事務局がリリースした首脳会議のプレス声明には，①自由化を進める際，モノとサービスの分野で「アーリー・ハーベスト」（一部品目の早期関税引き下げ措置）を実施する②ASEAN の後発加盟国（カンボジア，ラオス，ミャンマー，ベトナム）には，自由化の進め方などで柔軟に対応する──との約束事が交わされたことが明記された。短い文章に記されたこの2点こそ，中国が周到に準備した ASEAN への「誘い水」だった。

2. 日本が引き金を引いた中国の 2000 年からの仕掛け

　中国の ASEAN 囲いこみに向けた仕掛けは，このブルネイ合意から 1 年前の 2000 年 11 月 25 日，シンガポールで行われた前回の中 ASEAN 首脳会議にさかのぼる。

　朱鎔基首相は席上，中央政府が中国企業に外国市場への進出を促す「走出去」（打って出る＝外国進出）政策を推進していることを説明し，ASEAN 市場は「走出去」戦略の重要な地域であると強調した。加えて，中国が世界貿易機関（WTO）に加盟（翌 2001 年 12 月に実現）すれば，ASEAN に対して「市場の拡大とビジネス機会の増加につながり，中国は脅威ではなく好機をもたらす」と力説した。

　そうした文脈に続いて，中国政府が FTA 構想の実現に向けて打った最初の一手が，共同で「専門家グループ」を設け，経済統合などを検討する，という案だった。朱鎔基首相は「中国と ASEAN は，自由貿易の長期的な関係を研究するべきだ」と ASEAN 側に呼びかけ，専門家グループの設置を提案した。ASEAN 側にこれを断る理由はなく，その場で一致した。この専門家グループが，1 年後のブルネイでの首脳会議に向けて，FTA 構想を検討する共同組織となる。

　そもそも論として，中国は，なぜ ASEAN との FTA 締結に動き出したのか。結論から言えば，日本の「戦略なき FTA 戦略」が大きな引き金になっている。

　日本政府は 1999 年 12 月，シンガポールのゴー・チョクトン首相の提案に応じて，両国間で FTA 締結の可能性を検討することを決め，翌 2000 年 3 月，産学官による共同研究会を発足させた。研究会での議論を踏まえ，両政府は 2001 年 1 月，FTA の政府間交渉をスタートした。

　日本がシンガポールとの共同研究を始めたのは，当時，日本はまだ一本も FTA を締結していない「FTA 後進国」だったことが最大の理由だ。戦後の日本の通商政策は，関税と貿易に関する一般協定（GATT）から WTO へと

続く多国間による自由貿易体制の枠組みを尊重してきた。ただ，世界では，冷戦構造の崩壊や，中国の改革開放路線などで世界の貿易環境が急激に変化する中，1990年代ごろから，利害が一致する相手国とFTAを締結して，経済効果を素早く確保しようとする動きが強まった。

　日本もFTAをいつまでも通商政策の選択肢から外し続ける訳にはいかなくなったが，内政的には自由化が難しい農業分野を抱えている。その点，かつて新興工業国・地域群（NIES）と呼ばれたシンガポールから日本への輸出は鉱工業製品が中心で，農産物は熱帯魚や花のランなどごくわずかだ。工業品の関税率も，シンガポールは自由貿易国のため，事実上，すべて撤廃していた。日本も鉱工業品の平均関税率は世界的に最も低い水準にあり，日本にとって，シンガポールであれば，未経験のFTA交渉に攻守とも大きな対立点がない状態で臨める。「FTA交渉の進め方や協定の構成などを研究するテストケースとして，シンガポールは打ってつけの存在」（経済産業省幹部）だった。

　日本はシンガポールとFTA交渉を始めた時点では，大半が農業輸出国のASEAN各国とFTAの共同研究を行う考えはなかった。つまり，「シンガポール後」のFTA戦略は，何もプランがない状況だった。

　ところが，中国はこうした日本の動きに過敏に反応した。当時，ASEANの通商関係者は，「アジア地域の貿易自由化を巡り，中国は，日本が自ら想像する以上に日本の動きを強く意識し，警戒している」と語った。さらに，「中国側は，日本はシンガポールとFTAを結んだ後に，ASEAN全体とのFTA締結に乗り出し，ASEAN市場を囲い込む戦略だと読んだ。中国は日本に先手を打つため，スピード感を持ってASEANとのFTAに動き出した」と指摘した。

　実際，中国政府の政策シンクタンクである中国社会科学院の日本研究グループの幹部は当時，北京で「中国がASEANとのFTAに動いたのは，日本に刺激されたためだ」と明言し，日本が中国のFTA戦略の火付け役だったと認めた。

　中国にとって，日本への「巻き返し」の最初のステップが，2000年11月

のシンガポールでの首脳会議で，朱鎔基首相の提案で設置が決まった「専門家グループ」だった。

3.「アーリー・ハーベスト」で中国ペースの交渉に

　シンガポールでの首脳会議から約4カ月後の2001年3月28日，中国とASEANの実務者は，双方の経済協力策などを協議するため以前から開かれてきた「貿易と経済協力に関する共同委員会」の3回目の会合を，マレーシアのクアラルンプールで開催した。そこで，新たに設ける「専門家グループ」の枠組みや検討項目を協議し，名称は「経済協力に関するASEAN‐中国専門家グループ」として，その場で組織が発足した。

　専門家グループの名称からは，共同研究のテーマに中ASEANのFTA構想が含まれていることは，直接的にはうかがえない。名称で「経済協力」を前面に打ち出したのは，友好的な姿勢を演出したい中国と，中国から一層の経済協力や援助を引き出したいASEAN側のそれぞれの思惑が背景にあったためだ。

　共同研究の進め方としては，「政府関係者が率先して行う」ことで一致した。これにより，専門家グループは政府間協議の場として，FTA交渉を進めるための事前協議の性格を帯びることになった。研究の結果は，「共同報告書」として「2001年11月のブルネイでの首脳会議に提出する」ことも確定し，ブルネイでの首脳会議へのレールが，中国主導で着々と敷かれていった。

2001年11月，WTO加盟承認後に書類に署名する中国代表団（カタール・ドーハで）

第1回目の「経済協力に関するASEAN-中国専門家グループ」の会合は2001年4月，北京で開催された。クアラルンプールで「貿易と経済協力に関する共同委員会」が開かれた翌月であり，ASEAN通商筋によると，中国は初会合の冒頭で，「ASEANと中国は，10年以内にFTAを締結すべきだ」と結論づけた専門家グループの「共同報告書案」をいきなり示し，この原案に合意するようASEAN各国に求めたという。

　当時，ASEAN内では，シンガポール，タイ，ブルネイなどは中国とのFTAに前向きだった。しかし，フィリピン，インドネシア，マレーシアなどは，FTAで安い中国製品が国内に一段と流入し，自国産業に打撃を与えることを強く懸念していた。通商関係者によると，ASEAN内には当時，中国とASEANに加えて，日本に共同研究への参加を呼びかける案もあったという。「農業問題を抱える日本は参加を拒絶するだろうから，中国との共同研究自体も白紙にできる」という計算だった。対中FTAに消極的だった国々は，それほど慎重だった。

　専門家グループの初会合で，ASEAN側は，中国が示した共同報告書の原案をそのまま受け入れることは拒んだ。ただ，中国はASEANの「懐柔策」として，農産物を対象にした「アーリー・ハーベスト」（＝EH。一部品目の早期関税引き下げ措置）というカードを準備していた。

　EHとは，直訳すれば「早期の収穫」という意味になる。通商分野では，貿易自由化を進める際，一部の関税撤廃などの自由化を，全体のスケジュールより先に実施する措置を指す。例えば，先進国と途上国との貿易自由化交渉で，先進国側が途上国に配慮して先に特定品目の関税引き下げを提示し，自由化の恩恵をひと足先に波及させるというイメージだ。自由化の実利を早く得られるようにするとともに，信頼関係を醸成し，交渉を円滑に進める狙いもある。

　中国は当時，WTOの加盟交渉を関係国と進めており，専門家グループの初会合から7カ月後の2001年11月，カタールのドーハで開かれたWTO閣僚会合で加盟が承認された。正式加盟は翌12月だった。当時，WTOなどの多国間による通商交渉の経験が浅かったにもかかわらず，初会合でASEAN

側にEHを提案してきたことは，中国がWTO加盟前から，通商交渉の様々な手法を研究していた様子がうかがえる。

　北京で開かれた専門家グループの初会合で中国側が提示したEHの案は，ASEAN各国にとって魅力的だった。東南アジア各国の主力産業である農産物の関税が，一部でも先に削減・撤廃されれば，巨大な中国市場への輸出拡大効果が見込めるからだ。農村部の経済振興はASEAN各国共通の課題でもある。中国がEHのカードを切ったことで，2001年11月のブルネイでの首脳会議に向けて，共同報告書の結論はFTA創設を明記する流れに大きく傾いた。

4.「CLMV」への支援強化

　中国は，ASEAN内の重要課題である「CLMV」の支援強化に乗り出す方針も繰り返し表明し，ASEAN側との信頼醸成に努めた。

　CLMVとは，カンボジア（Cambodia），ラオス（Laos），ミャンマー（Myanmar），ベトナム（Vietnam）のASEAN後発加盟4カ国の英語国名の頭文字を並べた略称だ。先発加盟組のブルネイ，インドネシア，マレーシア，フィリピン，シンガポール，タイのASEAN6に比べると，経済発展が格段に遅れている。ASEANがASEAN自由貿易地域（AFTA）などを通じて地域統合の効果を高める上からも，CLMVの経済力をどう底上げするかは，現在にかけてもASEAN内の大きな懸案だ。

　産業基盤が未成熟で貿易自由化の影響を受けやすいCLMVに対しては，AFTAの取り決めでも，ASEAN加盟国間で関税率を削減・撤廃するスケジュールで「特別な配慮」が施されている。例えば，AFTAに基づいて原則すべての品目の関税率撤廃が終了する時期は，ASEAN6は2010年だが，CLMVは5年以上の猶予が与えられていた。中国は，中ASEANのFTAでも，CLMVの自由化スケジュールには柔軟に対応する方針を示した。

　米同時多発テロの発生から4日後の2001年9月15日。この時期に毎年行われているASEAN経済閣僚会議がベトナムのハノイで開催され，専門家グ

ループが 11 月のブルネイでの首脳会議に向けてまとめた共同研究報告書の案が提出された。そこには，4 月の北京での初会合で中国側が示した原案通り，「中国と ASEAN は FTA（ACFTA ＝ ASEAN CHINA FTA）を締結すべきだ」と明記された。ASEAN 各国の経済閣僚はこの案を評価し，約 2 カ月後にブルネイで開かれる中 ASEAN の首脳会議に向けて，さらに精密な検討を指示した。

5．2001 年の専門家グループの報告書

そして 11 月のブルネイでの中 ASEAN 首脳会議で，双方の首脳は共同報告書に同意し，「10 年以内に自由貿易地域（FTA）の創設を目指す」という歴史的合意に達した。2000 年 11 月にシンガポールで開かれた中 ASEAN 首脳会議で，朱鎔基首相が「専門家グループ」の創設を提案してから 1 年。構想は中国のシナリオ通りに進んだ。

共同報告書は，「21 世紀における急速に緊密化する ASEAN- 中国の経済関係」と題され，ASEAN の国別経済データなどを網羅した別添（アネックス）も含めると，計 155 ページに及ぶ分厚さだった。

本体は，「中国 ASEAN の経済関係の現状」「中国の WTO 加盟が ASEAN 経済に及ぼす効果」「中国 ASEAN の関係強化の方向性」など 4 章で構成され，経済関係を緊密化させるための提言が随所に散りばめられた。報告書の核は，FTA を含む「経済協力の枠組み」の章で，6 項目にわたる協力の枠組みが提言された。

第 1 は，「貿易，投資の円滑化」として，貿易・投資ルールの透明性確保，非関税障壁の撤廃，通関手続きの簡素化，ビジネスマンの移動を活発化させるためのビザ発給手続きの簡素化，二重課税回避などの対策が示された。

加えて，▽サービス貿易の推進▽ASEAN 新規加盟国（注・カンボジア，ラオス，ミャンマー，ベトナム）への人材育成と技術支援▽ASEAN 内の WTO 未加盟国に対し，中国が WTO 加盟後に自由化の恩恵を与えることの

検討▽WTO ルールと調和した ASEAN-中国 FTA（ACFTA）の 10 年以内の創設▽経済協力の強化（金融，観光，農業，中小企業，知的財産権，環境，木材・木製品，エネルギー，メコン川流域開発などの計 11 分野）などが列記され，「FTA 創設」の項目を除けば，中国から CLMV への経済協力の拡大が柱だった。

さらに，朱鎔基首相はブルネイでの首脳会議で，共同報告書が提言した CLMV 向けの支援策に加えて，CLMV を中心に，ASEAN 各国に対して広範な経済協力事業を実施するプランも表明し，中国が ASEAN の経済力の底上げに積極的にかかわる姿勢をアピールした。

その 1 つは，CLMV に対して，一部の貿易品目を対象に「特恵関税」を与えることだ。特恵関税とは，貧困国からの輸入品への関税率を優遇する制度で，日本を含む先進国は，途上国向けに何らかの特恵関税を導入している。ASEAN 内でも，先発加盟 6 カ国は CLMV からの輸入品に同様の制度を適用しており，中国も CLMV に対して，中国への輸出拡大を支援する姿勢を示したものだ。

朱鎔基首相は席上，▽メコン川上流のラオス，ミャンマー，タイ流域で船舶の航行を円滑にするため，500 万ドルの拠出▽ヒト免疫不全ウイルス（HIV）や後天性免疫不全症候群（AIDS）の対策で，ASEAN との協力関係の強化——などの計画も表明し，日本の存在感が強かった対 ASEAN の経済協力分野で，中国も新たな強力なパートナーとして名乗りを上げた。

6. 東アジア FTA（East Asia FTA ＝ EAFTA）も視野に

共同報告書で特筆すべき点は，中国と ASEAN が FTA を締結する意義として，「将来的に ASEAN，中国，日本，韓国による東アジア自由貿易地域（EAFTA）を創設する基礎になる」と述べ，ACFTA は，日韓を含む東アジア全域の広域自由貿易圏の形成に向けた第一歩になる，と位置づけたことだ。中国はすでにこの時点で，将来的に東アジア地域で広域市場統合の流れが生じると予測し，主導権を握ろうと意図していたといえるだろう。

共同報告書は，ACFTAの発効がもたらす経済効果については，「17億人の消費者と2兆ドルの国内総生産（GDP），1兆2300億ドルの貿易額を有しており，人口規模で世界最大のFTAが形成される」として，「ASEANから中国への輸出は48％，中国からASEANへの輸出は55.1％それぞれ増加し，ASEANのGDPを0.9％，中国のGDPを0.3％押し上げる効果が見込める」との推計値を示した。

　一方で自由化の「痛み」として，「一般的に産業構造が似通っている市場同士では，自由化で競争が一段と激化する」などとして，競争力を失った産業から有力な産業への労働力の移転や，各産業や企業の合理化に向けた取り組みなどを通じて，短期的なコスト（経済的な痛み）を伴うとも指摘した。

　ACFTAの具体的な完成年限は共同報告書では示されず，翌年の2002年11月にプノンペンで開催される次回の中ASEAN首脳会議に委ねられた。ただ，報告書は完成年限を定める際の考え方として，2つの案を示した。

　1つは，1994年にインドネシアのボゴールで開かれたアジア太平洋経済協力会議（APEC）首脳会議で採択された「ボゴール宣言」をベースとするものだった。ボゴール宣言は「APECに加盟する先進国グループは2010年までに，途上国グループは2020年までに貿易・投資の自由化を完成させる」という目標を掲げている。報告書は，APECに加盟している中国，ブルネイ，インドネシア，マレーシア，フィリピン，シンガポール，タイ，ベトナムの8カ国は「ボゴール宣言に従って自由化に取り組んでいる」として，ACFTAもこれに合わせて「2020年」が目標年限になりうる，との見解を指摘した。

　もう1つの考え方は，AFTAに基づく関税撤廃の期限に合わせることだ。具体的には，ASEAN各国のうち，先発加盟6カ国は「2010年」までに，CLMV4カ国は「2015〜2018年まで」に関税撤廃を完了するスケジュールが決められており，ACFTAもこれに準じる，という考えだ。

　そのうえで，報告書は2つの案を比較検討した結果，ASEAN側にはAPEC未加盟国もあることなどから，「ACFTAの完成は，AFTAの自由化スケジュールに合わせるべきだ」と結論づけ，AFTAの関税撤廃期限を念頭

にしつつ、「10年以内のFTA創設」に向けた作業を進めるよう提言した。ACFTAの関税撤廃期限をAFTAのスケジュールに合わせることは、事実上、中国がASEANの自由貿易圏に「AFTAプラス中国」として新たに参加する形になる。中国はAFTAの完成と同じタイミングでASEANと市場を一体化させるビジョンを描いていた。

7．2002年、FTAの「枠組み協定」を締結へ

　中国とASEANのFTA（ACFTA）構想は、①2000年11月に双方の経済関係の深化を探るための専門家グループの設置を決定②専門家グループでFTA実現の可能性を含めて共同研究を開始③2001年11月に「10年以内にFTAを創設する」ことで中ASEAN双方が合意——という流れを経て、次の段階は、翌2002年11月にカンボジアのプノンペンで開かれる次回首脳会議に向けて、FTAの「枠組み協定」を定めることだった。構想は中国主導の1年刻みによるシナリオで、着々と展開が図られた。

　枠組み協定とは、FTAの正式交渉を開始する前段階として、①FTAの基本原則②関税の削減・撤廃の対象分野とスケジュール③自由化の合意内容を関係国が守らないなど、貿易紛争や不履行が生じた場合の調停機能——などを事前に定めるものだ。FTA交渉が途中で分解しないよう、FTAの具体的な姿をあらかじめ描いて妥結のゴールを共有し、交渉を円滑に進める狙いがある。中国は、この枠組み協定の策定でも、ASEAN内の経済発展の多様性などを十分に研究・把握し、ASEAN側が受け入れやすい提案を次々に示すことで、流れを自国のペースに引き込んでいった。

　ブルネイでの合意から半年後の2002年5月14日、北京で中国とASEANの高級事務レベル会合が開催され、中国対外貿易経済協力省の竜永図次官は冒頭、「中国とASEANのFTAは、近隣同士の友好的な協力関係を強化する上で、歴史的なステップになる。双方にとって（FTAは）賢明な選択だ」と指摘、ACFTAはアジア地域の安定と発展に大きく寄与する、との大局的な意義を強調した。

その場で中国側は，カンボジア，ラオス，ミャンマー，ベトナムのCLMV 各国を支援するために中国が取り組んできた農業，情報技術（IT），人材育成，投資，メコン川流域開発の経済協力 5 分野と，9 項目の人材育成プロジェクトの実績を改めてアピールした。ASEAN 側高官は，「CLMV に対する支援は，ASEAN 内の経済格差の是正に貢献している」と謝意を示す一方，「経済協力をより効果的，効率的に進める枠組みが必要だ」と述べ，経済協力に関する新たな組織を早急に具体化させるよう要望した。これは，枠組み協定の中で，経済協力の項目をより多く盛り込むよう中国側に求めたものだ。

　こうしたやり取りの後，双方は，枠組み協定は法的な義務づけを伴うものにすべきとの考えで一致した。枠組み協定に法的拘束性と実施の義務化を備えさせると，ASEAN 側の対中 FTA 慎重国も一度合意した内容を白紙に戻せなくなる。中国の抜け目のなさといえるだろう。

　枠組み協定の名称は「中国・ASEAN 包括的経済協力枠組み協定」（Framework Agreement on Comprehensive Economic Cooperation between ASEAN-China）とし，「モノ，サービス，投資などの広範囲な経済協力分野を盛り込む」ことで一致した。FTA に関しては，「指針」「原則」「狙い」「自由化の進め方」を明確に示す一方で，自由化の「原則」として，「国によって，（自由化の進め方で）異なる扱いや柔軟性を認める」ことも確認された。

　これは，すべての品目を例外なく関税撤廃の対象に含めるのではなく，各国の事情などによって，自由化の対象品目や関税の削減・撤廃のスケジュールに柔軟性を認めるという趣旨である。貿易・投資の自由化に対する各国の自主性や裁量を保証することで，市場開放が難しい分野を抱えていても，交渉に参加しやすい環境を整えた。「アーリー・ハーベスト」（EH）に関しても，対象品目，関税削減の開始時期，自由化の進め方などを枠組み協定に盛り込むことが確認された。

　この高級事務レベル会合で合意した重要なポイントは，①EH を枠組み協定に盛り込む②CLMV の自由化ペースは特別に配慮する③中国は ASEAN，特に CLMV への経済協力を強化・拡充する④関税削減・撤廃の対象分野や

進め方は，各国間で異なる対応や柔軟性を認める――の4点だ。

　枠組み協定の具体的な策定作業は，そのために新設する「中国 ASEAN 貿易交渉委員会」(TNC) が担い，半年後の 2002 年 11 月にプノンペンで開かれる中 ASEAN 首脳会議で双方の首脳が署名，締結するという方向性も固まった。

　ASEAN 外交筋は当時，北京での高級事務レベル会合で，枠組み協定の基本原則や 11 月の首脳会議で締結を目指す方向性が一気に決まったことにより，対中 FTA に慎重だったマレーシア，フィリピン，インドネシアなども「外堀を埋められ，逃げ場を失った」と断言した。TNC は，さっそく翌 15, 16 日に北京で第 1 回会合が開かれ，枠組み協定の策定作業がスタートした。

8. 農業 8 分野の自由化を前倒し

　中国と ASEAN の貿易交渉委員会 (TNC) は会合を重ね，プノンペンでの首脳会議を約 2 カ月後に控えた 2002 年 9 月，アーリー・ハーベスト (EH) に盛り込む農水産物の品目に大筋合意した。内訳は，生きた動物，食用肉，魚介類，酪農製品，動物性製品，木材，野菜，果実の 8 分野で，農業が主力

2002 年 9 月，会議後に記者会見に臨む中国の石広生・対外貿易経済協力相（左）と ASEAN 側閣僚

輸出品であるASEAN各国にとって，評価できる内容だった。
　ただ，ASEAN側は，EHを早期に実施することや，対象分野を工業品に拡大するよう要求し，EHに関する最終的な合意は持ち越された。ASEAN側に，「自由化の果実」を少しでも早く，幅広く獲得したいとの思惑が強かったためだ。
　ところが，ASEAN側にとって誤算だったのは，EHは中国だけが対象品目の関税率を削減・撤廃するのではなく，ASEAN側も同じ品目を自由化するという互恵方式とされたことだ。中国がEHで一方的に自由化を進めるという見方は，中ASEANの協議の行方を注視していた日本など他国も抱いていただけに，ASEAN内には失望めいた雰囲気も広がった。
　9月13日に行われた中国の石広生・対外貿易経済協力相とASEAN側閣僚による中ASEAN経済閣僚会議では，EHの対象は中国，ASEANとも同じ品目とし，ASEAN側も同じ品目の関税を削減・撤廃することが決まった。開始時期は，「遅くとも2004年1月1日まで」に関税の段階的削減を始めるとし，CLMVを除くASEAN6カ国と中国は，「3年以内」に対象品目の関税を撤廃することで大枠合意した。ASEAN側はTNCに続いてこの場でも，EHの対象を鉱工業品に広げることや，関税削減の開始は「2003年中」とするよう要求し，さらに調整を続けることになった。

9. 中国はASEANの「脅威」か「好機」か

　「枠組み協定」の策定作業が進むにつれて，ASEAN内では，再び対中FTA慎重論が強まってきていた。双方の首脳が法的効力を持つ協定に署名すれば，各国は合意に基づき，自国市場を粛々と開放する義務が生じる。このため，フィリピン，インドネシア，マレーシアは，FTAの完成年限を設定すること自体に消極的な姿勢を強めた。
　インドネシアでは当時，中国製の安い輸入品が国内市場に浸透し，主力産業の1つである軽工業品の靴や繊維製品などの業界では，地場メーカーの経営危機や廃業などが深刻化していた。メーカーの中には，生産活動をあきら

めて，中国製の輸入・販売業に転換する動きもあった。

　さらに，インドネシアに進出した外資系企業の中には，人件費がインドネシアよりも安いベトナム，中国などに生産拠点を移す動きも顕在化していた。地元英字紙ジャカルタポストは2002年1月，「インドネシアから中国への輸出品は資源などの一次産品に限られており，中国とのFTAの効果は少ない。逆に，中国からASEANへの輸出に拍車がかかる」として，「インドネシアは最大の警戒を持って市場統合問題に取り組むべきだ」との論調を掲げた。当時のインドネシアの世論は，こうした「中国脅威論」が支配的だった。

　フィリピンは，AFTAに基づくASEAN各国向けの関税引き下げスケジュールですら，実施に消極的な構えを強めていた。9月11日に行われたASEAN各国の閣僚で構成されるAFTA評議会で，フィリピン代表は「国内の石油化学産業の育成や，外資の投資を促すため」として，AFTAに基づく石化製品の関税引き下げ時期を，延期したいとの意向を各国に伝えた。「1997年のアジア通貨危機の影響で，国内の石油化学産業の育成が遅れている。今は中国（の石化産業の台頭）という難問も抱えており，関税引き下げを延期して国内産業を育てる必要がある」という理由だった。

　しかし，フィリピンに例外を認めれば，各国から同様の動きが相次いで，AFTAの取り決めが骨抜きになる恐れがある。AFTAへの信頼が失われ，ASEAN域内への直接投資に影響が及ぶことも懸念されるため，FTA推進派のタイやシンガポールは猛反発した。

　フィリピンは，2年後の2004年5月に大統領選を控えていた。ASEANの通商関係者は，貿易自由化に伴う痛みなどがアロヨ大統領の支持率に影響することを避けるため，「フィリピンは，AFTAに基づく自由化措置や，中国との交渉などを一時的に停止する方針だった」ことを明らかにし，フィリピンは内政的な理由からFTAに慎重にならざるをえない状況だったと指摘した。

　2002年当時，ASEANではフィリピンやインドネシア以外の国々からも，「中国脅威論」が次第に強まりつつあった。安い中国製品が自国産業に打撃

を及ぼすのではないかという警戒感や，外資系企業の投資が中国に奪われるのではないか，という懸念だ。急速な経済成長を始めた中国は，ASEANにとって「脅威」か「チャンス」か——。その見方は各国の中でも割れていた。

シンガポールのジョージ・ヨー通産相は，バンダルスリブガワンでの2002年9月のASEAN経済閣僚会議後の記者会見で，「中国経済は様々な分野で競争力があり，ASEANでは特に家具，繊維，靴などの産業が中国との競争に直面している。シンガポールも中国に対して困難な面を抱えているが，それは我が国に限らず，世界全体が直面している状況でもある」と中国脅威論に割り切った考えを示した。むしろ，人口13億人の巨大消費市場としての魅力や，中国との分業体制の深化による貿易・投資のプラス効果を考慮すれば，「中国とのFTAは，ASEANに膨大なチャンスをもたらす」と中国，ASEANの「同時繁栄論」を唱えた。

タイのアディサイ商務相も，閣僚会議直前にインタビューした際，「タイにとって中国はさらに大きな輸出市場になる」と述べ，ASEANと中国とのACFTA構想に加えて，タイ政府は独自に中国と二国間FTAの締結を目指す方針を明らかにした。

シンガポール，タイの2カ国は2002年ごろから，中国にとどまらず，ASEAN域外の広範な国・地域との間で，FTA交渉を相次いでスタートさせていた。これに対し，他のASEAN加盟国の多くは，中国の成長活力を自国の経済的利益に導くための「攻め」の戦略を描ききれていないか，もしくは，中国の輸入品に国内産業が対抗できる自信がないとの理由で，産業や雇用への深刻な影響や，生産拠点の国内流出，外資系企業からの投資減少などへの懸念を強めていた。

バンダルスリブガワンでのASEAN経済閣僚会議の直前に行われた，直接投資の拡大策などを協議する「ASEAN投資地域（AIA）評議会」（閣僚級）では，「国内に進出している外資系企業は，生産拠点の合理化や中国市場に対する関心の高まりから，国外へ流出する動きが見られる。労働コストが低い産業分野はすでに中国との競争力を失っており，高付加価値な産業分野の

育成策を検討している」（マレーシア）など，中国への対抗策に苦慮している意見が多く出された。「中国へのチャンスと脅威が同時に進行している」（シンガポールのタルマン上級国務相，2002年10月のマレーシアでの東アジア経済会議での発言）という状況の中で，ASEAN域内では，全体的に見れば「中国脅威論」がじわりと支配していた。

10. FTA完了の「2010年」「2012年」問題

　2002年11月のプノンペンでの中ASEAN首脳会議に向けて，9月の経済閣僚会議の後，10月14日に中ASEANの事務レベル会合がシンガポールで行われた。9月の会合で合意できなかったACFTAの具体的な完成年限や，EHの内容を詰めることが目的だった。プノンペンの首脳会議を3週間後に控え，「枠組み協定」の内容を完成させるために双方の実務者が顔をそろえられるのは，日程的に最後の機会だった。

　中心街のオーチャード通りに近いホテルの大型会議室。最大の焦点だったACFTAの完成目標年限に関しては，自由化のスケジュールで特別な配慮や柔軟性が認められたCLMV4カ国（カンボジア，ラオス，ミャンマー，ベトナム）と中国の間では，関税撤廃の終了年限を「2015年」とすることでスムーズに決着した。

　対立点は，自由化に消極的なフィリピン，インドネシア，マレーシアの3カ国を含むASEAN6と中国との完成年限に絞られた。論点は，「10年以内にFTAを創設する」という2001年のブルネイでの首脳合意を巡り，「10年以内」の起点は，いつかという解釈の争いだった。

　自由化を少しでも遅らせたいフィリピン，インドネシア，マレーシアは，「今年（2002年）の首脳会議でACFTAの設計図となる枠組み協定に署名するため，『10年以内』の起点は今年だ」として，10年後は「2012年」であると主張した。

　一方，中国は，「2001年のブルネイでの合意から10年以内と数えるべきで，2010年を指す」と譲らなかった。対中FTA積極派のシンガポール，タ

イやブルネイも，実際は中国案を支持していた。

　シンガポールでの協議は予定していた2日間では決着せず，最終日は日付が変わり，16日午前4時過ぎまで続いた。夜明け前のホテルのロビーには大型掃除機の音が響き，宿泊客用の朝食会場には食器が運ばれ始めていた。結局，2年の違いはこの場では埋められず，プノンペンで首脳同士による決着に委ねられることになった。

　会議場を後にする各国交渉団の表情は疲労感に包まれていたが，中国と共同議長を務めたタイ政府高官は，「調整が必要だった項目はおおむね合意できた」と述べ，事務レベルで対応が可能な作業は全て終了したという認識を示した。中国ASEAN貿易交渉委員会（TNC）は約半年で6回の協議を行い，「2010年」「2012年」問題を除けば，枠組み協定の中身は仕上がっていた。

11．完成度の高い協定，投資・サービス分野も自由化

　実際，首脳会議に提出される直前の段階での枠組み協定の原案では，各国首脳が署名した協定書はASEAN事務総長が保管して，ASEAN10カ国に複製を渡すという，国際条約の通例に沿った保管方法まで記されていた。「自由化の原則」では，「モノの貿易で，実質的にすべての関税と非関税障壁の撤廃」を目指すとして，世界貿易機関（WTO）が求める「実質上，すべての貿易を自由化する」というFTAのルールを順守することを掲げた。

　さらに，サービス・投資分野も自由化すると明記されたことも，大きな特徴だった。モノの貿易にとどめず，投資・サービス分野を含めた包括的な市場統合を目指す方針が打ち出されていた。

　9月のTNCや中ASEAN経済閣僚会議では決着しなかったアーリー・ハーベスト（EH）は，農産物の8分野（生きた動物，食用肉，魚介類，毎日の生産品＝牛乳など，他の動物性製品，木材，野菜，フルーツなど）を対象とするとして，ASEANが求めていた鉱工業品は除外された。EHの関税撤廃の進め方は，各品目を関税率の高低に応じて3つの分類（カテゴリー）に分

け，中国とASEAN6（ブルネイ，インドネシア，マレーシア，フィリピン，シンガポール，タイ）は，2004年1月までに関税の削減・撤廃を段階的に始める。関税をゼロにするまでの期限（EHの完了期限）は，3カテゴリーとも「2006年1月まで」と設定され，EHは2004年1月に自由化を始め，2年間で完了させる段取りが決まった。

FTA本体のモノの自由化については，EHに含まれた品目を除く「すべての品目」を関税の削減・撤廃の対象とし，それらの品目は「通常分野」（ノーマル・トラック）と「例外分野」（センシティブ・トラック）の2つのトラック（進め方）に分ける。「通常分野」は，ASEAN6と中国は「2005年1月」から段階的に関税削減，撤廃に着手する。つまり，FTAの本体部分は，この時点が自由化のスタート地点になる。「例外分野」は，自由化が難しい品目を各国が登録し，互いに合意したスケジュールに沿って，関税率を漸進的に削減するとした。

中国はWTOに加盟していないASEAN加盟国（2002年11月時点ではベトナム，ラオス，カンボジア）に対して，この協定が署名された日付（プノンペンで中ASEAN首脳会議が開催された2002年11月4日）をもって，最恵国待遇を付与する。経済協力分野では，農業，情報通信，人材開発，投資，メコン川流域開発を「優先5分野」に掲げ，金融，観光，産業間協力，運輸，情報通信，知的財産権，中小・零細企業，環境，バイオ，漁業，林業，鉱業，エネルギーなど，他にも広範な分野で協力を拡大することが示された。

また，今後スタートするFTA交渉は，枠組み協定の策定作業を担った中国ASEAN貿易交渉委員会（TNC）がそのまま引き継ぎ，進ちょく状況は定期的に閣僚に報告する。枠組み協定は2003年7月1日に発効し，その1年以内（2004年6月30日まで）に，中ASEAN間の貿易紛争解決のための適切な手続きやメカニズムが設けられる。

原案では，ACFTAの完成年限のみが未定で，中国とタイ，インドネシアなどASEAN6は「2010年」「2012年」「2013年」，ベトナム，カンボジアなどCLMV4カ国と中国は「2013年」「2015年」「2016年」の3案が併記さ

れ，どれを選択するかは，11月にプノンペンで双方の首脳が判断する段取りとなった。

2000年11月に朱鎔基首相がASEAN側にFTAの共同研究を提案して以来，わずか2年の短期間のうちに，ACFTAの実行段階が視野に入ってきた。中国が提案したアーリー・ハーベスト（EH）の実施や，FTAの本交渉の前段として枠組み協定を定めるというプラン自体，当時，日本も通商交渉でほとんど未経験のアイデアだった。WTO加盟前でありながら，国際的な通商交渉の手法やASEAN内の経済格差問題などを詳細に研究し，スピード感を持ってASEANを囲い込んでいく中国の戦術には目を見張るものがあった。

12．2002年，プノンペンの首脳会議

2002年11月4日，カンボジアの首都プノンペンで中国とASEANの首脳会議が開かれ，ASEAN6のFTA完了年限は，中国の主張通り「2010年」とすることであっさりと決着した。朱鎔基首相は首脳会議で「中国は2010年をターゲットにすることを支持する」と主張し，ASEAN側の慎重派を押し切ったという。この結果，関税撤廃の完了年限は，中国とASEAN6が「2010年」，中国とCLMVは「2015年」と決まり，全首脳が枠組み協定に署名，締結された。

2001年11月にブルネイで中国とASEANが「10年以内にFTAの創設を目指す」ことで合意した際，日本政府内には，その実現性に懐疑的な見方があったのも事実だ。だが，当時，急速な経済成長を遂げる中国のASEANでの存在感や威圧感は，年々重みを増していた。中国が意図した通り首脳間でFTA創設にコミットした事実は重く，ブルネイで双方がFTA構想に合意した時点で，中国の思惑通りに展開していくと確信した。

FTAを「10年以内」に創設するという時間枠の取り方も巧みだった。2001年の時点では，10年先は遠い将来のように思えた。しかし，これは「交渉などの必要な準備作業を整えて貿易自由化に着手し，それが完了する

までの全体の期間」を意味する。FTA交渉が妥結すれば，各国は関連法の改正や議会の批准手続きなどの国内作業に取り掛かる必要がある。交渉開始から妥結，国内手続きという流れの時間的な配分を考慮して，実際に関税削減をスタートさせる時期は，枠組み協定締結から4年先の「2005年」としたのだった。

　関税削減の開始から完了までの期間は，中国とASEAN6は「2005年1月から2010年1月」までの5年間と定められた。つまり，FTA創設までの「10年構想」は前半5年と後半5年に配分され，前半は交渉開始から国内の批准完了までの準備期間，後半は自由化の着手から完了までの実行期間に割り当てられた。2001年に合意した「10年以内」にFTA完成を目指すという時間枠は，決して遠大なものではなく，現実的な距離感だったと言える。

　しかも，FTAの交渉期間は2003年から2004年半ばまでと定められたが，その途中の2004年1月には，農産物分野のアーリー・ハーベスト（EH，一部品目の早期関税引き下げ措置）が発動される。FTA本体の交渉妥結を待たずに，FTAの一部は事実上，EHの形で開始されることになる。枠組み協定には，こうした自由化の「イベント」が毎年組み込まれており，FTA完成に向けたモメンタムを維持するための細工が随所に設計されていた。中国の構想力や企画力，実行力には，ある種の見事さを感じざるを得なかった。

13. 首脳レベルから実務レベルの段階に

　ACFTA構想は，「ASEAN－中国の包括的経済協力に関する枠組み協定」の締結に伴い，首脳の政治判断で構想の歩を進めてきた段階から，枠組み協定で示されたFTAの工程表を，実務レベルで着実に具体化させる段階へと移った。

　翌2003年の最初の作業は，FTA交渉を2004年6月までに完了させるために，「交渉を，2003年の早期にスタート」させることだった。この含意に基づき，双方のFTA交渉は2003年2月，正式に開始した。

　交渉は，引き続き「貿易交渉委員会」（TNC）が担当し，下部組織に「原

産地規則」「モノの貿易」「サービス貿易」「投資」などの作業部会が設けられた。このうち「モノの貿易」部会は，2005年に始まる関税削減の進め方などの詳細を設計する。「サービス貿易」「投資」の各作業部会は，投資・サービス分野の自由化交渉に向けた準備協議を行う。

　一部農産物の早期関税引き下げ措置（アーリー・ハーベスト＝EH）は，「2004年1月までに開始する」と定められた。ただ，中国とタイの二国間では，それより2カ月早い2003年10月1日，野菜，果物など約200品目の関税撤廃に踏み切った。「自由化の前倒し措置」(EH）を「さらに2カ月前倒し」する取り組みであり，中国とASEANのFTAは，実質的に一部がスタートした。

　タイと中国が独自にEHの開始を早めたのは，中国との経済関係強化を狙うタイのタクシン首相の意向だった。タイは2001年1月の総選挙で，タクシン氏率いる「タイ愛国党」が大勝利を収め，強固な政治基盤を持つタクシン政権が誕生した。タクシン氏は実業界の出身で，トップダウンによる即断即決の「最高経営責任者（CEO）」的手法を政治に取り入れ，2002年ごろから自らが陣頭指揮を執り，日本，米国，インドなどASEAN域外国とのFTA締結に迅速に動き出した。主な狙いの1つは中国とのFTAだった。

　2003年3月にバンコクでタクシン首相に会見した際，首相は「タイにとって，FTAは外交・経済政策の要と位置付けている」と述べ，「できれば年内に日本，中国，インド，豪州との交渉にめどをつけたい」と，各国との締結を急ぐ考えを示した。その中でも，「タイは中国との関係を重視している。中国は大きなチャンスであり，脅威とだけ考えるべきではない。中国とは，野菜，果物の関税を段階的に引き下げることに合意した。今後も品目を追加していく」と，中国とのFTAを最重要視する姿勢を強調した。タイが中国とのEHをASEAN各国に先駆けて始めたのは，当然の行動だった。

　一方で，EHを巡っては，「対中FTA慎重国」のフィリピン，インドネシア，マレーシアは，一段と消極的な姿勢に転じた。EHは，ASEAN各国が中国とそれぞれ二国間交渉を行い，個別に対象品目を決めて自由化を進めるという段取りだった。ところが，2002年11月にプノンペンで枠組み協定が

締結された時点でも、マレーシア、フィリピン、ラオスの3カ国は、中国との間でEHに関する二国間交渉を終えていなかった。

結局、この3カ国は2003年3月までに中国との交渉を終えるよう求められたが、フィリピンはその期限を過ぎても、EHの対象品目のリスト自体を提出しなかった。

2003年2月にスタートしたFTA本体の交渉でも、ASEAN内には自由化に消極的な動きが一部に表れた。サービス分野の作業部会は、2003年8月までに2回の協議を行い、首脳合意を目指す「サービス自由化協定」案と、サービス分野でのEHに相当する自由化案の前倒し策を、いずれも1年後の「2004年8月1日」までに定める方針が固まりつつあった。しかし、サービス分野の自由化を嫌がるインドネシアとフィリピンは、この方針にコミットすることを留保した。

対照的に、シンガポールのゴー・チョクトン首相はその当時、タイと同様に、ACFTAの枠組みとは別に、中国との二国間FTAを目指す意向を表明した。

FTA交渉が具体的に進むにつれて、ASEAN内で対中FTAの「慎重派」と「積極派」の姿勢の違いが一段と鮮明になっていった。後述するが、この際のASEAN内の亀裂は、その後のASEAN経済共同体（AEC）の実現への取り組みや、TPP、RCEPなどの地域統合構想でも、ASEAN全体の対応にずれを生じさせた。

14. アーリー・ハーベストと本格自由化がスタート

中国とASEANのFTA（ACFTA）は2004年1月1日、農産物の「アーリー・ハーベスト」（EH、一部品目の早期関税引き下げ措置）がスタートし、FTAの一部が正式に始動した。生きた動物、食用肉、魚介類、酪農製品、動物性製品、木材、野菜、果実など8分野、約600品目の関税率が2%から15%のレベルに削減され、同年9月にジャカルタで開かれた中ASEAN経済閣僚会議では、同年1月から7月までの間に、対象品目の貿易総額が前

年同期比42.3％増加したことが報告された。

　FTA本体の交渉では，貿易品が中国とASEANで生産されたものかどうかを認定する際の基準となる「原産地規則」について，生産工程が中国とASEAN内の複数の国を経由する場合は，「累積原産」方式を採用することが決まった。

　具体的には，域内で分業生産された製品も含めて，中ASEAN域内での生産過程で付加された原材料コストや製造コストなどの割合が「40％以上」であれば，域内貿易でACFTAに基づく優遇関税が適用される。

　累積原産方式と40％ルールは，AFTAの基準に合わせたもので，当然ながら域内の外資系企業にも適用される。日系企業も，中国ASEAN間の貿易でACFTAの恩恵を受けられるため，中国とASEAN内の生産拠点で効率的な分業体制を組めるようになった。

　こうした制度面の細かい調整を経て，中国とASEAN各国は2005年7月20日，約7000品目の関税を段階的に撤廃する取り組みを開始した。国内手続きの関係でカンボジア，ラオス，フィリピンの参加が遅れ，対中FTAに慎重なベトナムは例外品目などのリストをまだ提出していなかったものの，ACFTAに基づく自由化措置はスタートを遂げた。

　前年の2004年1月に開始した農産物のEHは，対象品目の初年度の中ASEAN間の貿易額が前年同期比29％増と，自由化の効果が表れた。中国とEHを巡る二国間交渉が遅れていたフィリピンも，2005年4月にようやく交渉がまとまり，全体と同じく2006年1月までに関税を削減することが決まった。

　2000年に朱鎔基首相がシンガポールでの首脳会議で，「専門家グループを設置して，経済関係を深化させる方策を研究する」ようASEANに提案してから5年で，ACFTAは自由化の実行段階に到達した。

15. メコン川流域の雲南・インドシナ経済圏の基盤固め

　FTAを締結しても，モノを運ぶための道路，港湾などの物流インフラの

2003年9月19日,雲南省大理で行われた第12回大メコン圏経済協力閣僚会議

整備が伴わなければ,貿易拡大効果は期待外れのものになる。このため,中国は雲南省からラオスやタイ,ベトナムを結ぶ道路網の整備にも力点を置いた。

インドシナ半島のメコン川流域では,アジア開発銀行(ADB)や流域国を中心に,1992年から道路整備などの開発プロジェクトが進められていた。2002年11月3日,プノンペンでの中ASEAN首脳会議に合わせて,対象国の中国,タイ,ラオス,カンボジア,ベトナム,ミャンマーの6カ国の首脳らが出席し,初の「大メコン川流域国(GMS)首脳会議」が開催された。

朱鎔基首相は会議の場で,ADBの融資などで建設が進められている雲南省の省都昆明とタイのバンコクを結ぶ高規格道路の整備事業で,雨期に工事が滞るラオス国内区間の開発を促すため,ラオスに3000万ドルの無利子融資を実行する意向を表明した。

さらに,中国がメコン川流域開発を支援する意義として,中国とインドシナ半島の経済関係を緊密化させるばかりでなく,「ASEANの経済統合にも

重要なプロセスになる」と強調した。

　ASEANにとって，経済発展が遅れているカンボジア，ラオス，ミャンマー，ベトナムの振興は，域内の人，モノ，投資・サービスの自由化を通じて統一経済圏を創設する「ASEAN経済共同体」（AEC，第Ⅲ部で詳述）の経済効果を高めるためにも不可欠だ。メコン川流域の経済発展に貢献するという朱鎔基首相の演説は，中国が「良き隣人」として，「ASEANの経済統合にも協力する」という新たな存在感をアピールするものだった。

　翌年の2003年9月19日には，大理石の産地として知られる中国雲南省の大理で，首脳会議と同じ6カ国の閣僚や高官が参加し，雲南省とASEAN側流域国との経済関係の緊密化をテーマにした「第12回大メコン圏経済協力閣僚会議」が行われた。冒頭，中国の唐家璇国務委員は「流域国との相互利益を導くため，中国は今後も共に協力を進める。中国の発展はメコン川流域の成長に寄与する」と共存共栄の関係をアピールし，ACFTAに基づく貿易自由化が始まる2005年に，2回目のGMS首脳会議を中国で開く計画を明らかにした。メコン川流域国を囲い込み，インドシナ半島での中国の影響力を拡大する狙いだった。

　ADBなどによるメコン川流域開発の中核プロジェクトは，ベトナム，カンボジア，ラオスなどを経てタイを結ぶ「東西回廊」と，雲南省からラオス，タイをつなぐ「南北回廊」と呼ばれる2本の高規格道路網の整備だ。このうち南北回廊は，昆明からラオスを抜けてバンコクまでの総延長約2000キロに及ぶ。雨期の洪水で年間4カ月は不通になるラオス区間を整備するため，中国，タイ，ADBの3者は前年の2002年末，ラオスに9億ドルの資金援助を決定した。

　大理の閣僚会議では，こうした道路網の完成を視野に，複数の流域国を通過するトラックの通関手続きを一カ国で済ませることができる単一通関システムの研究や，外資系企業の導入策，天然資源開発，外国人観光客が自由に各国を周遊できる共通観光ビザの研究に取り組むことで一致した。

　メコン川流域のASEAN各国は，中国と陸路の物流網整備に大きな期待を寄せていた。会議に参加したタイの国家経済社会開発庁（NESDB）幹部は

大理での取材に対し，タイ北部チェンライに経済特区を開発する方針を示すとともに，「中国の成長はタイの成長を支える」と強調し，タイ産農産物などの対中輸出拡大や，タイ北部への中国企業の進出，観光客増加などの効果を見込んだ。

　雲南省と ASEAN の物流網は，南北回廊のほかにも，雲南省からベトナム北部までの高速道路の接続，ベトナム北部の港湾工業地域ハイフォンへの河川輸送ルートの整備，昆明とタイを結ぶ鉄道建設，昆明から大理を経由してミャンマーのマンダレーやインド方面を結ぶ高速道路と鉄道の整備など，様々な構想が浮上していた。雲南省の経済貿易事務所は，「中国各地で作られた製品が，雲南省から鉄道や道路を経由して ASEAN に運ばれるようになる」と指摘し，ACFTA 効果と物流網の整備により，総人口 2 億 5000 万人の「雲南・インドシナ経済圏」が形成されるだろう，と予測した。

　大理でカンボジア政府高官はこう言い切った。「アジアは 20 年前，日本を先頭に雁行型の経済発展を遂げていた。だが，今は中国という一頭のタイガーがけん引している」

16.「中国・ASEAN 博覧会」と中越国境貿易

　ベトナム国境に近い広西チワン族自治区の南寧市では，2004 年以降，毎年秋に「中国・ASEAN 博覧会」が開かれている。2003 年のバリ島での中 ASEAN 首脳会議で，温家宝首相が開催を提案したもので，博覧会を通じてビジネス交流を増やし，ACFTA による中国南部と ASEAN の貿易創出効果を高めることが目的だ。

　2004 年 11 月の初回の開幕式には，中国の呉儀副首相，カンボジアのフン・セン首相，ミャンマーのソー・ウィン首相らが出席し，中国や ASEAN を中心に約 1500 社の企業が参加，家電や農産物，工芸品，衣料品などの商談会が催された。2005 年の 2 回目は，参加企業が 31 カ国・地域の約 2100 社に増えた。

　同自治区と国境を接し，1979 年の中越戦争で中国軍に町が完全に破壊さ

中国から輸入された家電製品などが山積みされているランソンの中国製品市場（2003年12月撮影）

れたベトナムのランソン。2003年12月に現地を訪れた際，町全体が国境貿易の活気に包まれていた。

　テレビ，DVDプレーヤー，炊飯器，電話機，衣類，時計，かばん，靴，おもちゃ——。山あいの未舗装の道路を中国側からひっきりなしにモノが荷車などの人力で運び込まれ，木造の通関小屋を素通りしていく。6人がかりで荷車を押していた運び屋の1人は，「すぐそこの中国側に大きな雑貨市場がある。注文を受けて1日2往復している」と話した。

　町の中心部には中国の大型トラックが直接乗り入れ，ここで積み荷を移して，ベトナム各地にトラックで運ばれていく。中国製品を一時的に保管・販売する大規模な倉庫型の市場もある。貿易代金の支払いには人民元が使われ，輸入品市場では元しか使えない。国境付近には，中国への元建て送金や両替を手掛ける3つの銀行の支店があり，提携先の中国側の銀行と決済記録を書面で毎日交換するなど，「小さな国際金融システム」が存在していた。

　広西チワン族自治区とベトナムの間は，2005年10月に高速道路がつな

がった。中国と ASEAN の貿易は，ACFTA という制度面のインフラと，東シナ海や南シナ海を経由する海の物流ルート，雲南省からタイを結ぶ南北回廊などの陸の物流ルートの効果が相まって，今後も拡大を続けるのは間違いない。

17．TAC 署名で「微笑みの南進」戦略の総仕上げ

　2000 年前後から顕著になった中国の ASEAN 囲い込みの動きは，FTA 締結や経済協力の拡大を核とする経済分野に限らず，政治・安全保障分野も絡ませた包括的かつ周到な戦略だった。ASEAN の「良き隣人」であることを効果的に演出しつつ，経済・政治・安全保障の 3 分野を体系的に組み合わせた中国の南下政策は，「微笑みの南進」戦略といえるだろう。

　中国は，朱鎔基首相が FTA 構想の共同研究を提案した 2000 年 11 月のシンガポールでの首脳会議と相前後して，トップ外交を活発化させた。

　例えば，1999 年は 9 月に江沢民国家主席がタイを，11 月には朱鎔基首相がマレーシア，フィリピン，シンガポールを訪問し，各国首脳との信頼醸成に努めた。2000 年 11 月には，江主席がアジア太平洋経済協力会議（APEC）に出席するためブルネイを訪問後にラオス，カンボジアに足を伸ばし，朱鎔基首相はシンガポールからインドネシアに飛んだ。

　当時，江沢民主席の後継と目されていた胡錦濤・国家副主席も 2002 年 4 月，訪米直前にマレーシア，シンガポールを訪れた。次期国家主席として米国を訪問する前に ASEAN へ足を運ぶことで，中国は新たな指導体制に移行しても，ASEAN 重視の姿勢に変わりはないというメッセージが込められていた。胡錦濤氏は，「アジアなくして中国の発展はなく，中国抜きでアジアの繁栄もない」と訪問先の両国で繰り返し強調し，中国と ASEAN は「共存共栄」の関係にあるというアピールに努めた。

　当時，ASEAN 各国では，中国に対して軍事的，経済的に「超大国」「強国」「脅威」というこわもてのイメージが台頭しつつあり，中国は「中国脅威論」を払拭し，好感度を浸透させることに腐心していた。朱鎔基首相は

2000年のシンガポールでの首脳会議で，中国はASEANと「良き隣人の関係」を構築するという姿勢を何度も表明した。中国がASEANへの影響力を強めるには，「脅威論」を鎮静化させて，安心感を与える必要があったためだ。

　政治・安全保障分野での「良き隣人」の演出にも力を入れた。中国は，ベトナム，フィリピン，マレーシア，ブルネイと長年，南シナ海の領有権問題を抱えており，ベトナムとは戦火を交えた過去もある。緊張関係を緩和するため，朱鎔基首相はACFTAの枠組み協定が締結された2002年11月のプノンペンでのASEANとの首脳会議で，南シナ海問題の平和的解決を目指す「南シナ海の行動宣言」(DOC)にASEAN側首脳と署名し，領有権問題を棚上げする姿勢を示した。

　行動宣言は，領有権を巡って双方が対立している諸島などの名称には触れずに，南シナ海問題での平和的・友好的な環境の醸成を促し，未占有の島や環礁に建造物を設けることを自制するなど現状維持策が盛り込まれた。

　ASEAN側は当初，法的拘束力がある「行動規範」(COC)の策定を要求したが，中国は応じず，双方の協議は2年前に膠着状態に陥っていた。2002年7月のASEAN外相会議で，マレーシアが拘束性の弱い「宣言」に格下げする妥協案を示し，ベトナムは行動規範の策定要求を譲らなかったものの，事務レベルの調整で「宣言」に落ち着いた。行動宣言は，条約のような拘束力は伴わず，お互いの紳士協定といえるものだ。問題を先送りしたに過ぎないが，中国は南シナ海問題をひとまず脇に置くことで，FTAによるASEAN市場の囲い込みに専念できる環境を整えた。

　さらに翌2003年10月，バリ島で行われた中ASEAN首脳会議で，中国の李肇星外相は，ASEANの基本条約である「東南アジア友好協力条約」(TAC)に署名した。

　TACは事実上，ASEANの「不可侵条約」にあたるもので，1976年2月にインドネシア・バリ島で開催された第1回のASEAN首脳会議で，インドネシア，タイ，シンガポール，マレーシア，フィリピンの原加盟5カ国が採択した。地域の内政不干渉，紛争の平和的解決，主権や領土の相互保全などを

原則に掲げており，途中の改正で ASEAN 域外国の加盟も認められた。中国は 1993 年，ASEAN 側から加盟を呼びかけられたが，当時は南シナ海の領有権問題で対立が強まっていた時期でもあり，見送られた経緯がある。

　TAC への加盟は，お互いに武力を行使せず，主権も侵害しないことを確約することを意味する。中国の加盟は，中国と ASEAN の外交関係にとって歴史的な出来事だった。

　2003 年 10 月のバリ島での首脳会議では，中国と ASEAN が政治的な安定と経済発展をともに目指す「平和と繁栄のための戦略的パートナーシップに関する共同宣言」も採択された。相互の主権や領土を尊重しつつ，経済協力を強化させていく方針をうたっており，双方は「良き隣人」関係をはぐくむとしている。

　戦略的パートナーシップ宣言では，「戦略的共同作業」として，ASEAN の地域統合や格差是正に向けた中国の協力強化や，政治レベルの交流拡大，安全保障分野の協調などの，「政治」「経済」「社会」「安全保障」「地域」「国際関係」という包括的な分野で，中国と ASEAN が協力関係を緊密化させる方針が示された。

　中国の 2000 年代の対 ASEAN 外交のキーワードは，政治外交では「平和攻勢による南進戦略」，経済外交は「共存共栄を旗印とする南進戦略」だったと言えるだろう。政治・安全保障面での関係改善と安定化を図りつつ，FTA で貿易・投資を活発化させ，経済協力の拡充も図る——。そうした総合的な戦略で，ASEAN への影響力を一気に強めた。

　朱鎔基首相は 2002 年 11 月，プノンペンでカンボジアのフン・セン首相と会談し，1950 年以降の過去のカンボジアへの借款（債権）を，全額棒引きすると伝えた。総額は 10 億ドル（当時のレートで約 1240 億円）で，カンボジアの国内総生産（GDP）の 3 分の 1 に相当する。加えて，新たに 5000 万人民元（同約 8 億円）を供与する意向を示した。

　中国は，その後もインドシナ半島向けの経済援助を拡大して，カンボジアを完全な影響圏に収めた。カンボジアが ASEAN 議長国を務めた 2012 年 7 月の ASEAN 外相会議では，南シナ海問題を巡り，中国擁護派のカンボ

と，中国との緊張が強まっていたベトナム，フィリピンが激しく対立して，ASEAN 創設以来，初めて共同声明がまとまらないという，極めて異例の事態を招いた。

　中国は，南シナ海の「行動宣言」を 2002 年に署名した後，ASEAN が求める「行動規範」の策定は拒み続けている。ベトナムやフィリピンに対しては，船舶の活動を体当たりで妨害するなど，2000 年前後の「微笑み」の南進から一転し，2010 年頃からは強面の姿を隠そうとしない。詳細は第Ⅲ部で触れるが，援助外交でカンボジアやラオスなどを囲い込み，親中の国々を通じて ASEAN の閣僚会議や首脳会議に間接的に関与しながら，ASEAN の意思決定に影響力を振るうようになった。

図 I-1　2000 年代前半の ASEAN を巡る各国の FTA 締結に向けた動き
（巻末の詳細なアジア通商年表とともに，各章でご参照ください）

	中国	日本	韓国
1999 年		・シンガポールと FTA の共同研究開始に合意（12 月）	
2000 年	・朱鎔基首相が ASEAN 各国首脳に FTA を念頭にした共同研究を提案（11 月）	・シンガポールと FTA 交渉開始に合意（10 月）	
2001 年	・共同研究でアーリーハーベストを提案し，ASEAN を引き寄せる ・10 年以内に自由貿易地域（FTA）を完成させることで首脳合意（11 月）	・1 月にシンガポールと FTA 交渉開始，10 月に妥結	
2002 年	・ASEAN と FTA の「枠組み協定」を締結（11 月）。ASEAN への経済援助拡大も表明。 ・朱鎔基首相が日中韓首脳会議で日中韓 FTA を提案（同）	・ASEAN と FTA を念頭にした専門家グループ設置（1 月），中国の追随を開始 ・ASEAN と「10 年以内の早期に FTA 完成を目指す」ことで首脳合意（11 月）	・ASEAN から FTA を提案されたが，交渉開始に時間がかかるとして拒否（9 月の経済閣僚会議，11 月の首脳会議）
2003 年	・FTA の「枠組み協定」発効（7 月） ・ASEAN の「東南アジア友好協力条約」（TAC）に署名（10 月） ・ASEAN と「平和と安定のための戦略的パートナーシップ」に関する共同宣言（同）	・ASEAN と FTA 交渉開始に合意。主要 6 カ国とは 2012 年までの完成を目指す（10 月） ・12 月に東京で特別首脳会議を開催。日本も TAC に署名	・ASEAN と FTA 締結に乗り出す方針を表明（10 月） ・FTA のロードマップ策定，大規模な農業対策も発表
2004 年	・アーリーハーベストによる農産物の一部自由化開始（1 月）		
ASEAN との FTA 発効時期など，その後の動き	2005 年 7 月発効	2008 年 12 月発効	2007 年 6 月発効

（出所）　筆者作成。

第 1 章　中国，政治・安保・経済で「微笑みの南進」を開始　　37

インド	豪州・NZ	米国
・初の ASEAN との首脳会議開催。FTA 締結を提案（11 月）		・4 月に USTR と ASEAN が 10 年ぶりに経済閣僚会議を開催 ・ブッシュ大統領が ASEAN 各国との FTA 締結に向けて「ASEAN イニシアチブ計画」を発表（10 月）
・ASEAN と FTA を軸とする経済連携枠組み協定に署名（10 月）。タイとも FTA 交渉開始に合意 ・中国と並んで TAC に署名（同）		
	・豪 NZ と ASEAN の首脳会議で「2005 年の早期に FTA 交渉を開始し，2 年以内に終了させる」ことに合意	
2010 年 1 月発効	2010 年 1 月発効	・2006 年のハノイ APEC で，ブッシュ大統領がアジア太平洋自由貿易圏（FTAAP）構想を表明 ・2009 年，オバマ大統領が TPP 交渉への参加を表明

第2章

後手に回った日本の東アジア戦略

1. WTO 派が主流だった 2000 年前後

　1990 年代までの日本の通商政策は，第二次大戦後の 1948 年に発効したガット（関税と貿易に関する一般協定）体制と，ガットを継いで 1995 年に設立された世界貿易機関（WTO）を基軸とする，「多国間による世界の自由貿易体制の推進」が唯一の旗印だった。

　90 年代当時，欧米では米国，メキシコ，カナダの 3 カ国による北米自由貿易協定（NAFTA）や，アルゼンチン，ブラジル，ウルグアイなど南米各国による南米南部共同市場（メルコスール）の創設，欧州統合の動きなど，地域単位で広域な自由貿易圏を形成する動きが拡大していた。これに対して，日本政府の関係者によると，WTO 本部などがあるスイス・ジュネーブの日本政府の国際機関代表部では，東京からの訓令をもとに，各国に NAFTA やメルコスールなどの欠点を指摘して，FTA や地域統合によるブロック経済化をいかに阻止するかという対応に重点を置いていたという。

　日本が地域統合に反対していた理由は 2 つある。1 つは，FTA，地域統合は「ガットと WTO の理念，哲学に反している」という主張だ。

　ガットや WTO のルールでは，世界のブロック経済化が第二次大戦を招いたという教訓と反省から，2 ～ 3 カ国の間で合意した貿易自由化の取り決めは，他の加盟国・地域に無条件で与えられるという最恵国待遇条項がある。ところが FTA や地域統合は，限られた「仲間うち」で自由化のルールを決め，その恩恵は仲間にしか及ばない。このため，当時の通商産業省（現経済産業省）をはじめとする政府内は，FTA を締結する動きが世界的に拡大す

れば，各地でブロック経済化が進み，日本企業の貿易投資活動に大きな影響が生じる，との事態を強く懸念していた。背景には，「日本が戦後，貿易立国として発展を遂げたのは，世界共通の自由貿易体制に支えられてきた」という事実がある。

日本がFTAや地域統合に反対していたもう1つの理由は，関係者によると，仮に日本が地域統合に動こうとしても，日本の周辺には，歴史的経緯や政治体制の違いなどから，統合を目指す「仲間」がいなかったことも要因だった。これらの2点から，日本政府内の通商関係の部局では，「WTOが主流で，FTAは傍流」と位置づけられていた。

そうした中で，日本もFTAや地域統合の必要性を意識せざるを得なくなったのは，皮肉にもWTOによる多国間交渉の行き詰まりが原因だった。

WTOの前進であるガット体制当時の1994年，日本にとってはコメの市場開放に踏み切ったことが象徴的出来事であるウルグアイ・ラウンド（多角的貿易交渉，UR）が妥結した。その後，95年に発足したWTO体制下で，URに続く新たなラウンド（貿易交渉）をスタートさせる取り組みが試みられたが，99年12月に米国シアトルで開かれたWTO閣僚会合が決裂し，完全に暗礁に乗り上げた。閣僚会合が失敗に終わったのは，先進国と途上国の対立の溝が修復不可能なほど深刻化したためだ。

その背景を簡略化すれば次のような構図になる。ガット当時のUR交渉の際，先進国は知的財産権の保護協定（TRIPS）を途上国側に受け入れさせ，その見返りとして，途上国に対して繊維と農産物の市場開放の拡大を約束した。しかし，先進国側の市場開放は遅々として進まず，途上国側は憤慨した。「UR交渉では，先進国側はインド，ブラジルなど途上国側の一部の国と事前に協議を行い，そこで大筋合意すれば，彼らが他の途上国を説得して交渉をまとめていた。しかし，UR後は先進国への反発や不信感が強まった。途上国側はそれぞれが自国の権利や国益を主張するようになり，WTOになって交渉は全く動かなくなった」（日本側交渉関係者）という。

新ラウンドは紆余曲折の末，2001年11月，カタールのドーハで開催されたWTO閣僚会合で，「ドーハ・ラウンド」の交渉開始が決まった。しかし，

その後，交渉がスタートして10年以上を経ても，先進国と途上国が貿易自由化のあり方などを巡って激しく対立し，空中分解状態に陥っている。

　90年後半から2000年前後にかけて，UR後の新ラウンドの開始が何度も暗礁に乗り上げたことで，「日本の通商政策の主流だったWTOを通じて世界の貿易自由化を推進させる，という道がふさがれた。通産省内のWTO派は意気消沈し，存在感が薄くなった」（政府関係者）という。WTO一辺倒だった政府内に，試験的にでもFTAを進める必要があるのではないか，という機運が出始めた頃，タイミング良くシンガポールからFTA締結の提案があった。

2. 1999年，シンガポールからのFTAの誘い

　1999年12月，シンガポールのゴー・チョクトン首相は来日した際，日本とシンガポールのFTA実現の可能性などを検討する共同研究を開始することを日本側に提案した。通商政策を所管する通産省や外務省では，「この提案を受けるかどうかで，省内は対立した」（関係者）という。

　通産省でWTOを担当する国際経済部門は，「日本が個別に二国間でFTAを締結すれば，WTO体制に日本がヒビを入れることになる。FTAを結んでいない第三国に対しても，貿易ルールで日本が差別化することにつながる」として，WTOを基軸とする通商政策の筋論を主張し，拒否反応を示した。

　一方で，「日本だけFTAに後ろ向きで良いのか」「世界的なFTAの流れに取り残されれば，日本は世界の通商の流れから孤立し，WTOでの発言力も弱まる」という主張が政府内にあった。

　12月7日に小渕首相，宮沢蔵相らとゴー首相が会談して，両政府は共同研究を始めることに合意した。舞台裏では，提案を受け入れるかどうかの政府内の調整が7日昼過ぎまでもつれ，滑り込みで会談に間に合った形だった。

　日本がシンガポールとの共同研究に踏み切った対外的な理由は，「（FTAや地域統合は）WTOによる多角的貿易体制を補完する意味がある」（深谷通

産相の記者会見での発言）と判断したためだ。シンガポールとFTAを締結しても，①ガットやWTOによる自由貿易体制の維持・強化を重視してきた日本の通商政策の変更を意味するものではない②FTAで貿易・投資の自由化が進展し，他の国にも自由化の恩恵が及ぶようになれば，それはWTO体制を補うことにつながる——という理由づけだ。

政府は当時，「日本の通商政策の根幹を変更するものではない」との説明を繰り返した。しかし，世界的には既にFTAを軸とする地域統合の流れが主流になっており，世界の情勢を鑑みれば，WTO路線かFTA路線か，という二者択一で悩んでいる局面ではなかった。双方の利点を組み合わせながら，日本の国益を最大化させていく知恵が求められる局面に移っていた。

シンガポールからの農産物の輸入はごくわずかなこともあり，日本政府内では，「FTAを結んでも，日本の農業が大打撃を受けることはまずない。試しに共同研究を進めても良いのではないか」「最初の相手としては最適だ」（当時の関係者）という認識に落ち着いた。一方で，「それでも農水族などが大騒ぎする可能性があり，恐る恐る対応していた」というのが，当時の霞が関の雰囲気だった。日本にとって，FTAは全く未知の制度であり，ウルグアイ・ラウンドや日米貿易摩擦などの数々の通商交渉を経験してきた通産省ですら，FTA交渉は「初心者」のレベルだった。

3. シンガポールとの「実験交渉」開始

ゴー首相の呼びかけで設置されたFTAに関する共同研究会は，初会合が2000年3月7日から3日間，シンガポールで開催された。メンバーは両国総勢25人で構成され，日本側は外務，通産，大蔵，農水，運輸，郵政，経済企画，金融の8省庁の課長級や学識経験者らが参加，年末に予定される首脳会談に向けて，FTAの正式交渉を始めるかどうかの結論を出すことが決められた。

その後，同年9月の5回目の会合で，両政府はFTAを軸とする「日本シンガポール経済連携協定」の締結を目指すべきだとする報告書を取りまと

2002年11月、FTA発効で初めて無関税でシンガポールに輸入される日本製ビール

め、翌10月に来日したゴー首相と森首相は、「2001年1月にFTA交渉を開始し、遅くとも同年12月31日までに終了させる」ことで一致した。中国の朱鎔基首相がシンガポールでの首脳会議でASEAN側首脳に対して、FTAの共同研究を提案（2000年11月）した約1カ月前のことだった。

FTA交渉は予定通り2001年1月にスタートし、4回の本交渉と12回の非公式協議を経て、2002年1月、小泉首相がシンガポールを訪問した際、ゴー首相と協定書に署名を交わした。1999年12月にゴー首相が共同研究を提案してから署名に至るまで、約2年を要したことになる。農業分野の対立点がなく、難易度がかなり低い交渉だった割に、時間を費やした感は否めなかった。

しかも、中国はこの間の2001年11月、ブルネイでASEAN10カ国と「10年以内に自由貿易圏を創設する」との合意にこぎつけ、日本政府は対ASEAN通商戦略の大幅な立て直しを迫られていた。にもかかわらず、小泉首相がゴー首相と協定の署名を交わした2002年1月時点で、日本の東アジ

アでの次のFTA戦略は，事実上，白紙だった。

詳細は後述するが，小泉首相は協定署名のために訪れたシンガポールで，「東アジアの中の日本とASEAN」と題して演説し，ASEANとの包括的な経済連携の必要性を強調した。しかし，「具体性がない」などとして，ASEAN側からは不評の声も聞かれた。

4. 妥協しない米国の対シンガポールFTA交渉

日本とシンガポールのFTAでは，「両国間の貿易量の98％以上に相当する品目の関税が撤廃」（2000年，金額ベース）された。しかし，両政府は交渉前から既に多くの鉱工業品の関税を削減・撤廃しており，FTAによる新たな経済効果や貿易創出効果は薄かった。日本にとって，FTAの「テストケース」として交渉に臨んだ経緯があり，経済成果が限定的なのは，当初から予想されたことでもあった。

ただ，同じ時期の2000年12月にシンガポールとFTA交渉を開始した米国は，途中でクリントン大統領からブッシュ大統領に政権が代わっても粘り強い交渉を続け，シンガポールとのFTAで，金融サービスの市場開放など，幅広い分野で米企業の利益を獲得した。米国のように徹底的に国益と実利を追求する交渉姿勢が，当時の日本政府には乏しかった。自由化交渉に臨む際に，何を譲り，何を得るかというゴールを明確に定め，交渉で妥協をしないという姿勢の違いが明確に表れた形だった。

当時の米国とシンガポールのFTA交渉の状況は，2004年にシンガポールなどで出版された書籍で，両政府の交渉担当者などが詳しく述懐している[2]。同書や当時のリリース，メディアの報道などを総合すると，両国は次のような経緯を経て，FTA締結に至った。

まず，両国首脳が交渉の開始に合意したのは，2000年11月，ブルネイの

---

2 "THE UNITED STATES SINGAPORE FREE TRADE AGREEMENT HILIGHTS AND INSIGHTS" (TOMMY KOH, CHANG LI LIN 編, *Institute of Policy Studies*, Singapore and World Scientific Publishing Co. Pte. Ltd.)

首都バンダルスリブガワンで開かれたアジア太平洋経済協力会議（APEC）首脳会議の際だった。クリントン大統領とゴー・チョクトン首相は11月15日，ゴー首相の呼びかけで公式ディナーの後にゴルフをプレーする約束を交わし，深夜の午後11時45分からゴルフを始めた。降り続いていた雷鳴を伴う激しい雨が奇跡的にやんだために実現したという。日付が変わって16日午前2時ごろ，クラブハウスでゴー首相がFTA交渉の開始を提案し，その場で両首脳は合意した。

その前段は，米通商代表部（USTR）のバシェフスキー代表がAPEC出席のためブルネイに向かう途中，シンガポールに立ち寄ったときのことだ。バシェフスキー代表がシンガポールでリー・クアンユー上級相を表敬訪問する際に，駐シンガポールのスティーブ・グリーン米国大使から，FTA締結を上級相に提案するよう求められた。上級相は，バシェフスキー代表からの提案を，すでにブルネイ入りしていたゴー首相につないだが，クリントン政権側のオルブライト国務長官など米政府幹部は，この提案自体を認識していなかった。このため，ゴー首相が大統領に直接伝えてFTA交渉開始の是非を協議する必要が生じた。

クリントン大統領は，2期目の任期が約2カ月後の2001年1月下旬に終えるため，ブルネイで発表された両首脳の共同声明には，交渉は大統領在任中の「2000年末までに妥結させる」という目標が示された。交渉開始の合意から，わずか1カ月半で妥結を目指すという，実現性には疑問符が付く内容だった。

初交渉は同年12月に，2回目は2001年1月に行われたが，案の定，合意に達することはできず，交渉はブッシュ政権に引き継がれた。

米国にとって，シンガポールは当時12番目の貿易相手国であり，カナダ，メキシコと結んだ北米自由貿易協定（NAFTA）に次ぐ主要貿易国とのFTAとなる。しかも，米国がアジアの国とFTAを結ぶ初めてのケースでもあった。

第3回目の交渉が行われたのは，政権移行期間を経て2001年5月だった。ブッシュ政権下での初会合だったが，米側は，交渉に時間がかかって

も，実利を徹底的に追求する戦術を鮮明に打ち出した。同書の中で，米政府高官は「特定の分野では，完全に（シンガポールの）市場を開放しなければならない。私たちはシンガポールがニュージーランド，日本，欧州自由貿易連合（EFTA）[3]と結んだような，新たな市場アクセスがほとんどないFTAにはしたくなかった」（同書）と指摘している。米側は，日本とシンガポールのFTAには中身がないという認識だった。

交渉でブッシュ政権が特に重視したのは，米企業が世界的な競争力を持つ金融サービス分野や，法律，設計，エンジニアなど専門職市場への参入自由化，シンガポールの政府系企業と米企業の対等なビジネス環境の確保，知的財産権保護の徹底などだった。

これらの重点的な要求項目は，USTRなど米政府が独自に決めたのではなく，米産業界がUSTRや議会に対して，ロビーイングなどを通じて細かく要求したものだった。これは，1990年代の日米自動車交渉や，現在のTPP交渉などの様々な通商交渉の場で，決してぶれない米国の「官民連携」の交渉スタイルだ。

USTRなどの交渉チームは，米国の企業や産業界という「クライアント」の求めに忠実に従い，妥協することなく交渉で成果を獲りに行く。交渉の進展状況や手応えなどは議会や米企業に報告され，情報共有も徹底している。シンガポールとの交渉でも，本国だけでなく，シンガポールに進出している米企業で組織する現地の米国商工会議所からも，市場開放の要望事項が米政府に随時届けられた。

シンガポール国内では，外国の銀行や保険会社の業務展開，資金の送金などはほぼ自由化されている。FTA交渉で，米政府はさらに米企業だけの特権として，シンガポール政府が国内銀行を保護するために規制している地元銀行のATMネットワークへの外国銀行の接続を，米銀行に対して認めさせた。同様に，外国銀行に対する支店数や自行ATMの設置台数に関する規制も，米系銀行には自由化させた。

---

[3] 1960年に設立された自由貿易連合。現在の加盟国はEU未加盟のアイスランド，ノルウェー，スイス，リヒテンシュタインの4カ国。

FTA 交渉は，クリントン政権当時の 2000 年 12 月の初回会合から，ブッシュ政権当時の 2002 年 11 月まで約 2 年にわたり，計 11 回の公式交渉と，電子メール，電話会議，テレビ会議を含む多数の非公式協議が行われ，2003 年 5 月 6 日，ホワイトハウスでブッシュ大統領，ゴー・チョクトン首相が協定に署名，2004 年 1 月に発効した。シンガポールでは，チューインガムの販売がポイ捨て防止のため法律で禁止されているが，交渉の結果，治療用ガムに関しては，米製品の輸入が認められた。米政府は，そうした細かい点でも市場開放圧力の手を緩めなかった。

　同じシンガポールとの FTA 交渉で，米国は産業界の要求をベースに，徹底的に市場開放にこだわった。一方，FTA 交渉自体が初めてだった日本は，交渉で何を獲得するかという基本的な戦術が明確ではなく，官民の連携も十分ではなかった。

5. 2000 年，ASEAN から突然の FTA 研究の提案

　シンガポールとの FTA の共同研究が始まった 2000 年当時，実は，日本政府は ASEAN からも同様の研究開始を促され，対応に苦慮していた。

　ASEAN の経済閣僚と日本の経済産業相（前通産相）は毎年 9 〜 10 月ごろ，定例の ASEAN 経済閣僚会議が開催されるのに合わせて，経産相が開催地に出向いて閣僚会議を行っている。第 7 回目は 2000 年 10 月，タイ北部のチェンマイで開かれ，当時の平沼赳夫通産相が出席した。通商関係者によると，その場でシンガポールのジョージ・ヨー通産相が，「日本と ASEAN との間で，FTA が可能かどうかスタディをしませんか」といきなり提案してきたという。

　事務レベルによる事前の閣僚会議のすり合わせでは，そうした発言は予定されてなく，大臣の想定問答になかった。閣僚会議に同席した通産省通商政策局の幹部らも，意表を突かれた形となった。

　日本はシンガポールと FTA の共同研究を開始したものの，当時は「ASEAN 全体との FTA は，やりたくなかった」（通政局幹部）。日本はシンガポール

以外のASEAN各国とのFTAは，全く考えていない状況だった。

　その理由は大別すれば2つあった。1つは，タイやベトナムからFTAでコメが大量に輸入される懸念に農水族や農業団体などが反発し，構想が浮上した時点で国内調整の収拾がつかなくなる恐れがあること。もう1つは，1990年代にマレーシアのマハティール首相が提唱した東アジアの経済協力構想「東アジア経済協議体」（EAEC）が，米国の激しい反対で頓挫したことだったという。

　日本はEAEC構想を巡っては，東アジアで自国抜きの経済ブロックが構築されることを警戒した米国に配慮，同調して，構想の推進に消極的だった。マハティール首相が，「日本がEAECをつぶした」と激怒したというエピソードもあるほどだ。

　このため，チェンマイでのASEANとの経済閣僚会議で，平沼通産相のそばにいた通産省幹部は，「日本がASEANとFTA締結の可能性を模索すれば，EAECの二の舞になる恐れがある。大臣には，この話しに乗ってはいけません，とメモで伝えた」という。ただ，同席していた別の幹部は，「さすがにスタディを断るという訳にはいかないのではないか」と指摘した。平沼通産相は「スタディならば良い，と答えてもいいか」と周囲に確認し，ASEAN側に，共同研究なら応じても構わないと答えた。

　中国の朱鎔基首相は翌10月，シンガポールでのASEANとの首脳会議でASEAN側にFTAの共同研究を提案した。だが，日本はこの時点では，対ASEAN市場戦略を描いていなかった。当時の通産省幹部は，「チェンマイの会合後も，省内では，スタディの開始や結論をいかに引き延ばすか，ということばかり考えていた。今からすれば考えられないことだが，当時はそれが日本政府の認識と対応だった」という。

　結局，日本がASEANとFTAの共同研究の開始に正式合意したのは，1年後の2001年9月にハノイで開かれたASEAN経済閣僚と平沼経産相との閣僚会議の席だった。ただ，経産省が当時発表したプレスリリースには，「日ASEANの政府関係者からなる日ASEAN専門家グループを立ち上げ，幅広い分野での日ASEAN経済関係強化について検討を開始する」としか書か

れていない。ハノイでの当日の記者ブリーフィングで，経産省幹部は「FTAの共同研究を開始する，と書くのは刺激的すぎる。まずは貿易・投資の自由化や特許などの勉強から始めましょう，という意味を込めた」と語った。

　中国がブルネイで，ASEAN と 10 年以内に自由貿易圏を創設することに合意したのは，日本が専門家グループの設置に合意したハノイでの日ASEAN 経済閣僚会議から約 2 カ月後だ。2000 年 11 月に中国が FTA の共同研究を提案して以来，中国はこの 1 年の間に，農産物のアーリー・ハーベスト（一部品目の早期関税引き下げ措置）の提案などを通じて，ASEAN を周到に囲いこんできた。

　この時期の日中の動きを対比すると，中国は経済援助を絡めながらASEAN への南進のスピードを加速させていたのに対して，日本は ASEANとの FTA に及び腰で，自らの意志で対 ASEAN 市場戦略に動き出す気配はなかった。

6．日本 ASEAN で専門家グループを設置

　専門家グループ設立の経緯や概要は，当時の経産省のプレス向け資料にこう記されている。

　設立の経緯に関しては，「ASEAN から，日本と ASEAN 間の経済統合に関するスタディの提案（筆者注・1 年前の 2000 年 10 月のチェンマイでの提案）があり，両者間で具体的な進め方を検討してきた。協議の結果，専門家グループを設け，より緊密な経済的パートナーシップに向けて，経済協力と経済統合を促進する方策を検討」することで合意した。

　専門家グループの概要は，「メンバーは日本と ASEAN 各国の経済担当省から任命される政府職員」とし，日本側は経産省が中心となって対応する，と記された。また，専門家グループが検討する内容は，「より緊密な経済的パートナーシップに向けて，日 ASEAN 間の経済協力と経済統合の促進の方策」とし，具体的な分野として，「貿易，投資，情報技術，エネルギー，中小企業，工業標準，知的財産権，統計など」を例示した。

検討のスケジュールは，1年後の2002年秋にブルネイで開催される次回の日ASEAN経済閣僚会議までに提言をまとめ，「大臣の検討に付される」とした。その後，「同年秋にカンボジアで開催される日ASEAN首脳会議に報告される」と記している。
　プレス向け資料の文章は，全体的に奥歯に物が挟まったような表現であり，この文面からは，専門家グループで日本とASEANがFTAの共同研究に取り組むのかどうか，はっきりしない。「（専門家グループは）経済協力と経済統合を促進する方策を検討」するとの書きぶりから，FTAの共同研究も検討項目に含まれると解釈するには，やや無理がある。そうは読み取れないと言った方が良いだろう。国内の農業団体や政治の側への刺激が強すぎるため，経産省は政府内の十分な調整を経ず，独自の判断で専門家グループの設置を決めたという印象だ。
　平沼経産相も2001年9月12日にハノイで行われたASEAN側経済閣僚との共同記者会見で，「専門家グループはFTAの検討に発展するのか」との質問に対して，「検討の中身の話をするのは時期尚早であり，基本的にはパートナーシップを加速させることが大事だ」と述べるにとどめた。
　ただ，結果的には，日ASEANが専門家グループの設置に合意したことが，その後の日本の対応に大きく幸いした。詳しくは後に触れるが，ASEANと10年以内に自由貿易圏を創設することに合意した中国を日本が追いかける際に，この専門家グループの枠組みが図らずも，唯一の拠り所となったからだ。

7．ゴー・チョクトン首相の日本への期待

　日本はシンガポールにリードされながら，完全に受け身の形でFTAの第一歩を踏み出した。シンガポールはなぜ，日本をFTAに誘い込んだのか。2002年1月，ゴー・チョクトン首相にインタビューする機会があり，日本とのFTAの狙いや，シンガポールがアジア域外の国々も含めてFTA締結に積極的に動いている背景を聞いた。

それによると，当時，ゴー首相が深刻に懸念していたのは，世界の貿易体制が将来，3つにブロック化されることだったという。具体的には，北米自由貿易協定（NAFTA）を軸とする米国中心のグループと，欧州連合（EU），それに東アジアの3極だ。
　シンガポールは米国，欧州，豪州などと，2000年ごろからFTA締結に動き出したが，その理由として，貿易拡大効果はもとより，FTAを通じて，「シンガポールは海を越えた3つのブロックの結節点になるべきだと考えた」と指摘した。さらに，日本に対しても，シンガポールとのFTAを足掛かりにして，「アジア域外にもFTAを拡大させることを期待している」と述べ，日本やシンガポールがFTAの網をアジア内外に張り巡らせることで「3つの経済圏を（ブロック化させずに）結びつける必要がある」と強調した。
　日本にFTAを呼びかけた理由はこうだった。「WTOの新ラウンドが開始されても，欧米に自由貿易圏が出来上がってしまえば，日本は不利になるだろう。日本が欧米とFTAを結ぶのは（農業問題もあり）難しい。FTAを学ぶために，試みとしてシンガポールとFTAを結んではどうかと，小渕首相に提案した」。そして，「（シンガポールとのFTA締結は）日本にとって，研究所での有意義な実験のようなものになる」と付け加えた。
　日本もシンガポールも，自由貿易体制の恩恵を享受しながら工業化や輸出拡大を実現し，経済発展を遂げてきた。欧米などが閉鎖的なブロック経済化に走れば，双方の経済に大きな打撃が及ぶのは必至だ。このため，日本とシンガポールは世界各地の貿易のブロック化を防がなければならない，という問題意識や懸念では共通していたが，そのための手法は異なっていた。
　日本はWTO中心主義を掲げ，WTO体制下で多国間による自由貿易体制の維持・拡大を目指すことで，ブロック化を阻止しようという狙いだった。対照的に，シンガポールはアジア内外の国々とクモの巣状にFTAを展開して，自らが世界各地のFTAや地域統合の結節点となることでブロック化を防ぐと同時に，世界の貿易・投資のハブ（中枢）的な存在を狙う戦略だった。
　そうした中で，ゴー首相が日本に大きな期待を寄せていたのは，日本が

ASEAN 全体との FTA 締結に乗り出すことだった。「シンガポールとの FTA を一つの足掛かりにして，日本が ASEAN と FTA を結ぶことを期待している。そうすれば，日本は ASEAN の中での存在感がさらに深く，広くなっていく」と語った。

この指摘には 2 つの意味がある。NAFTA や EU に対してアジア各国が貿易面で不利にならないよう，日本や ASEAN などがアジア域内の結束を強めて欧米のブロック経済化への動きをけん制するという経済的な狙いが 1 つ。もう 1 つは，ASEAN 内で中国の影響力が突出することへの警戒感だった。

当時，ASEAN 各国の間には，政治・経済の両面で急接近を図る中国に対して，のみ込まれてしまうのではないか，という一種の恐怖感のようなものも広がっていた。その対抗軸として，日本が ASEAN 地域に強固なアンカー（錨）をおろし，存在感を強めてほしいという要請は，各国の首脳に根強かった。

ゴー首相は「日本は ASEAN を中国に任せていてはいけない。ASEAN との経済関係の強化を考えて頂きたい」「日本独自の ASEAN との経済モデルを考えてほしい」と指摘し，バランサーとしての役割を期待した。さらに，「韓国，中国を含む東アジア自由貿易圏構想も考え始めてよいのではないか」と述べ，日本が主体となって，アジア地域で巨大な自由貿易圏を推進すべきだという考えを示した。

8. 付け焼刃的な「小泉演説」に失望感も

2002 年 1 月，小泉首相は正月明けの 9 日から，東南アジア 5 カ国の訪問を始めた。この年は，福田首相が 1977 年，マニラで東南アジア各国に対して，「対等のパートナーシップ」「心と心のふれあい」「日本は軍事大国にならない」ことを強調した「福田ドクトリン」といわれる対東南アジア政策を表明し，日 ASEAN 関係の戦後の新たな出発点を刻んでから 25 年にあたる。小泉首相は節目の年に日本と ASEAN の新たなパートナーシップを提案するため，フィリピン，マレーシア，タイ，マレーシア，シンガポールの

ASEAN 原加盟 5 カ国を訪れた。

　首相は 5 カ国歴訪の総括となる「東アジアの中の日本と ASEAN—率直なパートナーシップを求めて」と題した政策演説を，最終訪問国シンガポールのシャングリラホテルで 14 日午前に行った。

　演説の骨子は，①日本は ASEAN 重視政策を継承していく② ASEAN の「改革支援」，貧困削減・紛争予防などによる「安定確保」，未来に向けた「5 つのイニシアチブ」の計 3 つの協力を推進していく，というものだった。

　このうち 5 つのイニシアチブとは，首相の演説での発表順に①教育・人材育成分野での協力② 2003 年を「ASEAN 交流年」と定め，文化など幅広い交流の促進③広範な分野で経済連携を強化する「日 ASEAN 包括的経済連携構想」④東アジア開発イニシアチブを通じた今後の開発協力の推進⑤テロや海賊など国境を越える問題での協力——だった。

　約 2 カ月前の 2001 年 11 月，中国が ASEAN と 10 年以内に自由貿易圏を創設することに合意したため，日本も小泉首相の演説を通じて，ASEAN との「連携構想」を打ち出す必要に迫られていた。日本政府関係者によると，演説の中で「包括的経済連携構想」に関する部分は，中国と ASEAN の合意を受けて，急きょ付け加えられた項目だった。

　演説では，日本が ASEAN との地域統合の可能性などに関して，どのような方針を打ち出すかに注目が集まっていた。しかし，首相は「日 ASEAN 包括的経済連携構想を提案し，貿易・投資のみならず，科学技術，人材養成，観光などを含む幅広い分野で経済連携を強化する」「具体的提案をまとめて，（2002 年秋の）日 ASEAN 首脳会議での合意を目指す」と述べるにとどめ，日本が地域統合を目指すのかどうかを含めて，連携構想の具体的な内容や方針，達成時期などは示さなかった。

　加えて，「5 つのイニシアチブ」などの協力を進める際には，「ASEAN プラス 3（日中韓）の枠組みを最大限活用すべきだ」と指摘し，さらには，「具体的な協力の積み重ねを通じて，日本，ASEAN，中国，韓国，豪州，ニュージーランドがコミュニティの中心的メンバーとなることを期待する」「米国の役割も重要である」，そして，「インドなど南西アジアとの連携や，アジア

太平洋経済協力会議（APEC）を通じた太平洋諸国との連携、アジア欧州会議（ASEM）を通じた欧州との連携も重要である」などと言及し、誰に向けた何のメッセージなのかという、演説の焦点自体もぼけてしまった。日本がASEANとの関係や東アジアの将来像をどう描いているのかという、肝心な部分の内容はなく、政府内で付け焼刃的に草稿を準備した印象は否めなかった。

　小泉首相は同日午後に現地で行った記者会見でも、「連携構想」の明確な方針は示さなかった。会見で「日本はなぜ、中国のようにASEANに地域統合を提案できないのか」と質問され、「中国がASEANとFTAを結ぶことは、それぞれの国の考えなので結構だと思う」「期限を区切って協定（FTA）を結ぼうということよりも、今までの友好協力関係の積み重ねによって、将来の貿易協定（FTA）を排除するものではなく、そうした方向を目指した協力が必要だ」「時間がくれば、成熟したパートナーになっていけば、FTAを結ぼうというような環境も整ってくるのではないか」などと答えた。

　言い換えれば、「今はASEANとFTAを結ぶ考えはない」ということであり、「包括的経済連携構想」とは、「まずは経済協力などを通じて信頼関係を深めたうえで、FTAは機会があれば検討しましょう」という趣旨になる。中国に対抗して「連携構想」という題目を打ち出したものの、中身はほぼ皆無だった。

　これに対して、シンガポールの英字紙「ストレーツ・タイムズ」は16日付の社説で、「行動を求める」と題して、小泉首相は演説で将来的なFTAの可能性を示したものの、それは一般的な提案であり、期限も設定されていない、中国とASEANのFTAが実現するかどうかを見極めようとしている、などと批判的な論調を展開した。ASEAN各国のメディアや政府の関係者からも、同様の指摘や落胆が広がった。同じころ、具体的な経済援助のプランなどを示しながら、周到にASEANの囲い込みに動いた中国とは対照的に、日本の姿勢は軸が定まっていなかった。

9. 経産省主導で専門家グループが始動，FTA 効果を検討へ

　小泉首相がシンガポールで演説を行った半月後の 2002 年 1 月 29 日，バンコクで日本と ASEAN 各国の政府間による「日 ASEAN 専門家グループ」の初会合が行われた。前年 9 月に平沼経産相と ASEAN 側経済閣僚との間で設置が決まったことから，日本側は経産省が主導する形となった。本省からは外務省と関税を所管する財務省の幹部が参加し，農水省は大使館の出向者が臨んだ。

　小泉首相が演説で掲げた「日 ASEAN 包括的経済連携構想」を双方が具体化に向けて協議する場として，その時点では，この専門家グループの枠組みしかなかった。専門家グループの設置は，ASEAN からの FTA の共同研究の提案を受けて，日本側が同意した形だったが，結果的に日本が最短距離で中国の FTA 構想を追随するための装置となった。

　同グループは，幅広い分野の経済協力策などを検討し，秋に行われる日 ASEAN 経済閣僚会議と，その後の日 ASEAN 首脳会議に提言書を報告する。提言への対応は，閣僚や首脳の政治判断に委ねるという段取りだった。

　初会合の成果は，双方は日 ASEAN の FTA 締結を視野に，双方が関税や投資規制の撤廃に踏み切った場合の経済効果を，農産物も除外せずに検討することで合意したことだった。

　専門家グループが仮に秋の首脳会議に FTA 締結を提案しようとしても，農水省や農水族議員などの反発で，実現するかどうかは不透明だ。しかし，日本側の政府関係者は，バンコクでの初会合の際，「2010 年をめどに包括的な経済協定を締結する方向で，専門家グループの研究を進める」と断言し，見切り発車的に FTA の共同研究に踏み切った。このタイミングを逃せば，ASEAN との FTA は実現の目途が立たなくなり，ASEAN 市場を中国に支配されるという危機感があったためだ。

　「2010 年」とは，インドネシア・ボゴールで 1995 年に開かれた APEC 首脳会議の「ボゴール宣言」にうたわれた「先進国は 2010 年までに貿易・投

資の自由化を完了させる」という目標年限と，中国とASEANによる自由貿易地域の完成目標年限を勘案したものだ。初会合では，専門家グループの具体的な協議のテーマとしては，日本とASEANの一般的な経済状況，モノとサービスの貿易，投資，貿易・投資制度や知的財産権などのルールの調和，その他の計5分野とすることが決まった。

10. 日本の農業保護の姿勢にASEANが猛反発

2回目の専門家グループ会合は，約2カ月後の2002年3月21～22日，インドネシアのジョグジャカルタで行われた。首都ジャカルタから飛行機で約1時間のジャワ島中部にある都市で，世界遺産のボロブドゥール遺跡への玄関口としても知られる。日本からは経産省，外務省，財務省，農水省の幹部が出席したが，初日に農水省が農業の市場開放に否定的な方針を示したため，ASEAN側が猛反発した。

農水省側は，会議で2枚のペーパーをASEANの各国代表に配り，次のように説明をした。

まず，ASEANとの農業貿易の現状では，「日本がASEAN各国から輸入している農林水産品は，この10年間で25％増加し，ASEANの輸出全体に占める日本の割合は20％に達しており，（日本は）ASEAN農業の発展に大きく貢献している」こと。さらに，「日本からのASEAN各国への農林水産業への政府開発援助（ODA）は，世界全体向けのうち44％を占める」として，ASEANと新たにFTAを締結しなくても，すでに日本は相当量の農産物をASEANから輸入しており，農村などへの開発援助も手厚く実行しているという主張だった。

FTA全般に関する農水省の姿勢としては，日本は世界最大の農産物輸入国であり，食糧自給率の低下傾向によって，将来は，世界人口の増加が日本の食糧安全保障に深刻な影響を及ぼす，との懸念を説明した。ASEAN各国の関心が高い農業市場の自由化に関しては，「農林水産物の関税率の取り扱いはWTOで議論されるべきであり，二国間合意での関税率の削減・撤廃は

非常に困難である」と主張，その理由として，「FTA締結国とそれ以外の国とで農産物の輸入に不公平が生じ，主要な農業輸出国と貿易摩擦が起きる」懸念があり，農産物の自由化は「WTOで公平性と透明性を確保して議論されるべきだ」と主張した。

　ASEAN側は農水省の説明に納得せず，議長を務めたフィリピン政府高官は，「農業市場の開放を考えてほしい。最大の関心事は，日本側の農産物の輸入拡大に向けたプロモーションではなく，日本市場へのアクセスだ」と強く反発した。各国からも，「農業分野を除外したFTAを締結しても意味がない」「そのようなFTAにはメリットがない」などと，農業自由化を拒否する日本側の姿勢に不満が続出した。

　一方で，経産省は今回の専門家グループの会合で，「自由化が難しい分野に配慮しつつ，関税撤廃を進めていく必要がある」と指摘し，ASEANとFTAを締結する方針をASEAN側に明確に示した。

　中国は約1年前の2001年4月，ASEANとFTA締結に関する共同研究を始めた際，農産物の一部について先行的に関税を引き下げする案（アーリー・ハーベスト）を示して協議の主導権を握った。日本側は，経産省がASEANとのFTA締結に動き出したものの，消極的な農水省との間には格段の温度差があり，省庁間の歩調は全くばらばらだった。

11．2002年4月，突然の「FTA推進宣言」

　そうした中，日本の外務省はジョグジャカルタでの協議から約3週間後の2002年4月12日，中国とミャンマーで同日開催された2つのフォーラムで突然，日本がFTA推進路線に大きく舵を切る方針をASEANや国際社会に向けてアピールした。

　1つは中国・海南島で同日午前に開幕した「ボアオ・アジア・フォーラム」の第1回年次総会だった。会議は，スイスのダボスで毎年開かれている「世界経済フォーラム」（ダボス会議）のアジア版を目指し，「アジアの新世紀―挑戦と機会」をテーマにアジア各地から政治家やビジネス関係者，学者

ら約850人が出席，小泉首相，タイのタクシン首相，開催国・中国の朱鎔基首相らが基調演説を行った。もう1つは，ミャンマーのヤンゴンで開催された定例の第18回「日本ASEANフォーラム」だ。日本の外務省とASEAN10カ国の外務次官級が出席し，双方の政治・経済問題や関係の緊密化などが議論された。

このヤンゴンでの日ASEANフォーラムで，日本側は，小泉首相が1月のシンガポールでの演説で示した「日ASEAN包括的経済連携」構想に関して，「ASEAN内の用意のあるいずれの国とも，日シンガポール経済連携協定を基礎又は参考としつつ，FTAの要素を含め，科学技術，人材育成等の幅広い分野を含む二国間での包括的な経済連携強化に取組む」という基本方針を表明した。

日本は，「ASEAN内の準備ができた国から順次，二国間のFTAを結んでいく」というメッセージであり，従来のFTA慎重路線から180度転換したものだ。

同じ頃，中国・海南島では，小泉首相が「日本は今後，各国や地域とのFTAを積極的に推進していく」と演説し，初めて公式の場で日本がFTA推進路線に転じる方針を示した。日本は日ASEANフォーラムとボアオでの小泉首相の演説で，FTA政策の転換を明確ながらも唐突に打ち出した。

小泉首相はさらにその直後，海南島でタイのタクシン首相と会談し，「タイと作業部会を立ち上げて，日タイの経済連携構想を検討したい」と提案して，FTAを含む日タイ経済連携協定の締結に向けて，政府間で検討を進めることに合意した。タイは2001年にタクシン首相が就任以来，欧米や中国，インドなどASEAN域外国とのFTA締結に積極的に動いており，日本に対しても2001年末の首脳会談などの場で，再三，FTA締結を提案してきた。

タクシン首相は小泉首相との会談で，「日本とASEANの経済連携構想を全面的に支持する。早急に作業部会を設け，どのような分野から自由化を開始するかを詰めたい」と歓迎の意を表明した。

日本は，これに先立つ3月には，韓国政府とFTAの共同研究を始めるこ

とで合意している．小泉首相が1月にシンガポールで行った演説では，日本の農業分野に配慮して，FTAには慎重な言い回しだった．一転してボアオでのFTAの推進宣言は，中国や欧米がFTA戦略を一段と加速させている中，日本がもたついていれば，世界の潮流から完全に取り残されるという焦りがあった．コメを始めとする世界有数の農業輸出国のタイと共同研究を始めることで，表面的には，日本は農業も自由化の検討対象に含めるという姿勢をASEAN各国などに示したと受け止められた．

12.「二国間」優先と「ASEAN全体」優先で混乱，ASEAN側は遺憾

ところが，日タイFTAの可能性を検討する作業部会の設置は，日本政府内やASEAN内に波紋を広げることになった．

当時，ボアオで日本の外務省幹部は，ASEANとのFTAを含む経済連携構想の進め方として，「経済発展の度合いが国によって大きく異なるASEANをひとくくりにして進めるのは，全体の合意に時間がかかり，無理がある．将来的にはASEAN全体（とFTAを結ぶこと）を視野に入れながら，今は日本に関心のある国と二国間で経済連携を進めるという並行的なアプローチになる」と指摘した．日本は対タイ，対シンガポールなど二国間でFTAを結んでいき，最終的にASEAN全体とのFTA締結を検討するという趣旨だ．

この外務省のコンセプトには，2つの問題点があった．1つは，経産省主導による日ASEAN専門家グループの協議との整合性だ．

専門家グループは，中国とASEANのFTA構想と同じく，日本とASEAN10カ国全体が1つのFTAを締結することを視野に，ASEAN各国の経済官庁と共同研究を開始した．一方，外務省は，ASEAN各国との外務省間の協議体である日ASEANフォーラムで，「用意のあるいずれの国とも，FTAの要素を含め，二国間での包括的な経済連携強化に取組む」方針を打ち出した．

FTAの方向性として，専門家グループが検討する「マルチ」（multilateral＝多国間，日本と ASEAN10 カ国）による FTA と，外務省が示した「バイ」（bilateral＝二国間，日タイなど）による FTA の 2 つの概念が並立することになり，日本がどのような地域統合の姿を目指しているのか，政府内で戦略が統一されていない状況が露呈した。

2 つ目の問題は，ASEAN 側が日本の姿勢に疑念を抱くことだ。

ASEAN は，域内で ASEAN 自由貿易圏（AFTA）計画を進める際も，経済発展が遅れているカンボジア，ラオス，ミャンマー，ベトナムの CLMV4 カ国に対して，関税撤廃の達成時期を特別扱いするなど，CLMV の経済力の底上げに腐心している。域内の経済格差をいかに解消できるかが，ASEAN 統合の成否や域内の一層の発展に向けての最大の懸案だからだ。逆に，格差が広がれば，ASEAN の結束に大きな影響を及ぼす恐れをはらんでいる。

日本が ASEAN10 カ国のうち，経済発展が進んだ国と二国間の FTA 交渉を優先すれば，インフラ整備や工業化が遅れている後発国は置き去りになりかねない。案の定，その後の専門家グループの会合では，「日本は，バイの FTA を進めることで，ASEAN を分断するつもりか」との厳しい批判が相次いだ。日本は ASEAN 側をなだめ，経済官庁間の協議体である専門家グループを軸に，ASEAN 全体とのマルチの FTA の可能性を検討していくことで落ち着いた。

外務省が二国間の FTA を優先させる方針を打ち出した背景には，政府内で経済連携構想を巡る経産省との主導権争いがあったといえる。対照的に中国は，ASEAN が抱える特殊性を踏まえ，ASEAN との FTA 構想では CLMV 4 カ国の関税自由化のペースに配慮する一方，メコン川流域などへの経済援助を拡大する方針を素早く示した。

日本が ASEAN と FTA 締結を模索する際に最も重要な視点は，日本企業や日本経済の利益をいかに最大化するか，ということである。バイかマルチかという二者択一のアプローチではなく，双方を効率的に組み合わせて，使い勝手の良い地域統合を実現する道筋を当初から政府内で模索すべきだった。

日本メーカーが ASEAN 各国に生産・販売拠点を配置している点を考慮す

れば，日本とASEAN全体が1つの自由市場として機能するマルチのFTAの枠組みが不可欠だ。並行して，タイやマレーシア，インドネシア，ベトナム，ミャンマーなど，各国と個別に二国間のFTAを張り巡らせれば，日本企業にとってASEAN市場でのビジネス環境はさらに改善される。当時，外務省には，FTAのクライアントであり，締結後はメインプレーヤーとなる日本企業のニーズを十分に把握し，それを経済連携構想に反映させようとする意識が希薄だった点は否めない。

13. 2003年中にFTAの枠組み策定で合意へ

　日本とASEANの専門家グループは2002年8月5日，マニラで会合を行い，03年早々に政府間による委員会を発足させて，1年をかけてFTAの具体化策を検討することで合意した。さらに9月13日，ブルネイのバンダルスリブガワンで行われた日本とASEANの経済閣僚会議で，平沼経産相とASEAN10カ国の経済閣僚は，「10年以内の可能な限り早い時期に，日ASEAN間でFTAの要素を含む経済連携協定の締結を目指す」として，「10年以内の早期」にFTAによる自由化を完成させることで合意した。

　事前の事務レベルの調整では「10年以内」に締結を目指すという文言だったが，閣僚会議の場でシンガポールのジョージ・ヨー通産相が前倒しを求め，「10年以内の可能な限り早期」に改められたという。平沼経産相は閣僚会議で，「来年1年を協定の枠組み作りに，その後の1～2年を関税自由化交渉に，さらに各国の国内手続きなどを含めた自由化の実施までに1～2年というスケジュール感ではないか」と指摘し，最速で3～4年後にはFTAを発効できる，という見通しを示した。

　マレーシアのラフィダ通産相などからは，「バイ」と「マルチ」のFTAの扱いをどう考えているのか，との疑問が呈され，平沼経産相は「両立させるべきだ。マルチで基本的な自由化のラインを定め，バイで（関税率や自由化の対象などを）さらに広げるイメージだ」と答えた。

　共同記者会見では，平沼経産相は「（連携構想は）農業（の自由化）を含

めて幅広く検討する。ASEAN 側の（日本の農業市場への）関心が高いことは十分承知しており、センシティブな面はあるが考えていかなければならない」と述べ、日本は農業分野の自由化も検討する方針を打ち出した。一方で、タイのアディサイ商務相は「日本と ASEAN は 10 年を越えずに FTA を結べる。タイと日本は、それよりも非常に早く FTA を締結することができる」と述べ、日タイによるバイの交渉を全体よりも先に進めるようアピールすることを忘れなかった。

11 月にプノンペンで行われる首脳会議に向けて、FTA 構想は実現に向けて順調に進んでいるという雰囲気が双方に広がっていた。ところが首脳会議の直前になって、ASEAN 側がなお反発を強める場面が展開された。

14. 首脳宣言の文案作業でも混乱

ASEAN 側の反発は、1 つは FTA に関する首脳宣言案の表現だった。日 ASEAN の経済閣僚会議では、「10 年以内の可能な限り早期」に FTA を締結するという目標で合意した。ところが、プノンペンでの 2002 年 11 月 5 日の日本と ASEAN の首脳会議を前に、日本の外務省が ASEAN 側に配った首脳宣言案には、「200X 年までに、対応が可能な国と二国間の FTA を締結する」という、ASEAN 側が反発した二国間 FTA を優先させるという文案になっていた。このため、ASEAN 側は首脳会議を直前に控え、「1～2 カ国と FTA を結んで何の意味があるのか」と、再び日本への反発を強めた。

日本側はその後、「2006 年までに準備が整った国と順次 FTA の締結を進める」という文案を示したが、ASEAN 側はこれを拒否して、9 月の経済閣僚会議で合意した「10 年以内の可能な限り早期の締結を目指す」という文章にするよう譲らなかった。

首脳会議前の 11 月 1 日にプノンペンで始まった事務レベルの案文作業は会議直前までもつれ、最終的には ASEAN 側の意向を日本が受け入れる形で、「10 年以内の早期に FTA を含む経済連携協定の実現を目指す」という表現でようやく決着した。経済閣僚会議で合意したにもかかわらず、外務省

が「バイ」のFTA路線に固執し，問題を蒸し返したことが混乱の原因だった。

もう1つの混乱は，翌年に行われる経済連携協定の枠組み協議の議題を巡り，ASEAN側が首脳宣言の中に，動植物や食品検疫の基準緩和を明記するよう，首脳会議直前に主張を始めたことだった。日本の農産物の検疫基準が緩和されれば，農産物の日本への輸出拡大が見込めるという思惑がうかがえた。

ASEAN側はさらに，相互承認制度[4]も議題とするよう，突如として要求を始めた。日本側は「食品検査も相互承認も安全にかかわる規制のため，経済連携の協議としては受け入れられない」とかわしたが，一連の混乱は，日本政府内で，ASEANの動きを常に察知しているはずの交渉窓口担当と各省間の情報共有が不十分だったことも一因だ。当時の日本は，政府内で交渉方針が統一されないまま，先行する中国を追いかけている状況だった。

15. 中国が「日中韓FTA」を不意に提案

「日中韓三国の自由貿易が実現可能かどうか，研究を進めたい。東アジアの経済統合を考えると，三国（日中韓）のFTAには意味がある」——。日ASEAN首脳会議前日の11月4日，中国の朱鎔基首相は日本，中国，韓国による日中韓首脳会議でいきなり日中韓のFTA締結を提案し，日韓は不意を突かれた。

小泉首相は席上，中国は世界貿易機関（WTO）に加盟してから，間もなく1年に過ぎないとして，「中長期的な視点から検討を進めるべきだ」とかわすのが精いっぱいだった。韓国の金碩洙首相も小泉首相と同様の見解を示し，何とかその場を収めた。

日本政府の関係者は，「中国はWTOに加盟したばかりであり，国際貿易体制に習熟していく必要がある。一足飛びに次は日中韓のFTAと，直ちに

---

[4] 相互承認の参加機関が，他の参加機関の適合性評価結果を，自ら実施したものと同等であるとして相互に承認すること。輸出国側で「適合」とされれば輸入国側で検査が免除される。

進むわけにはいかない」と指摘した。そのうえで,「中国はASEANとのFTAに続いて,東アジア全体の市場統合でも主導権を握る動きに出てきた」と警戒感を露わにした。

　中国はその翌日のASEANとの首脳会議で,FTAの枠組み協定に合意し,ASEAN先発6カ国とは2010年までに,カンボジア,ミャンマーなど後発加盟のCLMV4カ国とは2015年までに,FTAによる自由化を完成させる道筋をつけた。朱鎔基首相が日中韓のFTA構想を提案したのは,日本がASEANとのFTA締結にもたついている間に,東アジアでの新たな自由貿易圏構想を自ら打ち上げることで,東アジアの通商制度の枠組み作りや広域市場統合のイニシアチブを握ろうという意図がうかがえた。

16. FTAの枠組み策定へ,二国間のFTA事前協議も動き出す

　小泉首相とASEAN10カ国の首脳会議は11月5日午前,プノンペンのホテルで開かれ,FTA締結に向けた協議の開始を柱とする「日ASEAN包括的経済連携構想」に関する共同声明に署名した。FTAに関しては,「自由貿易地域の要素を含む経済連携の実現を,10年以内のできるだけ早期に完了させる」と明記され,日本とASEANがFTA締結を目指すことを,首脳間で正式に合意した。

　加えて,「すべてのASEAN加盟国と日本が二国間の経済連携を確立するための作業を始めることができる」と記され,日本の外務省が主張していたバイのFTAも,ASEAN全体とのFTAと並行して進めることを可能とした。また,FTAは「センシティブ(過敏)」な部門に考慮するとして,自由化の例外措置を認めることで,日本の農産物の市場開放に反対する議員や農業団体に配慮した。

　経済連携の検討項目は,貿易・投資の自由化に加えて,貿易・投資の促進・円滑化措置(税関手続き,基準認証など),金融サービス,情報通信技術,科学技術,人材育成,中小企業,観光,運輸,エネルギー,食料安全保障など多岐にわたる。2003年に高官級の委員会を設けて連携構想の枠組み

を検討し，同年後半にインドネシア・バリ島で開かれる次回の日 ASEAN 首脳会議に報告するという段取りも決まった。

　中国は同じプノンペンでの ASEAN との首脳会議で，FTA の枠組み協定に合意しており，交渉のプロセスのうえでは，日本はちょうど1年遅れで中国に追随する形となる。しかし，政治・安全保障と経済分野の3つの車輪をかみ合わせて，包括的に ASEAN の囲い込みに動いていた中国と比べると，日中の実際の距離感は，1年以上の開きを感じざるを得なかった。

　一方，2002 年以降，日本と ASEAN 各国の二国間による FTA の事前協議も五月雨的に開始された。その第一弾はタイだった。小泉首相が 2002 年 5 月，中国・海南島でタクシン首相と会談した際，FTA の可能性を検討する官民の作業部会の立ち上げに合意したのを踏まえ，同年 9 月に初会合が行われた。

　同じ時期に，フィリピンとの作業部会もスタートした。同年 5 月，小泉首相とアロヨ大統領が FTA の可能性を検討する作業部会の設置に合意したことに伴う動きだった。2003 年 2 月には，日本はマレーシアとも作業部会を開始することに合意した。

　ここでいう「作業部会」とは，両国の政府関係者や民間企業，学識者などで構成され，「FTA 交渉の事前の事前の協議」という性格を有する。お互いに，相手国市場の自由化に関して，自国が関心のある分野や，自国にとって自由化が難しい分野を示しあうことで，本交渉の相場観を探る目的だった。

　作業部会の議論を経た後，次は「官民合同委員会」を設置して改めて詳細を議論し，その報告を踏まえて，首脳間で FTA の正式交渉を開始するかどうかを判断する。官民合同委員会の名称は，日本とタイは「日タイ経済連携タスクフォース」，フィリピンとは「日フィリピン経済連携協定合同調整チーム」，マレーシアとは「日マレーシア経済連携共同研究会」と，なぜか微妙に異なっていた。

　「作業部会での検討」，「さらに専門委員会での検討」，「報告を踏まえて，首脳合意による正式な FTA 交渉開始」という 3 段構えになったのは，例えば日本は農産物市場，タイは投資やサービス分野，マレーシアはマレー人優

遇措置（ブミプトラ）による政府調達分野など，各国とも政治的に自由化が難しい分野を抱えているためだ。いきなりFTA交渉を開始して，互いに自由化を要求しあえば，交渉が紛糾する可能性がある。このため，FTA交渉に入る前に，双方が作業部会や合同委員会で妥協点を探り合う狙いがあった。ただ，このやり方だと利害関係団体などが協議に介在する機会が増えるため，関税自由化などのFTAの「質」の面で，協定の中身は緩くなりがちだった。

17. FTA作業部会でのタイの反発

　加えて，二国間のFTA交渉入りを首脳間で判断するまでに，作業部会，合同委員会の検討を経るというプロセスは，交渉入りを引き延ばすための時間稼ぎの側面も否めなかった。日本とタイの作業部会は，2002年5月に予備協議を行った後，2003年5月まで計5回行われたが，タイ側は作業部会の終了後にFTA交渉の開始を強く求めたのに対して，日本政府は結論を下さず，合同委員会の「日タイ経済連携タスクフォース」を設けて，さらに検討を重ねることになった。

　作業部会の最終回だった5回目の会合は，2003年5月にバンコクで行われたが，これに先立ち，日本側はその前週に首相官邸で関係省庁による調整会議を開き，席上，農水省はタイの主力輸出品であるコメと鶏肉の自由化に難色を示して，FTA交渉入りは時期尚早だと強硬に反対した。

　5回目の作業部会では，それまでの議論を英文35ページのリポートにまとめたが，「今後の対応は両政府のハイレベルで決めることであり，特に意見交換はしなかった」（日本政府筋）として，作業部会の段階ではFTA交渉を開始すべきかどうかの提案は行わず，尻切れトンボに終わった。作業部会に出席した日本の経済界関係者からは，「（日本側は）社長がいない会社のようなものだ」と，日本政府の司令塔なき省庁間の対立を批判した。

　2001年に発足したタイのタクシン政権は，アジア域内外の国々とのFTA締結に積極的だった。ASEAN全体と中国，日本などとのFTAに加えて，タ

イ単独でも，日本，中国，インド，豪州，バーレーンなどと矢継ぎ早に二国間交渉の準備を始めた。

　ブルネイで2002年9月に行われた日ASEAN経済閣僚会議に向けて，8月にマニラで行われた高官レベルの会合の際，次のようなエピソードがある。

　冒頭，タイ政府高官は，それまでの日ASEAN専門家グループの共同研究の流れを壊すかのように，「政府間の専門家会合をもう1年続けて，経済閣僚会議への（日ASEANのFTA交渉入りに関する）報告は来年にずらすべきだ」と主張を始めた。日本側は「今年の閣僚会議に報告書を提出する段取りは，昨年から決まっている」と拒否したが，関係者は「日本とASEAN全体とのFTAを遅らせて，日本とタイの二国間FTAを先に進めることで，貿易自由化の利益を先取りしようとする魂胆が見え透いていた」とタイへの不信感を募らせた。

　タイがそれほど日タイFTAの実現に前のめりだったのは，タクシン首相がタイ政府の事務方に対して，各国とのFTA締結を急ぐようトップダウンで強く指示していたからだ。外資系企業のタイへの生産・販売・サービス拠点の集積を一段と促し，雇用や貿易黒字の拡大を狙うとともに，タクシン政権の支持基盤である農村対策として，農産物の輸出市場を広げる狙いもあった。

　2003年3月にバンコクの首相官邸でタクシン首相にインタビューした際，即断即決による政策のスピードを重視する首相らしく，日タイFTAは，3段階方式で自由化を進めるべきとの案を披露した。それは，①すぐに自由化が可能な分野は交渉を開始する前に市場を開放する②その次の段階として，交渉の過程で自由化に合意したものは，随時自由化を進める③自由化が難しい分野の取り扱いは，その先に考えればよい——というもので，「可能な限り速やかに実行することが大事だ」と強調した。

　これに対して，日本側は早急なFTA交渉の開始を望む外務省と，タイとのFTAに消極的な農水省が互いの主張を譲らず，タイと作業部会を重ねても，日本が交渉開始を判断する気配はなかった。タクシン首相から直ちに日

本とのFTA交渉を開始するよう指示を受けたタイ外務省の幹部は，同年5月に取材した際，次のようにあきれ気味に話した。

「日本の官僚は，こちらから何を提案しても『それはセンシティブ（過敏）な問題だ』と否定的な答えしかしない。日本の農産物は品質が非常に良く，タイの消費者にも売れる。互いに農業市場を開放すればウィン・ウィンなのに，日本の農水省はダメの一点張りだ。マッサージ師などの労働市場の開放や，日本の医療保険を適用して，バンコクの高級病院で日本人が治療を受けられるようにすることは，日本人の利益になる。それでも，各省はすべて『センシティブだ』という」

タイ政府自身も，流通業の外資規制をはじめ，自国に都合の悪い分野の自由化には動こうとしない。ただ，その点を差し引いても，「FTAとは，貿易活動の高速道路を建設し，モノが素早く大量に行き交うようにすることだ。なのに日本の官僚は，その高速道路に通行禁止やカーブをたくさん作りたがる。民間企業がビジネスを行いやすくすることが，官僚の仕事ではないのか」との指摘には，一定の説得力があった。

18. 2005年に交渉開始へ，原産地規則は累積型に

2003年の日本とASEANの経済閣僚会議は9月3日，プノンペンで開かれ，FTAを柱とする経済連携の「枠組み」に関して，ASEAN全体との物品，投資・サービス分野の自由化交渉を，1年4カ月後の2005年1月に開始することで合意した。

経済閣僚会議の翌月，10月8日にインドネシア・バリ島で行われた日ASEAN首脳会議で，双方の首脳が正式に合意し，日本とタイ，インドネシア，マレーシアなどASEAN先発6カ国とは「2012年までの早期に」，日本とカンボジア，ラオス，ミャンマー，ベトナムの後発加盟4カ国は2017年までに，自由化を完了させることが決定した。

また，2005年からの正式交渉の開始に先駆け，関税自由化の恩恵が受けられる品目の定義（原産地規則）などを2004年中に協議することになった。

2005年1月のFTA交渉開始に合意した日ASEAN経済閣僚会議（2003年9月3日）

　中国の対ASEANのFTA構想と同様に，FTAの枠組みを政治決断で構築できれば，その後の細目の交渉は，実務者レベルで粛々と行われる。中国に出遅れていた日本にとって，ASEANとのFTA構想は，ようやく具体化に向けて動き出した。

　一般的にFTAでは，締結相手国からの輸入品が，FTAに基づく関税の削減・撤廃の対象になるかどうかを，原産地規則というルールで規定する。例えば，自動車や家電，衣料品などの完成品を輸入する場合，その工程の大半が第三国で作られ，最終的な工程をFTA相手国で簡単に済ませた製品にも優遇されたFTA特恵関税が適用されれば，FTAの「タダ乗り」による第三国からの迂回輸出が頻発してしまう。

　このため，原材料を含めて複数国の工程を経て，最終的にFTA相手国で完成した製品の総コスト（付加価値）のうち，何割以上がFTA相手国で加味されていれば相手国製品と認めるかを，あらかじめ定義する必要がある。

　このルールは原産地規則の中の「累積付加価値基準」と呼ばれるもので，付加価値などの基準を厳しく定めると，FTA相手国からの輸入品のうち，自由化の恩恵を受けられる製品は少なくなる。反面，基準を緩くすれば，大半の工程を第三国で作られた製品も自由化の対象に含まれ，「タダ乗り」を

許すことになる。原産地規則のさじ加減によって，FTA の使い勝手が大きく左右される。

経産省が ASEAN 全体との「マルチ」の FTA の必要性を指摘していた理由は，そこにある。日本企業は，自動車や家電などの最終製品や部品の生産拠点を日本と ASEAN 各国に展開し，それぞれの拠点間で主要部品やエンジンを融通しあうなど，複数国にまたいで分業生産しているケースが多い。

経産省は，こうした企業にとって使い勝手の良い「日 ASEAN 累積原産地規則」の概念を ASEAN に提案し，各国の同意を得た[5]。

二国間の FTA では，締結相手国の生産工程で，最終製品や部品などに多くの付加価値が加味されていなければ，関税自由化の対象品として認められない。だが，「日 ASEAN 累積原産地規則」が導入されれば，原材料や部品から最終製品までの工程が日 ASEAN 域内の複数国をまたぐ場合も，全工程の付加価値が合計で一定割合以上であれば，各工程の域内貿易に関税の削減・撤廃の恩恵が適用される。日本と ASEAN が事実上，1 つの生産地域として統合されることになり，企業は生産拠点や工程を域内で効率的に編成できる。

中国と ASEAN の FTA や，ASEAN 自由貿易地域（AFTA）でも同様の制度が適用されている。多国間の FTA や地域統合では，関税の削減・撤廃の進め方に加えて，この原産地規則のルールをどう定めるかが，FTA の効果を引き出すための重要なカギになっている。

19.「特別首脳会議」の共同文書作りで ASEAN が反発

日本政府は，2003 年を「日 ASEAN 交流 30 周年」と定め，同年 12 月に東京で ASEAN10 カ国の首脳を招き，「日 ASEAN 特別首脳会議」を開催した。ASEAN 各国首脳がそろって域外で首脳会議に臨むのは，ASEAN にとって初めてだった。日本の外務省は，特別首脳会議で日 ASEAN の共同文書を

---

5 なお，AJCEP の原産地規則では「関税番号変更基準」も採用されている。

取りまとめ，政治・経済・安全保障面で日本とASEANの新時代の関係を確認し，それを国際社会にアピールしたい考えだった。

　ところが，ASEANとのFTA構想を巡る混乱と同じく，日本側の対応のまずさから，事務レベルによる特別首脳会議の準備段階でASEAN側を強くいらだたせる結果となった。

　原因は2つある。1つは，首脳の共同文書として日本側が示した文案へのASEAN側の反発。もう1つは，ASEANの基本条約である東南アジア友好協力条約（TAC）への署名を日本が拒んだことだった。

　首脳共同文書の事務レベルによる作成作業は，12月の特別首脳会議から約4カ月前の8月に開始された。その出だしの時点で，共同文書の性格付けを巡って日本とASEANの見解が異なり，大きくつまずいてしまった。

　日本側は，日ASEANの新たな関係を意義付けるため，法的拘束性が強い「日本ASEAN憲章」を特別首脳会議で採択するよう提案した。しかし，互いに内政不干渉の原則を掲げる緩やかな共同体であるASEANには，当時まだ憲章が存在しなかった。このため，ASEAN側からは，「ASEANに憲章がないのに，なぜ日本と憲章を結ぶ必要があるのか」との疑問や反発が呈された。

　ASEAN側は「憲章」の対案として，「永続的なパートナーシップのためのASEAN日本宣言」というテキスト案を示し，一般的な「首脳宣言」とするよう日本に要求した。実際の日ASEAN特別首脳会議では，日本側が「憲章」案を取り下げ，ASEAN側の主張をのんで「新千年紀における躍動的で永続的な日本とASEANのパートナーシップのための東京宣言」と題する首脳宣言が採択された。

　この「東京宣言」の文案を巡る事務レベルの調整作業でも，日本側がテキストの根幹と位置付けていた複数の部分で，ASEAN側が反発した。

　日本側が「日ASEAN憲章」を前提として8月下旬に示した文案では，日本とASEANは「民主的統治の実現」「人権重視」などに共同で取り組む姿勢を掲げた。さらに最終部分で，「今世紀の四半世紀以内に，日本とASEANが主導して『東アジア共同体』創設を目指す」との構想が示された。

日本や欧米では，「民主的統治」や「人権重視」は，当然のごとく全ての人々に保証されるべき概念である。しかし ASEAN は，民主化勢力や少数民族を弾圧していたミャンマーの軍事政権や，共産党独裁体制下のベトナムとラオス，国王が政治・社会の中で圧倒的に大きな存在感を占めるタイとブルネイ，事実上の一党支配体制を敷いているシンガポール，長期政権の弊害が深刻なカンボジアなどのように，経済発展段階の違いに加えて，政治体制でも大きな多様性を抱えている。ASEAN が「緩やかな連合体」の枠組みを維持するため，加盟国の間で「内政不干渉」の原則を徹底させているのは，そうした事情がある。

　各国とも，民主化の成熟度という点では，大なり小なり欠陥や矛盾を抱えており，相手の国内問題を指摘すれば，自国に跳ね返る恐れがある。当時，軍政下のミャンマーに経済制裁を科していた欧米各国は，ASEAN が首脳会議などでミャンマーへの強い批判を避けることにいらだちを強め，及び腰だと厳しく批判していた。ただ，ASEAN 内で各国が互いの政治体制などを干渉しあえば，全体の結束力が減退し，ASEAN の分解や解消につながる脆さをはらんでいる。そうした「ASEAN 流」の構図は現在も全く変わっていない。

　日本が「憲章」を想定した文案に記した「民主的統治」の実現という概念は，ASEAN 側にとって，内政不干渉の原則に抵触するものであり，文案作業で「欧米の価値観の押しつけだ」という反発も出た。

　文案調整の末，「東京宣言」でその部分は「日本と ASEAN は公正で，民主的で，平和裡に生存する東アジア地域の創設に貢献する」という，あいまいな表現にとどまった。人権に関する東京宣言の表現も，「全ての人々の人権及び基本的自由の擁護と促進などを含む，共通のビジョン及び原則を醸成する」と，ASEAN 側の主張で抽象的な内容に薄められた。

　特別首脳会議では，「東京宣言」の政策目標を具体化させる「行動計画」も採択された。しかし，文案作業の過程で，同様に，インドネシア・スマトラ島のアチェ独立紛争や，フィリピンのミンダナオ島イスラム過激派問題に関して，「平和的解決に協力する」という日本側の草案は，内政干渉だと反

発するASEAN側の主張で削除された。

20.「東アジア共同体」構想を巡っても混乱

　日本が憲章を想定した当初の文案で示した「今世紀の四半世紀以内に，日本とASEANが主導して『東アジア共同体』創設を目指す」という表現に対しても，ASEAN側から「東アジア共同体の意味が分からない」「唐突ではないか」などの反論が続出し，調整作業は混乱した。これは，日本政府自身が「東アジア共同体」の概念や明確な具体像を持たないまま，ASEANに提案したことが原因だった。

　仮に東アジア共同体が「経済共同体」を意味するとして，それはFTAを軸にした広域な地域統合を目指すのか，その際には関税同盟や通貨統合で完全に一体化したEU型統合を目指すのか，もしくは関税や投資・サービス分野の自由化で一定の例外を認めつつ緩やかな地域統合を目指すのか，その中で安全保障はどう位置付けるのかなど，共同体の基本的な概念自体が，日本政府内で固まっていなかった。ASEAN側からは，「（東アジア共同体は）日本とASEANのみで主導するのではなく，中国や韓国も含めるべきではないか」との指摘も出された。

　「東京宣言」では最終的に，東アジア共同体に関する文章は「（日ASEANの首脳は）普遍的なルールと原則を尊重しつつ，外向的で，豊富な創造性と活力に満ち，相互理解並びにアジアの伝統と価値を理解する共通の精神を有する東アジアコミュニティーの構築を求める」（外務省仮訳）と記された。何を目指そうとしているのかわからない難解な文章である。日本は東アジアの地域統合や安全保障をどうけん引していくのかという根本的な構想力が欠けたまま特別首脳会議を企画したため，ASEANを引き寄せる場として活用できなかった。

21. TAC 署名を巡る日本側のドタバタ

　ASEAN の基本条約であり，各国の主権，領土保全，内政不干渉，紛争の平和的解決，経済・社会・文化などの協力をうたった「東南アジア友好協力協定」（TAC, 1967 年締結）は，ASEAN の門戸開放方針で 1998 年から域外国も加盟できるようになり，中国とインドは 2003 年 10 月，インドネシアのバリ島で署名した。この TAC を巡っても，日本はドタバタを演じた。

　ASEAN 側は，日本との経済連携構想を機に，関係強化の象徴として日本に TAC への署名を呼びかけた。しかし，日本政府は当初，つれない対応だった。中印が TAC に署名した同じ 2003 年 10 月にバリ島で行われた日 ASEAN 首脳会議の後，小泉首相は現地での記者会見で，なぜ TAC に署名しないのかという質問にこう答えた。「日本はすでに ASEAN と強固な関係を維持している。各国が ASEAN と協力関係を結ぶのは良いことだが，日本は ASEAN との協力関係を築いており，TAC の有無に関わらず協力関係をさらに進められる」。

　日本政府が TAC への署名に否定的だったのは，主に次の 2 つの理由からだった。① TAC はベトナム戦争後の共産主義勢力の拡大に対抗するために作られた「反共の砦」としての条約であり，東西冷戦下と現在とでは国際情勢が大きく変わり，TAC は締結当時の役割を終えている②米国は TAC の内政不干渉の原則を批判しており，同盟国である米国への配慮から，日本は TAC に加盟する必要はない——。

　しかし，政府内の ASEAN 外交担当部門は，ASEAN に急接近を図る中国に対抗するため，日本も TAC に署名すべきとの考えだった。その背景として，当時，ASEAN 各国の日本に対する関心が，中国の台頭で薄らぎ始めているのではないか，という強い懸念があった。

　実際，特別首脳会議に向けて 2003 年 10 月にバリ島で行われた事務レベル協議で，ASEAN 側から次のような発言が相次いだ。

　「日 ASEAN 関係は分岐点に立っている気がする。日本は長く ASEAN に

協力する姿勢を継続してきたが，最近の中国やインドの積極的な動きに対して，ASEAN内で日本への失望感が出始めている」（タイ政府高官）

「日本の協力には感謝している。ただ，日本とASEANの関係は，中国，インドとの関係に比べて陰りが出始めているように思う」（ベトナム政府高官）

「中国が勢いよくASEANに接近している中で，日本と（経済協力の内容などを）比較する傾向が出てきている」（シンガポール政府高官）との指摘や，「ガールフレンド（日本）が35歳ぐらいになり，18～19歳の女性（中国）に目を奪われているような状況だ」と，日本と中国のASEAN内での存在感の違いをジョーク交じりに比喩する声もあったという。

日本がTACに署名しないことへの失望感も，複数の国が言及した。日本の外務省高官は当時，「日本との関係は大事だというASEANの認識は変わっていないが，中印がASEANに急接近する中で，『日本が（経済協力などを）やってくれなければ，中国がやってくれる』という痛い雰囲気が出てきている」「（FTA交渉やメコン川流域開発などで）中国側の政策の姿勢や決断のスピードにASEAN側は魅せられているようだ」との厳しい認識を示した。

日本政府は日ASEAN特別首脳会議が約1カ月後に迫った2003年11月上旬，ASEAN側の反発や失望を考慮して，TACへの方針転換を余儀なくされた。福田官房長官は11月4日の記者会見で「（TACに）入ってどのようなマイナスがあるかも含めて再検討中だ」と述べ，TACに加盟する方向で検討を始めたことを明らかにした。その後，11月18日に都内で行われたASEAN10カ国との次官級協議で，田中均外務審議官が日本もTACに加盟する方針を表明し，12月12日，東京での特別首脳会議で川口外相が署名した。

小泉首相は同日，ASEAN側の議長を務めたメガワティ・インドネシア大統領と共同記者会見に臨み，TAC加盟の理由をこう答えた。「もともと日本とASEANの関係は良好であり，条約を締結しなくても友好関係は変わらない，と私は言ってきた。しかし今回，ASEAN各国が望むのであれば，それを拒否する必要はない。（ASEAN側が日本との関係でTAC加盟を）象徴的なものにしたいという希望ならば，署名をしましょう，ということだ」

ASEAN 側が日本に TAC 加盟を強く求めたのは，ASEAN 内で中国の影響力が一方的に突出することを避けるため，日本にバランス役となってほしいという期待があったためだ。小泉首相は ASEAN 側からの強い要望に応じて日本が署名した，と述べたが，バリ島での会見から約 2 カ月で前言を翻したことは，ASEAN 側の反発の大きさを読み違えた表れといえる。日本は，中国の対 ASEAN 戦略を強く意識して特別首脳会議の開催を呼びかけたにもかかわらず，「東京宣言」を巡る事務レベルの混乱も含めた一連の対応を通じて，対 ASEAN 外交方針の希薄さを，かえって浮き彫りにしてしまった。

22. 戦略不在の「ASEAN 戦略」

2003 年 12 月の日 ASEAN 特別首脳会議は，1999 年 12 月にシンガポールのゴー・チョクトン首相から日シンガポール FTA の検討を提案されてからちょうど 4 年後に開かれた。特別首脳会議で，日本はタイ，フィリピン，マレーシアとそれぞれ FTA 交渉を開始することに合意し，ASEAN10 カ国全体との FTA に加えて，シンガポール以来の二国間の FTA 交渉も進めることになった。

翌年以降，インドネシア，ブルネイなどとも二国間の FTA 交渉を順次スタートさせたが，フィリピンとインドネシアが日本に要求した看護師・介護士の受け入れを巡っては，日本人と同じ条件の日本語の試験問題に合格しなければ国内で従事できず，両国政府や関係者からは条件の緩和を求める声が出ている。事実上，外国人の看護師や介護士に門戸を閉ざしている状況だ。

日本は今後，少子高齢化が一段と進み，要介護人口の増加に対して，十分な福祉サービスが提供できるのか不安視されている。当時，中長期的な介護の市場環境やニーズの中で，外国人の看護師や介護士をどう位置付けるかという議論が政府内で十分なされないまま，FTA 交渉での辻褄合わせとして，形式的にごく一部を開放したにすぎない。

日本政府の対 ASEAN の FTA を巡る対応がもたついたのは，肝心な基本的な戦略が欠如していたためだった。中国が FTA と経済援助で ASEAN の

2004年2月, カンボジア・シエムリアップで行われた日ASEANの初のFTA協議

囲い込みに動き出し、慌てて追随を始めたものの、政府内では農水、外務、経産省、厚労省などが内輪もめを繰り返し、対処方針は定まらなかった。否、「失敗の本質」を官僚だけに求めるのは酷かもしれない。小泉首相は、FTA交渉を巡る農業分野の対応に関して具体的な指示はせず、各省に「調整してほしい」と伝えただけだった。それでは官僚も動きようがなく、省庁間の歩調がかみ合うわけもなかった。

　具体的な対ASEAN戦略を欠いた状態で特別首脳会議を企画したため、日本は「憲章」や、「東アジア共同体」などの文章表現上だけの成果物を求めるしかなかった。ビジョンやコンセプトの甘さにASEAN側が反発し、事務レベルの準備作業では、信頼関係を損ないかねない結果を招いた。当時、日本政府は対ASEANの政治・通商外交で、「戦略も各省連携も政治も不在」の状況だったといえる。

　日本は、TPP交渉では担当閣僚の下に省庁横断型の交渉チームを置き、政府全体で臨む体制は整えた。東アジアがRCEP、TPPを軸に大市場統合へと

向かう中，日本は黎明期の教訓を今後の戦略・構想の構築や実際の交渉に生かせなければ，東アジア市場統合の果実を取り損なうことになるであろう。

第3章

当初は日本よりも「FTA後発国」だった韓国

1. ASEANの誘いに消極的な対応

　輸出立国の韓国は，現在はASEANのほか米国，欧州連合（EU），チリ，インドなどと積極的にFTAを締結し，アジアではシンガポールと並ぶ世界屈指の「FTA先進国」として，貿易黒字を獲得している。だが，アジアでFTAや市場統合の潮流が拡大を始めた2000年当時，韓国はFTAを結んでいる国が1つもなく，その頃シンガポールやASEANとようやくFTA締結に乗り出した日本よりも，さらにFTAの取り組みが遅れていた。日本と同様に，コメを中心に国内の農業市場の自由化がネックになっていたためだ。

　2002年9月にブルネイで行われたASEAN関連の経済閣僚会議。日本とASEANの閣僚会議では，双方は「10年以内の可能な限り早い時期にFTAを完了させる」ことに合意した。一方，相前後して行われたASEANプラス3（日中韓）の経済閣僚会議で，韓国の閣僚はこう発言した。

　「中国と日本はASEANとFTAのアプローチを取ろうとしているが，韓国としてはFTAの方向にどのように進めばよいのか，今は検討を進めている。いつ結論が出るかはわからない」。

　同年11月にプノンペンで行われた韓国とASEANの首脳会議でも，金大中大統領はASEAN側からFTAの締結を打診されたが，「交渉開始まで時間がかかる」と難色を示し，消極的な姿勢に終始した。

　プノンペンで同じ日に開催された中国とASEANの首脳会議で，朱鎔基首相とASEAN各国の首脳はFTAの「枠組み協定」に署名した。中国の後を追う日本も同日，「10年以内の早期」にASEANとFTAを完了させることで

一致し，枠組み協議を翌年開始することで合意している。韓国はこの時点では，ASEANとのFTA構想で中国に2年以上，日本にも1年以上遅れていた。

ソウル・延世大学の経済学者は「韓国が北東アジア経済の中心になるには，FTAを推進すべきだ」と指摘しつつ，韓国がFTAに躊躇していた理由として，「韓国農業は国際競争力が弱く，農民がFTAに強く反発している。議員が農民票を意識しており，国会の法案通過も難しい状況だ」と語った。

韓国は，日本がシンガポールとFTA交渉を始めた時期より早い1998年11月，初めてのFTAとしてチリと交渉を開始することを決めた。交渉自体は2003年2月に合意したが，韓国国内では，農民が猛反発したため関連法案が約1年も国会を通過できず，協定批准のめどが立たない異例の事態が続いた。結局，協定発効は合意から1年2カ月後の2004年4月にずれ込んだ。

韓国のブドウ産地である韓国中部・忠清北道の永同郡。2003年12月に現地で会ったブドウ農園経営者は，「政府は農民の意見を聞かず，チリの農業の実態も十分調査せずに，一方的にFTA交渉を始めた」と，政府への憤りをあらわにした。

韓国の農業団体関係者によると，韓国がチリを初の交渉相手に選んだのは，地理的に遠いため，農産物市場を開放しても，影響は軽微と判断したためだった。チリは各国とFTAを積極的に結んでおり，日本にとってのシンガポールのように，韓国政府にはFTAの「テストケース」という意味合いがあった。

韓国の農業団体の1つ，韓国農業経済人中央連合会（韓農連）の政策調整室幹部は，「政府は『チリの農産物は韓国まで船で40日かかるうえ，南半球のため季節も韓国と逆転している』として，農家や専門家の声を聞かずに交渉を始めた。だが，実態は異なっていた」という。

永同郡のブドウ園経営者などがチリの農業現場を視察した際，チリは韓国産と競合するブドウや桃など果物の輸出準備を進めていた。ブドウ園の経営者は「チリのブドウは1～3月に収穫されるが，冷温施設が整備され，韓国に一年中出荷できる体制だった。韓国産より糖分が多く，甘みがある。ブドウ園の面積が永同郡全体のブドウ畑と同じ広さという農家もあり，韓国政府

は明らかに調査不足だった」と批判した。

韓国の農民は何度もソウルの国会を取り囲み,全国デモで政府に激しく抗議した。チリとのFTAの批准が遅れ続ける中,韓国政府は次のFTAに動きづらい状況に陥っていた。

2. 2003年10月,盧武鉉大統領がASEANとのFTAを表明

しかし,ASEANとのFTA構想で中国と日本にこれ以上引き離されれば,東南アジア市場で韓国企業の競争力に深刻な影響を及ぼしかねず,産業の空洞化を招く恐れもある。盧武鉉政権はそうした危機感から2003年9月,韓国政府の今後のFTA戦略の進め方や原則となる「ロードマップ」(行程表)を策定し,日本,ASEAN,米国,欧州連合(EU),中国などとFTA締結を目指す方針を打ち出した。複数の国・地域と同時並行的に交渉を進めることで,FTAの遅れを一気に挽回する戦略だった。

2003年9月,プノンペンで行われたASEANプラス3経済閣僚会議後,記者会見に臨む各国閣僚

同月にプノンペンで行われたASEANプラス3の経済閣僚会議で，韓国の閣僚はASEAN各国に対して，前年9月の前回会議とは打って変わって「ASEANとのFTAを検討したい」と表明した。会議関係者によると，ASEAN各国の閣僚は，「事務レベルの事前協議では言及しなかったのに，なぜ閣僚会議で突然表明するのか」「急に言われても返答ができない」などと，あっけに取られた様子だったという。

　その翌月，ASEAN関連の一連の首脳会議に出席するためインドネシア・バリ島を訪れた盧武鉉大統領は10月7日，タイのタクシン首相，シンガポールのゴー・チョクトン首相らと現地でビジネス投資フォーラムに臨み，講演で「明日のASEANとの首脳会議で，韓国とASEANのFTAのビジョンを表明したい」「韓国は北東アジアだけではなく，ASEAN加盟各国との経済協力を拡大させていく」と言明した。韓国がASEANとのFTA締結に動く方針を，初めて対外的に表明したものだ。さらに，日本と中国がそれぞれ毎年開催しているASEANとの経済閣僚会議を，韓国も翌年から定例化させる方針を示した。

　韓国貿易協会のFTA研究チーム関係者は，韓国政府が慎重だったFTA戦略を積極路線に転換したことに対して，「ASEANは韓国企業にとって重要な市場であり，日中がASEANとのFTA交渉を進める中，韓国も締結しなければ大きな不利益が生じる。政府は，韓国もFTAに動くしかないと判断した」と指摘した。

　10月8日の盧武鉉大統領とASEANとの首脳会議では，FTAを含む包括的な経済関係の構築を検討する専門家グループを設置することにも合意し，韓ASEANのFTAのレールがようやく敷かれた。

3. FTA対策で11兆円の農業・農村支援を実施

　盧武鉉大統領はASEANとの首脳会議後，バリ島で韓国記者団に対して，大胆な国内農業の構造改革に取り組む方針を明らかにした。ASEANは農産品輸出国が多く，FTA交渉で農業分野の自由化論議は避けられない。FTA

のロードマップで示した米国, EU, カナダなども農業の輸出競争力は強く, FTA 交渉を同時並行的に進めるために, 農業分野の構造改革は避けて通れない課題だった。

韓国政府は翌 11 月, 大規模な農業支援策を発表した。期間は 2003 年から 10 年間の長期に及び, 総額は 119 兆ウォン（当時のレートで約 10 兆 9600 億円）にのぼった。当時, 韓国農林省の農業政策担当幹部は,「何の対策もなく FTA で農業市場を開放すれば, 農家に大変な打撃が及ぶ。国内農業は, 今後 10 年間は（各国との FTA で）激動期になるとみられ, 農家の不安を解消する必要があった」と狙いを語った。

韓国政府は過去にも, ガットのウルグアイ・ラウンド合意に基づく自由化対策として, 62 兆ウォン規模の予算を編成し, 生産現場の機械化や流通市場の整備を中心とする農業対策を実施した。韓国農林省によると, 今回の新たな農業対策は, ①農産物の品質向上を通じた競争力アップ②政府の穀物約定買い取り制度などを通じた農家の所得補填と負債の軽減③農村部の生活環境や福祉の向上──を狙いとし, 農産物の品質, 農家の所得, 農村環境の 3 点を改善して, 農業の構造改革を促す。

韓国の貿易総額（輸出入額）は GDP 比で 90％を超え, 韓国経済は輸出に大きく依存する構造になっている。韓国が経済成長を続けるには, FTA を通じて一層の輸出拡大を図る必要があるという問題意識自体は, 農業関係者も共有していた。韓農連の幹部は「我々は, FTA 推進に反対しているわけではない。ただし慎重な対策が必要だ」と強調した。韓国農林省の幹部は,「FTA 交渉では, 農業分野を自由化の対象から除外すれば, 韓国が他の分野で利益を得ることはできない」と述べ, FTA 交渉全体の損得のバランスの中で農業分野の自由化を検討すべきとの考えを示した。

4. 政治主導で FTA 戦略を一気に加速

韓国政府が FTA 戦略の加速化に乗り出したのは, 盧武鉉大統領の決断とリーダーシップによるものだった。大統領は, 日本に例えると外務省と経産

省の通商部門を一体化させた外交通商省の通商交渉本部を強化し，そこにFTAの司令塔機能を持たせた。日本政府が他国とのFTA交渉に臨む体制は，外務，経産，農水などの各省が横一列に並ぶ文鎮型のチームだったが，韓国は，各省の利害調整や交渉の権限を通商交渉本部に一元化し，そこを頂点とするピラミッド型の体制を敷いた。それにより，交渉相手国ごとに韓国政府の対処方針が一本化され，相手国に応じて交渉での要求と譲歩を柔軟に対応できるようになる。交渉のテンポが速まる効果も見込まれた。

　政権が盧武鉉大統領から李明博大統領，朴槿恵大統領に移行しても，各政権はFTAを経済政策の主軸と位置づけ，各国・地域にFTAのネットワークを広げる動きを緩めていない。盧武鉉政権がFTA推進に大きく舵を切った2003年以降，韓国はチリに続き，ASEAN，シンガポール，欧州自由貿易連合（EFTA），インド，EU，ペルー，米国，トルコと立て続けに交渉し，これらの国・地域とのFTAを発効させた。

　さらに，コロンビア，豪州，カナダとの交渉が妥結し，日本，メキシコ，中国，ベトナム，インドネシア，RCEPなど9件の交渉を並行的に進めている（中断中も含む）[6]。FTA発効相手国・地域との貿易額は全体の36.0％と，日本（18.2％）を大きく上回る貿易自由化効果を得ている[7]。

　交渉拡大と表裏一体で取り組んできた農業対策では，2007年の米国とのFTA署名を踏まえ，2008〜17年の期間で20兆4000億ウォンの対策予算を上乗せした。農畜産物の高価格・高品質化への転換が柱で，肉牛の共同飼育施設の整備，豚の品種改良，税制改正を通じた経営規模の拡大などを促進し，各地でブランド牛が生まれるなど，競争力強化に一定の成果が出ている[8]。

---

[6] 2014年7月時点。日本外務省「韓国経済と日韓経済関係」（2014年7月）
[7] 経産省「通商白書2014」。米国は37.1％，中国27.1％，EU26.0％。日本は2018年までに70％に高める目標。
[8] 『読売新聞』2010年11月7日付国際面。

5．メガ FTA 時代に備えた新たな FTA 戦略

　韓国が ASEAN に FTA 締結を呼びかけてからちょうど 10 年後，朴槿恵政権は新たな FTA 戦略として 2013 年 6 月 13 日に，「新通商ロードマップ」を打ち出した。

　新通商ロードマップでは，それまでの韓国政府の通商政策の評価として，米国，EU，ASEAN を含む世界経済の 60％（GDP ベース）に相当する国・地域と FTA のネットワークを構築し，韓国企業の進出拡大につながった，と総括した。具体例として，チリとの FTA が発効後，韓国自動車のチリ市場でのシェアは 2 倍以上に増加したことを挙げている。

　一方，従来の政策の「限界点」として，①各国・地域と FTA 交渉を進めることに力点を置いた結果，国内中小企業の外国市場での販路拡大をはじめ，FTA の実効性を高めるための対策との連携が不足していた②米国との FTA は交渉開始から妥結まで 1 年もかからなかったが（2006 年 6 月～2007 年 4 月），その後，国民や経済界から FTA 批准への同意を得るのに 5 年以上を費やした（2012 年 3 月発効）ことを例示しながら，韓国政府と国民，産業界の意思疎通が不足していた――ことなどを挙げた。

　こうした点を踏まえ，朴槿恵政権による新たなロードマップでは，今後の FTA 戦略として，産業界との連携を強化しながら，①既存の韓国の FTA ネットワークを活用し，TPP，RCEP など東アジア地域統合で核心的な役割を主導する②新興国や資源国との経済協力関係を強化するための「共生型 FTA」を推進する――との方針を打ち出した。

　ロードマップは特に東アジアの市場統合を重視しており，①中韓，日中韓の FTA 交渉と RCEP 交渉を通じて，東アジア統合の主導権を確保する②加えて，中韓 FTA と米韓 FTA を中心に，アジア太平洋地域の経済統合でハブ的な役割を果たす――ことを強調している。

　つまり，中韓 FTA を完成させて，今後の東アジア市場統合のルール作りで影響力や主導権を狙う一方，貿易面の実利としては，米韓，中韓の FTA

を軸にして，韓国が2つのメガFTA構想であるTPP，RCEPの「結節点」ともなることで，韓国の貿易と対内・対外直接投資を一段と拡大させる戦略だ。

　日本に先駆けて米国，EUとのFTAを発効させたうえに，中国とのFTA締結も視野に入れている「FTA先進国」としてのアドバンテージを，東アジアの市場統合で最大限に生かす狙いがある。

第4章

インド，中国への対抗で ASEAN との FTA を猛追

1．中国に対抗して 2002 年に ASEAN と初の首脳会議

　安全保障で中国と強力なライバル関係にあるインドは，2001 年 11 月に中国が ASEAN と 10 年以内に自由貿易圏を創設することで合意したのに刺激され，ASEAN の囲い込みに向けて猛烈に動き出した。

　2002 年 9 月 15 日にブルネイのバンダルスリブガワンで行われたインドと ASEAN の経済閣僚会議で，インドのムラン商工相は，「インド政府は ASEAN との FTA 締結を検討している」と表明した。11 月にプノンペンで一連の ASEAN 関係の首脳会議が開催された際には，ASEAN との首脳会議を定例化している日中韓の首脳に加えて，インドのバジパイ首相も現地入りし，5 日に ASEAN と初の首脳会議を行った。

　バジパイ首相はその場で，「これまでインドと ASEAN の経済協力は不十分だった。潜在力が引き出されていない」と指摘し，印 ASEAN が 10 年以内に FTA を完成させる構想を提案，双方で検討チームを編成して，FTA の研究を始めることで ASEAN 側と一致した。中国の朱鎔基首相は前日の 4 日，プノンペンで ASEAN 側首脳と FTA の「枠組み協定」に署名しており，インドも強引に中国に追随する姿勢をアピールした。

　バジパイ首相は，印 ASEAN 首脳会議を定例化することも提案し，ASEAN 側の同意を取り付けた。さらに，翌年の 2003 年 10 月にインドネシア・バリ島で行われる次回の印 ASEAN 首脳会議で，FTA の検討チームから共同研究結果の報告を受け，FTA 締結の可能性を首脳間で協議することを決めた。

2. 譲歩を積み上げて「経済協力枠組み協定」をスピード締結

インドは多国間の貿易自由化交渉で，自国の主張に合わない合意案であれば，会議を壊してでも反対を貫くタフな交渉国として知られる。

プノンペンでのASEANとの首脳会議から1年前の2001年11月，カタールのドーハで行われたWTO閣僚会合の際にも，参加国・地域が新ラウンド（ドーハ・ラウンド）の開始に向けてようやく合意した案に，最終日の採択寸前になって突然異議を唱えて，会議日程を延長させた経緯がある。ドーハ・ラウンドがその後，全く進展しない状況に陥ったのも，インドが中国とともに，先進国側の貿易自由化の提案を受け入れないことが大きな要因だ。

しかし，ASEANとのFTA構想を巡っては，インドは共同検討チームの協議などでASEAN側に大幅な譲歩を重ね，従来の通商交渉とは全く異なる態度を示した。当時，ASEANとFTAを締結する目的だけではなく，交渉の妥結や自由化の完了に至るまでのスピードも相当重視しており，ASEANとのFTA構想が暗礁に乗り上げる事態は避けたい，という姿勢がうかがえた。インドは中国への強い対抗意識から，2003年10月の印ASEAN首脳会議でASEANとのFTAの枠組み合意を目指していた。

一方のASEAN側は，フィリピンとベトナムが，インドとのFTAに慎重だった。中国とのFTAのケースと同じく，インドから安価な軽工業品などが流入し，自国産業に影響が広がる事態を強く警戒していたからだ。

特にフィリピンは2004年に大統領選を控え，貿易・投資の自由化に消極的な姿勢を強めていた。前述のように，フィリピンはASEAN各国と合意したAFTAに基づく域内の自由化スケジュールに関しても，石油化学製品，砂糖などの関税引き下げ時期を延ばそうとしていたほどだ。

ASEAN関係者によると，フィリピンのロハス貿易産業相は，輸出競争力がある国と貿易自由化を進める場合，自国産業などへの国内対策を迅速に講じるのは不可能だとして，ASEANと域外国とのFTAの交渉ペースを遅らせるべきである，と主張していた。ASEANと域外国が首脳会議や閣僚会議を

行うたびに，双方がFTAに関する合意を重ねるのは，自殺行為であるとも指摘していたという。

当時のASEANの内部文書によると，インドとのFTAを巡って，フィリピンは，貿易自由化の義務や拘束力が薄い協定にすべきだと主張していた。ベトナムのインドとのFTAに対する姿勢はさらに強硬であり，関税の削減・撤廃の完了年限を定めること自体，了承していなかった。

2003年10月の首脳会議に向けた準備会合として，同年9月3日にプノンペンで行われた印ASEANの経済閣僚会議では，インドが示したFTAの枠組み協定案を深夜まで事務レベルで交渉したが，合意できなかった。印ASEANの双方であらかじめ用意していた閣僚会議のプレス声明の原案には，「閣僚らは，（印ASEANの）包括的経済協力枠組み協定の策定に向けた作業の進展を歓迎する」として，「枠組み協定には，モノ，サービス，投資分野での自由貿易地域（Free Trade Area）を包含した『ASEANインド貿易投資地域』（ASEAN-India Regional Trade and Investment Area ＝ RTIA）の創設が明記されるであろう」と記されていた。しかしメディアに発表されることなく，声明案はお蔵入りとなった。

双方は10月8日にバリ島で行われる2回目の首脳会議に向けて，さらに事務レベルで調整を進め，「インドとASEAN主要国は2006年1月に関税の削減・撤廃をお互いに開始し，自由化の完成時期は2011年とする」ことに合意した。中国とASEAN主要国が合意した完成目標年限の2010年，日本とASEAN主要国が合意した2012年の間に，インドが割り込む形だ。この合意は，インドがASEAN側に大幅に譲歩したことで実現した。

例えば，ASEAN主要6カ国のうち，フィリピンとのFTAの完成時期は，インド側がフィリピンの主張を完全に受け入れ，カンボジア，ラオス，ミャンマー，ベトナムのCLMV4カ国と同じく，2016年とすることが認められた。

中国とASEANのFTAと同じく，一部品目の早期関税引き下げ措置（アーリー・ハーベスト）も2004年11月から実施し，インドはCLMVに配慮して，先に農産物などの市場を開放することも決まった[9]。

CLMVへの配慮としてはさらに，関税の削減・撤廃は互いに2006年1月に開始するが，自由化の完了時期は，インドが2011年に対して，CLMVは2016年末として，インド側が5年間にわたって優遇的に市場を開放する。バジパイ首相は10月7日，盧武鉉大統領らも講演したバリ島でのASEANビジネス投資フォーラムで，「インドはASEAN新規加盟国の（対インドFTAへの）懸念を認識しており，CLMVが関心のある輸出品の関税率を一方的に譲歩することを提案している」と述べた。

枠組み協定は10月8日に署名され，バジパイ首相は署名式の後，「合意内容は実行に移され，（インドとASEANの）すべての国が手を結ぶことになるだろう」と強調した。インドは併せて，バリ島で中国と同じタイミングで「東南アジア友好協力条約」（TAC）に署名し，ASEANと経済・通商，政治・安全保障の各分野で，短期間のうちに荒業ともいえる急接近を成し遂げた。

加えて，バジパイ首相は翌9日，バリ島からの帰途にタイのバンコクに立ち寄り，インドとASEAN全体のFTAの枠組みとは別に，インドとタイの二国間FTAを2010年に完成させることでタクシン首相と合意した。

両国間の貿易額の8％に相当するエアコン，自動車部品，加工食品などの84品目[10]に関しては，一部品目の早期関税引き下げ措置（アーリー・ハーベスト）として，2004年3月に関税を削減することが決まった[11]。タイとインドに生産拠点を置くトヨタ自動車などの日本の自動車・同部品，家電メーカーなどは，この自由化措置の効果で，エンジンや部品，冷蔵庫，エアコンなどを低コストで相手国市場に輸出できるようになり，サプライチェーンの拡充や，最終製品の輸出・販売の面で，日本企業にも印タイFTAの恩恵がもたらされた。

---

9 アーリー・ハーベストは2005年4月から105品目を対象に予定されていたが，原産地規則で合意できず中止された。同措置の中止は，2005年3月にマニラで開催されたASEANインド高級経済事務レベル会議で決定された。
10 タイ・インド間で2004年8月30日に署名された「EH実施に関する議定書」で対象品目数は82品目になっている。
11 実際には，インド政府と原産地規則で合意できず，実施は半年遅れの2004年9月となった。

3. 出遅れた豪州ニュージーランド

　ASEAN との FTA 構想で，中国，日本，韓国，インドの動きに比べて，当時，豪州とニュージーランド（NZ）は出遅れていた。両国は，東アジアで加速する市場統合から除外されることを懸念していたが，ASEAN 内での経済的な存在感は薄かった。ASEAN の中には，豪 NZ はアジア的な価値観や文化を東南アジアと共有しておらず，欧米の一員だという意識も根強かった。例えば，マレーシアのマハティール首相は 1990 年代，東アジアの経済連携を強める目的で ASEAN と日中韓などによる東アジア経済グループ（EAEG）構想を提唱したが，豪 NZ はこの構想に含まれていなかった。

　2002 年 9 月にブルネイで行われた ASEAN と豪 NZ の経済閣僚会議では，双方は貿易・投資を活発化させるための枠組み作りに合意し，2010 年まで

2003 年 2 月，豪州とシンガポールの FTA 協定に署名する両国閣僚

第4章　インド，中国への対抗でASEANとのFTAを猛追　91

図I-2　ASEAN+1FTAの関税削減スケジュール

	2005	2006	2007	2008	2009	2010	2011	2012	2013	2014	2015	2016	2017	2018
ASEAN中国FTA(ACFTA)	2005年7月発効		2010年1月までに関税撤廃				2012年までに関税を20%以下に							2018年までに関税を0〜5%に
ASEAN韓国FTA(AKFTA)			2007年6月発効			2010年1月までに関税撤廃		2012年までに関税を20%以下に					2018年までに関税を0〜5%に	
ASEAN日本包括的経済連携協定(AJCEP)				2008年12月発効					2016年までに関税撤廃			2018年までに関税を0〜5%に		
ASEANインドFTA(AIFTA)						2010年1月発効			2013年末までに関税撤廃（一部は2016年末）			2016年末までに関税を0〜5%に		
ASEAN豪州NZ-FTA(AANZFTA)						2010年1月発効								最終年を目指し、徐々に関税撤廃 最終年は、①2012年：タイ、マレーシア、ベトナム、②2023年：ラオス、③2024年：カンボジア・ミャンマー、④2025年：インドネシア
ASEAN自由貿易地域(AFTA)		2007年1月までに全体の80%の関税を撤廃 2010年1月までに全体の80%の関税を撤廃 2012年1月までに全体の80%の関税を撤廃 2010年X月までに関税を0〜5%、60%の品目を0%に				2010年加盟6カ国（先行加盟6カ国）					2015年までに関税撤廃（後発加盟4カ国）	ASEAN経済共同体(AEC)完成		

通常の品目
センシティブ品目

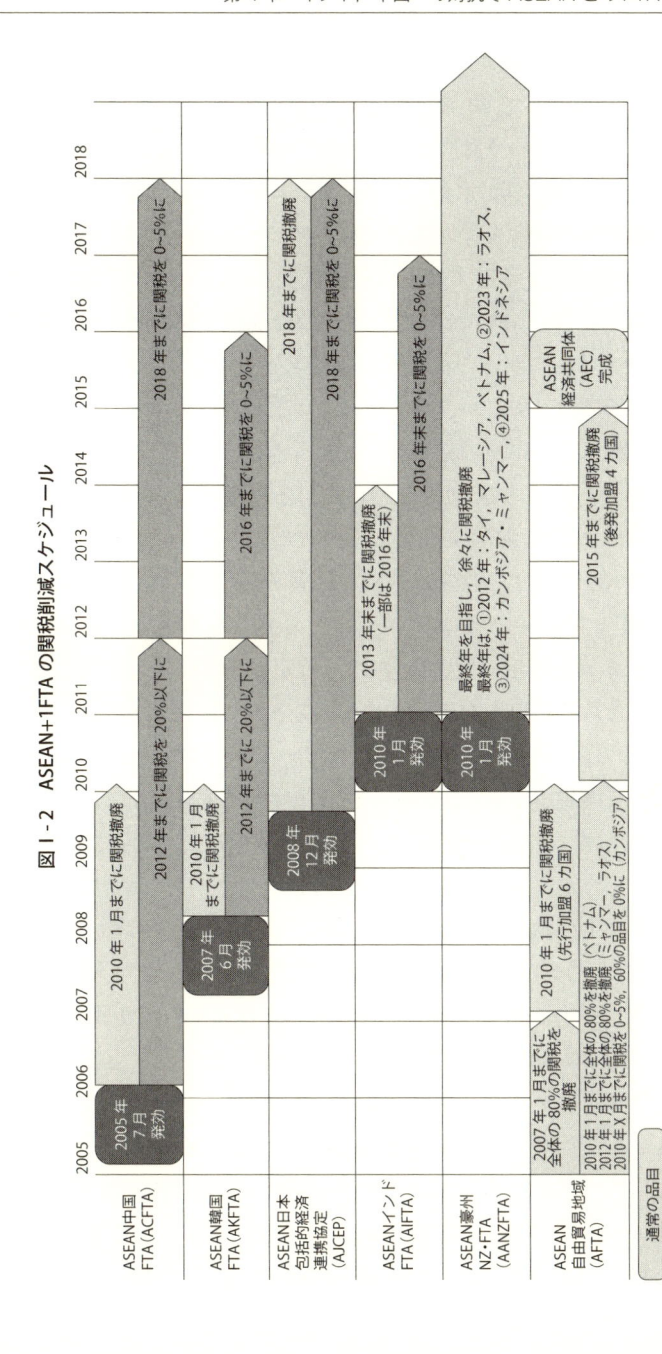

（出所）各協定書をもとに助川成也作成。

に貿易・投資額を2倍に増やす目標を掲げた。この閣僚会議は，豪NZが二国間で市場統合を開始して20周年にあたる節目の年に，ASEANと経済関係の緊密化に乗り出すという意図が込められていた。

　豪NZとASEANの経済閣僚は会議で「閣僚共同宣言」に署名し，貿易・投資の拡大や両地域の統合を推進する姿勢をアピールした。しかし，この宣言の中には，FTA締結を目指す構想は含まれなかった。バンダルスリブガワンの国際会議場では，ASEAN関連の記者会見が終了後，会見場の椅子を急きょ車座に並べ替えて双方の代表団が協議を始めるなど，ASEANと他国の経済関連の協議に比べて，バタついていた印象があった。

　一方で，豪NZは，ASEAN域外国とのFTAに積極的だったシンガポール，タイとは早い時期にFTA交渉を始めている。豪州は2000年11月，シンガポールとFTA交渉を開始することに合意し，すでにシンガポールと交渉を進めていたNZは同月，両首脳がFTAに署名した。

　豪州も2003年2月17日，シンガポールとのFTAに署名し，シンガポールのジョージ・ヨー通産相は記者会見で，「協定は両国間のビジネス機会や投資の拡大をもたらし，雇用を創出させるであろう」と効果を強調した。両国のFTAは，輸入品の関税を全て撤廃し，サービス分野も自由化する質の高い内容だった。関税手続きの円滑化，株式市場の連携強化など，幅広い分野の緊密化も目指す。FTAの効果として，貿易面では，すでに関税をほぼ撤廃していたシンガポール側のメリットが大きく，サービス分野では，シンガポールでの弁護士活動の拡大などで豪州側の利益が見込まれた。

　豪州は，タイとのFTA交渉も2002年6月にスタートさせた。中国がASEANと10年以内にFTAを完成させることに合意した約7カ月後であり，豪州とタイの交渉開始には，世界各地にFTAのネットワークを張り巡らせようとしていたタイのタクシン首相の意向も強く働いた。

　豪NZとASEAN全体とのFTA構想が動き出したのは，2004年11月になってからだった。ラオスのビエンチャンで開催された豪NZとASEANとの首脳会議で，双方は「2005年の早期にFTA交渉を開始し，2年以内に終了させる」との目標に合意した。ASEAN10カ国に日本，中国，韓国，イン

ド，豪州，NZ の 6 カ国を加えた「ASEAN プラス 6」体制による東アジア市場統合の基盤は，この時に整った。

第5章

米国，アジア太平洋地域をメガFTAで囲い込みへ

1. 当初はAPECの枠組みに着目するも期待外れに

　東アジア地域で2000年以降，中国，日本，韓国，インドなどがASEANとのFTA締結に動き出す中，米国は，ASEANと通商政策面で接点となる場が，アジア太平洋経済協力会議（APEC）しかなかった。ただ，APECは加盟国・地域の「緩やかな協議体」という性格付けであり，APECでの合意内容などに法的拘束性はなく，米国にとって，当初は使い勝手が良くなかった。

　米国がアジア太平洋市場への足がかりとしてAPECを活用し始めたのは，クリントン政権時代だった。それまでAPECには，閣僚会議までの枠組みしかなかったが，1993年，米国は初めてのAPEC首脳会議をシアトルで開催し，APECをテコにして成長市場のアジアへの関与を強めようとした。

　クリントン政権は，米経済再建のために雇用と輸出の拡大を政策の主眼に置いていた。通商交渉では強面の姿勢を貫き，1995年に妥結した日米自動車交渉の際には，USTRは日本政府に輸入車などの数値目標を定めるよう要求してきた。当時の政権は米通商法301条に基づく報復関税発動などの圧力をちらつかせて，相手国に譲歩を迫る交渉戦術が中心だった。

　ただ，301条のような一方的な制裁措置は，95年に発足したWTOのルールで認められなくなったうえ，APECはFTAなどの通商交渉を行う場ではなく，APEC域内の貿易・投資の自由化は，加盟国・地域の自主的な取り組みに委ねられている。

　1994年にインドネシア・ボゴールで開かれたAPEC首脳会議では，「先進

国メンバーは2010年までに，途上国メンバーは2020年までに貿易・投資の自由化を完成させる」とするボゴール宣言が採択された。ただ，自由化の具体的な分野や関税率の削減・撤廃目標，行程表などは一切定めなかった。加盟国・地域は将来にわたって自由化の努力を続けるという政治メッセージを打ち出すことが目的であり，自由化の具体的な議論は意図的に避けたためだ。

ボゴール宣言をまとめた当時は，ガットのウルグアイ・ラウンド（UR）が妥結した直後であり，APEC担当の通産省幹部は「通常，URのような長期間に及ぶ多国間の貿易自由化交渉が終了すると，その後の国内での批准手続きも含めて各国に『自由化疲れ』が広がり，次の国際的な自由化交渉に向けた議論が起きにくくなる。ボゴール宣言は，APEC域内で貿易・投資の自由化のモメンタムが失われないよう，長い将来にわたる共通の自由化目標を打ち出すこと自体に意味がある」と語っていた。

当時を起点とした自由化のゴールは先進国が16年先，途上国は26年も先であり，「ボゴール宣言に署名した各国・地域の首脳は全員が代わっており，将来，責任論にはならないだろう」（同）と冗談交じりに語られていた。超長期の目標なだけに，各国・地域はボゴール宣言に署名しやすかった。反面，それぞれの国・地域がボゴール宣言に基づき，自ら積極的に貿易・投資の自由化に取り組もうとする動きは期待薄だった。

1997年からは，ボゴール宣言の趣旨に基づいてAPEC加盟国・地域の自主的な自由化を促すため，分野ごとに具体的な自由化措置を定める「自主的分野別自由化措置」（EVSL）が協議された。USTRはこれをテコに各国・地域の市場開放を進めたい狙いだったが，対象分野に林業・水産業が含まれていたことから，日本が「APECは通商交渉の場ではない」と猛反発し，EVSLの議論は決裂した。

米政府はこれを機に，加盟国・地域の間で具体的な合意形成が難しく，米国の思い通りに議論が進まないAPECへの期待や関心が薄らいでいったとみられる。1997年に発生したアジア通貨危機で東南アジアや韓国経済が大打撃を受けたことで，米国にとってのアジア市場自体への魅力も損なわれ

た。

　米国が再びAPECで影響力や存在感を強める動きに出たのは，2001年9月に発生した米同時多発テロが大きなきっかけとなった。翌10月，中国・上海でのAPEC首脳会議で，ブッシュ政権は中国，ロシアなど加盟国・地域に協力を求め，「APEC反テロ宣言」を取りまとめた。後述するが，2006年のハノイでのAPEC首脳会議以降，米国は東アジア市場を囲い込むための有力な舞台装置として，APECを本格的に使い始めた。

2．2002年，ASEANとの会議を10年ぶりに再開

　中国が2001年11月，ASEANと10年以内のFTA創設に合意して5カ月後。USTRのロバート・ゼーリック代表は2002年4月5日，バンコクを訪問し，ASEAN10カ国と経済閣僚会議を開催した。米ASEANの経済閣僚会議が開かれるのは，実に10年ぶりだった。ASEAN市場で中国が着々と影響力を増す中，米国も再びASEAN域内で存在感を高める必要に迫られていた。

　ゼーリック代表はASEANとの経済閣僚会議で，ブッシュ大統領がアジアを重視している姿勢を強調し，ASEANと経済関係の強化を図る方針を表明した。具体的には，貿易・投資の一層の拡大に向けた「作業計画」を米ASEANで取りまとめることを提案した。計画は，人材育成，知的財産権の保護，IT，中小・零細企業支援など幅広い分野を対象とし，米国がASEANへの経済協力を強化する内容を目指す。

　ASEANとのFTAに関しては，東南アジアでビジネスを展開する米企業などで組織する「米ASEANビジネス評議会」がブッシュ大統領にFTA締結を求めており，官民でFTAの可能性を検討することがこの場で決まった。

　ゼーリック代表は閣僚会議後の共同記者会見で，「ASEANは5億人の人口を抱えており，米国にとって魅力的な市場だ。今回，作業計画の策定に合意したことは，お互いの重要性が高まっている表れである」と述べ，米ASEANが経済協力を含む幅広い分野で関係強化に取り組む意義を強調した。

バンコクでの米ASEAN経済閣僚会議後に記者会見するゼーリックUSTR代表（右）

　ASEANとのFTA締結に関しては，「ASEAN域内の経済格差が大きく，時期尚早であり，段階的な取り組みが必要だ」と慎重な姿勢を繰り返し示しつつ，将来の展開に含みを持たせた。

　米国とASEANの経済外交関係は，1997年のアジア通貨危機の際，ASEAN側が「米側のアジア支援は不十分だ」と不信感を強め，一時的に冷え込んだ。しかし，東南アジアで中国の経済的な影響力が強まるにつれて，双方とも再び関係を強化させる必要性が高まっていた。

　米側にとって，当時，ASEANは北米自由貿易協定（NAFTA）を結ぶカナダとメキシコ，そして日本に次ぐ貿易量を占める重要な市場だった。ASEAN側にとっても，外資系企業の生産拠点を域内に一段と誘致するうえで，FTAを通じて無関税で米市場に輸出できる環境を整えることは，大きなメリットが見込めた。ASEAN各国の間には，域内で中国の影響力が突出することへの警戒感が次第に膨らんできた時期であり，各国は日本に加えて米国に対しても，中国とのバランス役としての存在感を求めていた。

　バンコクでゼーリック代表は，タイ政府と二国間のFTA締結を目指すことにも合意した。FTA交渉中だったシンガポールも訪問し，反テロでの連

携強化が不可欠なインドネシアにも足を延ばして、米政府がインドネシアの地元金融機関の不良債権処理や、国有企業の民営化などの経済改革に協力する方針を、メガワティ大統領に伝えた。

3. ブッシュ大統領が「ASEAN イニシアチブ計画」を表明

それから半年後。ブッシュ大統領は2002年10月、メキシコのロスカボスで行われた APEC 首脳会議の際、米国が ASEAN との FTA 推進を模索する「ASEAN イニシアチブ計画」(Enterprise for ASEAN Initiative = EAI) を発表した。FTA は ASEAN 全体とではなく、二国間 FTA を推進し、交渉開始の条件として、① WTO に加盟していること（WTO 未加盟の国には米国が加盟を支援する）②米国と貿易投資枠組み協定（Trade and Investment framework agreement=TIFA）を締結していること——を条件に掲げた。

米国が ASEAN 加盟国と二国間による FTA を指向したのは、政治的な

2002年11月、マニラで EAI に関する会見に臨むゼーリック代表（左から3人目）と ASEAN 側閣僚

観点としては，ASEAN 内には，民主化勢力などへの人権弾圧で米国が経済制裁を科しているミャンマーや政治体制の異なる国々が含まれており，ASEAN 全体と交渉を進めるのは困難と判断したためとみられる。

　FTA の質の観点からも，米政府は，関税自由化の例外を排除した米国とシンガポールの FTA をモデルとする方針であり，ASEAN 10 カ国全体と一括で交渉を行えば，経済発展が大幅に遅れている CLMV 4 カ国への柔軟な対応が必要になるなどして，自由化のレベルが低下することを懸念したとみられる。

　ASEAN 内で，日本企業は自動車，家電メーカーなどが複数の国に生産拠点を展開し，部品の融通や生産分業などのサプライチェーンを構築しているケースが多い。米企業には，そのような複数国にまたがる展開はほとんど見られないため，米政府にとって，ASEAN 全体との FTA を模索するよりも，自由化のレベルが高い二国間 FTA のネットワークを整備する方が理に適っていた。

　ゼーリック USTR 代表はブッシュ大統領が EAI を発表した翌月の 11 月 21 日，マニラを訪れて ASEAN 側と経済閣僚会議を開き，EAI に対する ASEAN 側からの賛同を得た。会合後の記者会見でゼーリック代表は，「FTA 締結の時間的な目標は設定していないが，我々は常にドアを開いている」と述べ，米国と FTA 締結を目指すかどうかは，ASEAN 各国の方針次第であるとの考えを示した。

　FTA の中身に関しては，「米国が結ぶ FTA は，幅広い分野を包括的かつ深く網羅する協定になる」と述べ，関税撤廃に加えて，知的財産権の保護や投資・サービス分野の広範な自由化などを含む質の高い FTA を目指す方針を強調した。

　ASEAN 側は会合後，議長声明で「EAI は米 ASEAN の貿易関係をさらに緊密化させる」として，米側の提案を歓迎した。その時点で，フィリピン，タイ，インドネシアが米国と TIFA を締結しており，FTA 交渉を開始する条件を満たしていた。ただ，フィリピンのロハス貿易産業長官は記者会見で，「FTA は国によってシリアスな問題だ」と述べ，フィリピンとしては消極的

な姿勢を示した。

　一方，タクシン首相がFTA拡大戦略を掲げ，4月に米国とFTA締結を目指すことに合意したタイは，その後，米国とのFTA協議で，著作物や商標などの知的財産権に対する保護対策が不十分である，との強い不満が米側から示された。さらに米政府は，タイの投資・サービス市場の全面開放も要求した。

　米タイ両政府は2004年6月，FTA交渉を正式に開始したが，タイの世論やメディアの論調は，タイ国内で安価なジェネリック医薬品の販売が規制されることへの懸念や，地元産業への影響を警戒する声が強まった。

　米政府は，タクシン首相を国外追放した2006年9月のタイのクーデター後，FTA交渉を中断する意向をタイ側に伝えた。その後に発足したタイのアピシット政権はタクシン首相とは対照的に，FTA拡大路線に慎重だったことから，米タイのFTA交渉は白紙化された状況になった。

　マレーシアも2006年6月，米国とFTA交渉を開始したが，マレーシアはTPP交渉に参加したことから，米国との二国間交渉は中断している。

4．APECでアジア太平洋自由貿易圏（FTAAP）構想を提案

　米国とASEAN加盟国の二国間FTA交渉が拡大しない中，東アジアでは，中国，日本などとASEANのFTAが，構想や交渉の過程を経て，自由化の実施段階に移行していた。そうした情勢下，ブッシュ大統領は2006年11月にハノイで開かれたAPEC首脳会議で，すべてのAPEC加盟国・地域によるアジア太平洋全体の自由貿易圏構想「Free Trade Area of the Asia Pacific」（FTAAP）を提唱し，米国主導の新たな地域統合の枠組みを打ち出した。

　東アジアでは，ASEANプラス3（日中韓）や，インド，豪州，ニュージーランドも加えたASEANプラス6による地域統合構想が浮上しており，米国は，これらの構想に含まれる国々をほぼ包含する壮大な貿易圏構想を掲げることで，米国抜きで進むアジアの地域統合の動きをけん制し，APECの枠組みを活用して，東アジア統合に強く関与する戦略だった。

FTAAP は，完成時期などの具体的な青写真は示されていないが，APEC 内で具体化への共同検討が始まっている。一方，ブッシュ大統領から代わったオバマ大統領は 2009 年 11 月，シンガポールでの APEC 首脳会議を前に東京で演説し，米国が TPP 交渉に参加することを表明した。

TPP は，シンガポール，ブルネイ，チリ，ニュージーランドの 4 カ国が創設した無名に近い地域統合構想だったが，米国は，具体的な通商交渉が行えない APEC を補完する枠組みとして TPP に着目し，アジア太平洋地域の自由貿易圏形成に向けた仕掛けとしてこれを活用することにした。

TPP は FTAAP の前段階の自由貿易圏となるもので，関税は原則として撤廃し，投資・サービス分野の自由化，知的財産保護，国営企業と民間企業の対等な競争条件，適切な労働条件など，交渉は幅広い分野に及ぶ。米国主導でアジア太平洋地域の新たな通商秩序を構築する狙いがある。

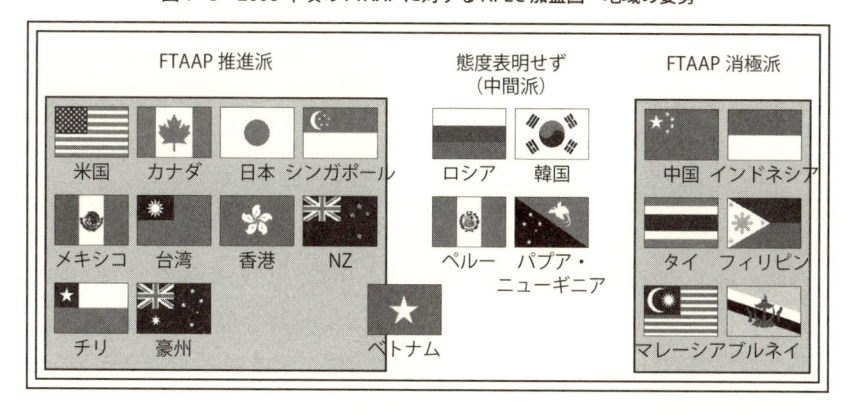

図 I-3　2006 年頃の FTAAP に対する APEC 加盟国・地域の姿勢

FTAAP 推進派	態度表明せず（中間派）	FTAAP 消極派
米国　カナダ　日本　シンガポール	ロシア　韓国	中国　インドネシア
メキシコ　台湾　香港　NZ	ペルー　パプア・ニューギニア	タイ　フィリピン
チリ　豪州　ベトナム		マレーシア　ブルネイ

第6章

TPP, RCEP 交渉が始動, 東アジア大統合時代に

1. 日中韓のFTA, 政治関係悪化で迷走

　第1～5章では, ASEAN を軸に日本, 中国, 韓国, インド, 豪州, NZ の6カ国がどのような思惑と戦略で 2000 年ごろから FTA 締結に動き出し, 対抗して米国が APEC の枠組みを使って東アジア統合に参入してきた経緯を記した。第6章は, これらの動きが複合的に絡み合い, TPP, RCEP を通じた東アジア市場大統合のうねりに拡大していった経緯を分析する。

　ASEAN と各国の FTA 構想が広がり始めたのが東アジア統合の第1フェーズとすれば, それと並行して日中韓の3カ国が FTA の模索を始めたのが第2フェーズにあたる。2002 年 11 月, プノンペンで行われた日中韓首脳会議で, 中国の朱鎔基首相が「日中韓 FTA」の締結を日韓に呼びかけたことが発端である。

　当時, 日本と韓国はこの提案に対して, 「中国は WTO に加盟 (2001 年 12 月) したばかりであり, WTO に基づく自由化の実施を優先すべきである」として, 消極的な反応だった。互いの研究機関で FTA や投資協定などの共同研究を行うことにして, 中国からの提案をとっさにかわした。

　翌 2003 年の 10 月にインドネシア・バリ島で行われた日中韓首脳会議で, 日本の総合研究開発機構 (NIRA), 中国の国務院発展研究中心 (DRC), 韓国の対外経済政策研究院 (KIEP) の公的研究機関が, 「経済協力強化に関する共同研究報告書及び政策提言」を提出した。

　報告書は, 日中韓の FTA は「(3 カ国に) 大きなマクロ経済的利益をもたらす」と分析し, FTA を結んだ場合, 「中国の成長率は 1.1 ～ 2.9 ポイント,

韓国は2.5～3.1ポイント，日本は0.1～0.5ポイント押し上げられる」との試算を示した。共同研究の一環として3カ国の企業に行ったアンケートでも，8割以上は「日中韓FTAを望む」と回答しており，報告書は「政府はFTAの緊急性に対する認識を共有すべきである」と指摘した。中国の温家宝首相は首脳会議で，「これを踏まえて，3カ国で積極的に協力していかなければならない」と発言し，中国が日中韓FTAの実現に強い意欲を持つ姿勢を改めて強調した。

　一方，日本と韓国はこの時も，日中韓FTAに消極的だった。日本にとって，中国は輸出先で2位，輸入先では1位と，米国と肩を並べる貿易相手国であり，「FTAの効果が大きい反面，痛みも伴う」（日本政府筋）というマイナス面へのリスクが前向きな対応を躊躇させていた。

　韓国は，盧武鉉政権が2003年9月に策定したFTAの「ロードマップ」の中で，米国，EUとともに中国を「中長期的な交渉対象国」と位置付けていた。韓国メーカーの中国への生産拠点の移転が広がり，国内で空洞化問題が浮上していたうえに，鉄鋼，造船，自動車などの各産業で，中国メーカーが近い将来，韓国勢に追いつく，もしくは産業によっては追い抜くという予測もあり，対中FTAには慎重な判断が必要だった。

　このため，首脳会議の共同宣言では，日中韓FTA構想に関しては，中長期的な課題として先送りしたいという日韓の思惑を反映して，「時宜を得たやり方で，3国の一層の緊密な経済連携の方向性を探求する」という抽象的な表現にとどまった。日本政府は，中国に進出した日本メーカーなどの知的財産権やビジネス活動が保障されるよう，FTAよりも先に投資協定の締結が不可欠との考えだった。共同声明の中に「日中韓投資協定の可能性を探る共同研究を始める」という文言を挿入して，日本側の方針を反映させた。

　日中韓のFTA構想は，その後，島根県竹島や沖縄県尖閣諸島などの問題を巡って日韓，日中関係がそれぞれ悪化したため，迷走を始めた。

　日韓のFTA構想に関しては，1998年から2000年まで両国の研究機関による共同研究が行われたのに続き，政府間合意を踏まえた共同研究も2002年7月から実施された。2003年10月にバンコクでAPEC首脳会議が行われ

た際，小泉首相と盧武鉉大統領は会談し，この共同研究の結果を踏まえて，「今年中にFTA交渉を開始し，2005年内の実質合意を目指す」ことに合意した。

ソウルで2003年12月に1回目のFTA交渉がスタートしたが，韓国政府は次第に中国との二国間FTAを優先する姿勢を強め，交渉は2004年11月の第6回目を最後に中断状態に入った。

その大きな要因の1つは，竹島問題だった。加えて，日韓貿易は，サムスン電子などの韓国企業が日本メーカーからの部品供給に依存していることから，日本側が大幅な黒字基調にある。日本とFTAを締結すれば，日本への部品依存度がさらに強まり，当時約2兆円だった対日赤字の拡大が予想される一方，韓国の部品産業が育たなくなるという懸念も韓国側にあった。

それまでの交渉で，韓国は，非公式に鉱工業品と農産品の90％超の関税を互いに撤廃する案を示したが，日本が提案した農水産品の関税撤廃は50％程度と隔たりが大きかった。これに韓国側が反発を強めたことも，交渉の中断に影響した可能性がある[12]。

一方，日中韓を巡っては，投資協定に関しては，2003年10月のバリ島での首脳会議で共同研究開始に合意した後，政府間交渉を経て，2012年5月に3カ国の首脳が署名，2014年5月に発効した。バリ島での共同研究開始の合意から，発効までに実に10年以上が費やされた。

FTA構想は，さらに長い道のりになっている。2005年5月に京都で行われた日中韓外相会議で，中国の李肇星外相は，2003年に開始されたFTAの共同研究のペースを速めるよう提案したが，その後も加速感は出なかった。民間主体で行われた共同研究は2009年にようやく終了し，引き続き2010年5月からは産学官による共同研究が，約1年半後の2011年12月まで続いた。

日中韓が実際にFTA交渉を開始したのは，2013年3月下旬だった。2002年11月にプノンペンで行われた日中韓首脳会議で，朱鎔基首相がFTA構想を提案してから10年4カ月を経て，ソウルで第1回目の交渉が行われた。

---

12 『読売新聞』2005年3月10日付。

この初交渉に至るまでの3年ほどは，韓国が日本抜きの中韓FTAを優先させる戦略に転じたため，交渉開始まで紆余曲折が続いた．韓国の李明博大統領は2010年4月，中韓FTAの可能性を検討するよう事務レベルに指示を出していた．

　2011年11月にバリ島で行われた日中韓首脳会議では，産学官の共同研究が年内に終了する見通しを踏まえ，翌年春をめどにFTA交渉を開始することで一致した．しかし，韓国は翌春の2012年5月2日，中韓FTA交渉を開始することで中国側と合意し，日中韓FTAを先送りする姿勢を鮮明にした．

　李明博政権は，竹島問題などで対日強硬姿勢を一段と強め，日韓関係は極度に冷え込んだ．反日世論も急速に高まり，2004年11月から中断している日韓FTA交渉を再開する選択肢は，政治的に皆無だった．

　日中韓は2012年5月13日，北京で首脳会議を行い，FTA交渉を年内に開始することで合意した．首脳会議に向けた事前の事務レベルの調整で，日中が懸命に韓国を説得した結果，韓国は中国への配慮もあり，首脳会議の直前に「年内の交渉開始」の線に歩み寄ったという[13]．

　日中韓は同年11月，交渉開始を宣言したが，朴槿恵大統領は2014年の7月4日，訪韓した中国の習近平国家主席との会談で，中韓FTA交渉の年内妥結を目指すことで合意した．朴政権は親中・反日姿勢を一段と強めており，韓国政府は東アジアの地域統合に関する対処方針として，中韓FTAの早期実現を最優先で目指す一方，日中韓FTAは実質的に棚上げする可能性は否めない．

2. 東アジア首脳会議と地域統合の枠組みで日中が対立

　ASEANと日本，中国，韓国，インド，豪州，ニュージーランドのそれぞれのFTA構想は，2004年までに各陣営の枠組みが固まった．各国には対ASEANのFTA実現の目途がついたことで一段落感が広がり，次のステッ

13　『読売新聞』2012年5月14日付朝刊3面．

プとして東アジア全体の市場統合を展望する余裕が出てきた。市場統合のフェーズは，各国がけん制と連携を重ねつつ広域自由貿易圏の創設を模索する第3フェーズへと移行した。

　東アジア統合を巡る政府レベルの議論は，1990年にマレーシアのマハティール首相が東アジア地域の経済協力構想「東アジア経済協議体」（EAEC）を提唱したのが最初だった。構想は米国の猛反発と，それを受けた日本の消極的な対応などで頓挫したが，韓国の金大中大統領は1998年12月，ハノイで行われた第2回目のASEANプラス3（日中韓）首脳会議で，東アジア地域の中長期的なあるべき姿を有識者らで検討する「東アジア・ビジョン・グループ」（East Asia Vision Group ＝ EAVG）の設置を提案した。

　当時，アジア域内は1997年に発生したアジア通貨危機の影響がまだ色濃く残り，東南アジアや韓国の経済は変調をきたしたままだった。2008年に発生した「リーマン・ショック」では，世界経済の大混乱を脱するため，主要20カ国（G20）が結集して，首脳会議や財務相・中央銀行総裁会議を通じて国際的な政策協調を図った。1998年当時のアジアも，各国が結束してアジア経済の再建に取り組む必要がある，との協調的な雰囲気が支配していた。

　2001年3月には，やはり金大中大統領の提案で，政府間による「東アジア・スタディ・グループ」（East Asia Study group ＝ EASG）が発足し，EASGは2002年11月にプノンペンで行われたASEANプラス3首脳会議に報告書を提出した。この首脳会議と相前後して，中国はASEANとFTAの枠組み協定を締結し，日本とASEANは経済連携構想の枠組み作りを目指すことで合意した。

　EASGの報告書は，先にEAVGがまとめていた提言の中から，実行可能で優先度が高い項目として26の提案を選定し，そのうち「中長期的な政策であり，さらに研究が必要な9項目」として，①東アジア自由貿易地域（East Asia Free Trade Area ＝ EAFTA）の形成，②ASEANプラス3を「東アジア首脳会議」（East Asian Summit ＝ EAS）に発展させる，③ASEAN投資地域（ASEAN Investment Area ＝ AIA）の拡大による東アジア投資地域（East Asia

Investment Area）の創設——などを中長期的な課題に挙げた。

　2002年当時は，ASEANとのFTA構想で先行する中国を他国が追いかけだした頃であり，各国は足元の対応に追われる中，EAFTAやEASを具体的に検討する雰囲気や余裕はなかった。各国メディアも報告書への関心は低く，EASGの提言は，タイミングとして時期尚早の感があった。

　ただし，東アジア首脳会議（EAS）の創設や，「東アジア経済共同体」と言い換えることができるEAFTAの提言自体は，ASEANと日中韓の間で，中長期的な課題として認識が共有されたのは確かだった。マレーシアは初のEASを2005年末に自国で開催することを提案し，2004年11月にラオスのビエンチャンで開かれたASEANプラス3首脳会議で各国の同意を得た。

　その際，EASの参加国は2005年前半に決めることになったが，EASの構成を巡り，日本と中国がASEAN各国を巻き込みながら激しい主導権争いを演じた。

　日本は当初，マレーシアと共同議長を務める方針を示し，EASの参加国はASEANと日中韓に加えて，インド，豪州，NZを含むASEANプラス6の16カ国とするよう主張した。中国の影響力が及びにくいインドや豪州をメンバーに入れることで，東アジアでの地域統合のルール作りのみならず，人権問題や南シナ海の安全保障などで中国包囲網を敷く狙いがあった。

　一方の中国は，EASの参加国をASEANプラス3に限るよう主張し，第2回目のEASの議長国にも名乗りを上げた。ASEANと日中韓の13カ国の枠組みにすれば，参加国に占めるミャンマー，カンボジア，ラオスなど親中派の割合が高まり，中国の影響力を発揮しやすいためだ。

　2005年4月にフィリピンのセブ島で行われたASEAN外相会議では，参加国の範囲を巡ってASEAN内も紛糾した[14]。日本が主張するインド，豪州，ニュージーランドの参加を含めるかどうかで，EASでの中国の影響力拡大を警戒するインドネシア，シンガポール，ベトナムは賛成派，マレーシア，ミャンマー，カンボジアなどは反対派と，見解が2つに割れた。

14　『読売新聞』2005年4月11日付国際面。

ASEAN は打開策として，EAS の参加条件は①ASEAN の対話国であること②東南アジア友好協力条約（TAC）に調印していること——などと決定した[15]。それまで TAC への加盟に慎重だった豪州，NZ がその後，TAC に署名する方針に転じたことから，2005 年 7 月にビエンチャンで開かれた ASEAN プラス 3 外相会議で，インド，豪州，NZ の EAS 参加が承認された。中国の狙いは退けられ，初の EAS は「ASEAN プラス 6」による 16 カ国体制で開かれることが決まった。

　この頃，EAS の関係国からは，将来の地域統合の目標として，「東アジア共同体」という言葉が頻繁に使われるようになった。EASG が報告書に示した「東アジア自由貿易地域」と同義語であり，東アジア市場統合を意味していた。

　この東アジア統合構想を推進する枠組みを巡っても，日本と中国が対立し，結果的に「痛み分け」となった[16]。EAS の参加国を巡ってもめたケースと同じく，地域統合の構成国の枠組みとして，中国は ASEAN プラス 3 を，日本は ASEAN プラス 6 を主張して，互いに譲らなかったためだ。

　2005 年 12 月 12 日，クアラルンプールで初の EAS に先駆けて行われた ASEAN プラス 3 の首脳会議では，首脳宣言に「(ASEAN プラス 3 が) 東アジア共同体を達成するための主要な手段」であると明記され，地域統合は ASEAN プラス 3 体制が主導していくことがうたわれた。

　一方，同月 14 日に行われた初の EAS の「クアラルンプール宣言」には，「EAS が共同体形成に重要な役割を果たしうる」と日本の主張が盛り込まれ，ASEAN プラス 6 で地域統合を形成していく方針が強調された。

　結局のところは，ASEAN プラス 3 首脳会議の共同宣言，EAS のクアラルンプール宣言とも玉虫色の落としどころにすぎず，日中による「ASEAN プラス 3」「ASEAN プラス 6」の枠組み論の対立はその後も続いた。

　このため東アジアの市場統合構想は長い間進展しない状況に陥ったが，その膠着状態を解いたのが，アジア太平洋地域を囲い込むため米国が仕掛けた

15　『読売新聞』2005 年 4 月 12 日付国際面。
16　『読売新聞』2005 年 12 月 13 日付国際面。

TPP だった。

3. TPP で分断を恐れた ASEAN が RCEP 推進

　日中や米国が ASEAN を巡る主導権争いを展開する中，それに最も焦っていたのは ASEAN 自身だった。ASEAN は，10 カ国が集合体として 1 つの自由貿易地域を形成し，6 億人以上にのぼる労働・消費市場の魅力で外資を呼び込んできた。特定の域外国の影響力が強まれば，ASEAN の結束力が低下し，分断につながる恐れもある。

　その観点で ASEAN の一部が深く懸念していたのが，米国主導の TPP 交渉だった。TPP 交渉は，まず APEC に加盟していることが参加条件だが，ASEAN ではミャンマー，ラオス，カンボジアは APEC 未加盟のため，交渉に参加する資格がない。しかも，交渉の参加条件を満たしていても，TPP 参加国は原則としてすべての関税を撤廃する必要があり，自国産業の国際競争力に自信がない国は，交渉への参加をためらってしまう。

　このため，ASEAN 加盟国は TPP への対応を巡り，交渉参加国のシンガ

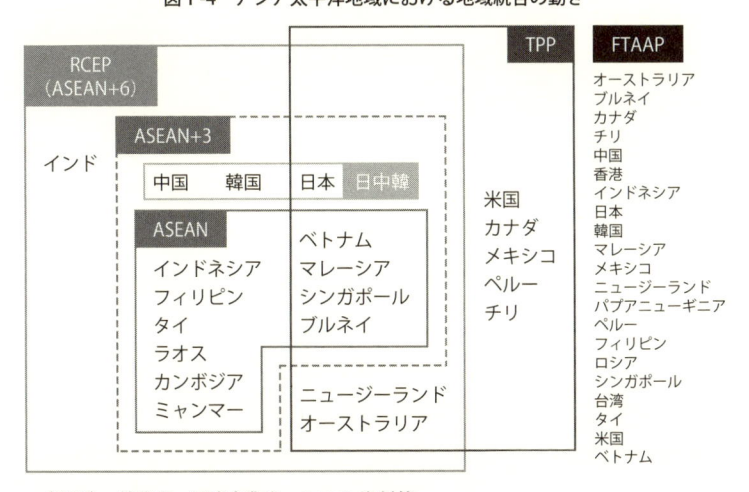

図 I-4　アジア太平洋地域における地域統合の動き

RCEP (ASEAN+6)	ASEAN+3			TPP	FTAAP
インド	中国　韓国	日本	日中韓	米国	オーストラリア
				カナダ	ブルネイ
	ASEAN	ベトナム		メキシコ	カナダ
	インドネシア	マレーシア		ペルー	チリ
	フィリピン	シンガポール		チリ	中国
	タイ	ブルネイ			香港
	ラオス				インドネシア
	カンボジア	ニュージーランド			日本
	ミャンマー	オーストラリア			韓国
					マレーシア
					メキシコ
					ニュージーランド
					パプアニューギニア
					ペルー
					フィリピン
					ロシア
					シンガポール
					台湾
					タイ
					米国
					ベトナム

（出所）外務省，経済産業省，JETRO 資料等．

ポール，ブルネイ，ベトナム，マレーシアの4カ国と，非参加国のインドネシア，タイ，フィリピン，カンボジア，ミャンマー，ラオスの6カ国に分かれてしまった。

　ASEANは，ASEANプラス3やEASなどの域外国を交えた対話の場で，「ASEAN中心主義」と「ASEAN統合への尊重」をアピールしている。FTAや地域統合の枠組みの中心にASEANを据えるよう各国に求めることで，日中や米国，インドなどの大国と適度な距離感を保ちながら，枠組みや交渉などの主導性を維持してきた。

　オバマ米大統領もASEANとの首脳会議やEASで，米国がASEAN中心主義とASEAN統合を支援する意向を示している。ただ，ASEANにとって，域外国との地域統合で10カ国の共同歩調体制が乱れたのは，TPPが初めてのケースであり，TPP交渉の不参加国は，アジア太平洋地域の自由化から自国が取り残される懸念と警戒感を強めた。

　さらに，2011年8月のASEANプラス6経済閣僚会議で，日中が「ASEANプラス3」「ASEANプラス6」の枠組み論をひとまず横に置き，初めて日中が共同で，物品，サービス，投資の自由化を議論するための作業部会の設置を提案したことも，ASEAN側を刺激した。東アジアの市場統合構想が日中主導でも動き出す可能性が出てきたためだ。

　こうした状況に手を打ったのがインドネシアだった。2011年11月にバリ島で行われたASEAN首脳会議で，インドネシアは議長国の特権を駆使して，ASEANとFTAを結んでいる国々と東アジア広域自由貿易圏の形成を目指すRCEP構想を打ち出した。

　RCEP構想は，東アジアの市場統合をASEAN主導で推進する計画であり，RCEPへの参加を希望するASEAN域外国は，「この指とまれ」方式で交渉に参加できる仕組みだ。

　最初からASEANプラス3，もしくはASEANプラス6という枠組み論で参加国の構成を規定するのではなく，形式上は，「RCEPに参加するかどうかは域外国の自由」（タイ商務省幹部）に委ねる。結局は，地域統合のバスに乗り遅れないよう，「(ASEANとFTAを結んでいる日中韓，インド，豪

NZ の）6 カ国はすべて参加するだろう」（同）という目論見だった。
　実際，RCEP には 6 カ国とも加わり，ASEAN が中心に位置する形で，「ASEAN プラス 6」の枠組みで交渉がスタートした。日本と中国の対立で膠着状態に陥っていた東アジアの地域統合構想は，TPP で ASEAN が分離・分断される事態を避けたいとするインドネシアの焦りと知恵で動き出したといえるだろう。インドネシアのマルティ外相は 2011 年 11 月のバリ島での ASEAN 首脳会議の際，記者団に「ASEAN は大国間の競争に従属しない」と述べ，アジアの地域統合で ASEAN の結束を保持する姿勢を強調した。

おわりに

　ASEAN 経済共同体（AEC），TPP，RCEP という 3 つの大きな広域市場統合の流れの源流は 2000 年前後，日本とシンガポールとの FTA 構想に始まる。
　その頃の東アジア市場統合の黎明期には，今のような展開が広がることを，どの国も具体的には予想していなかっただろう。ASEAN との FTA で日本，中国，韓国，インド，豪州，ニュージーランド，そして米国というライバル国同士の駆け引きが雪だるま式に拡大し，それが意図せざる形で貿易自由化の強力な推進力となり，互いに刺激しあいながら新たな市場統合の枠組みを次々に生み出していった。東アジアの大市場統合時代はそのようにして，いつの間にか幕を開けていた。

（深沢淳一）

第 II 部

東アジア大統合時代，ASEANで挑む日本企業

はじめに

　日本企業は今から50年以上も前，1960年頃から東南アジア，現在のASEANに進出を開始した。以降，長年に亘り継続的に資本を投下，同地域の工業化に少なからず貢献してきた。日本企業は当初は輸入代替型で，続いて輸出指向型で，それぞれ進出を果たした。1990年代後半，アジア通貨危機や世界貿易機関（WTO）多国間交渉の難航は，「FTAの空白地帯」に位置するASEANの危機感に火をつけた。以降，ASEANは域内の地域統合の深化や関係国とのFTA構築に舵を切った。

　当時，同地域でのFTAはASEAN自由貿易地域（AFTA）のみであったが，以降，FTA網の拡大・重層化は，日本企業に最適地での集中生産・調達を前提とした拠点の統廃合を促した。ASEANが日本企業の「収益センター」に生まれ変わる土台が築かれた。

　2013年末までにおいて，日本のASEAN10カ国向けの製造業における直接投資残高は6兆6012億円で世界全体の15.6％を占めるに過ぎない。一方，経常利益は，経済産業省の第43回海外事業活動基本調査によれば，1兆4450億円と世界全体の34.7％（中国は29.1％）を占めるまでになっている（2012年度実績）。直接投資残高と経常利益の，各々の世界全体に占める割合を比べれば，ASEANは高い投資効率が期待できる地域であることがわかる。

　しかし，東アジアでのFTA網の発達とともに，協定毎に利用規則や条件が次々と生み出されることは，企業に対しFTA利用に二の足を踏ませている。いわゆる「スパゲティボウル」現象である。

　ASAENは自ら「単一の市場と生産基地」として最もビジネスが展開し易い事業環境に生まれ変わるべく，ASEAN経済共同体（AEC）を打ち出した。AECの核となるツール「AFTA」についても，産業界の声を踏まえた上で，利用手続きや規則の改善作業を継続的に行っている。2008年以降，在

ASEAN 日系産業界も ASEAN 事務総長との対話の場を通じ，ビジネス展開上の改善要望を ASEAN 経済閣僚会議に直接伝えるチャネルを確立した。日系産業界の要望が ASEAN 事務局を通じて日本とは関係のない AFTA に影響を及ぼすまでになっている。AFTA の規則は ASEAN+1FTA や現在交渉中の東アジア地域包括的経済連携（RCEP）にも影響を及ぼす。AEC は東アジア経済統合のモデルであり，そのルールや取組手法は，広く東アジアに伝播する可能性が高い。

　これまで FTA は投資が流入する「勝ち組」と流出する「負け組」とに分断するとして「諸刃の刃」とも言われてきた。しかし，ASEAN10 カ国の経済・所得格差は，国境を挟んで新たな分業の可能性をもたらしている。AEC 措置の実施や越境交通協定（CBTA）の導入は，国境に跨る関税障壁・非関税障壁の低減・削減を通じて，メコン地域間取引の「擬似的な国内取引」化を目指すなど新たな取引形態が登場している。

　第Ⅱ部では，これまでの日本企業の ASEAN 進出を振り返り，FTA を通じてどのようにその機能が拡大・多様化し，更には自らの事業環境を整備してきたかを概観する。

第1章
GATT/WTO 時代から FTA 時代へ，変わる日本の投資パターン

1. 輸入代替工業化から輸出指向型工業化へ

　東南アジア[1]各国は 1950 年から 60 年代にかけて，主要な輸出品であったゴムなどの一次産品価格の低迷や合成ゴム，合成繊維等など代替品の登場により，輸出が伸び悩む一方，輸入では工業製品が増大，貿易収支は慢性的な赤字構造に陥っていた。これまで工業製品の供給は圧倒的に輸入に依存していたが，外国製品の依存度低下を通じた外貨節約，貿易収支の改善を目的に，高関税や数量規制等を課し，輸入を制限することにより，国内市場参入・獲得を目指す外国企業からの投資の呼び込みと国内産業の育成を狙った。この時代，東南アジア各国は戦略産業の原材料や部品の輸入関税を減免するなど，自国産業を保護しながらも外資の力を借りて工業化に取り組む「輸入代替型工業化政策」を採った。これに呼応する形で最終組立メーカーの進出が開始された。同政策導入に際し，東南アジア各国は，外国資本と技術の導入を図るべく，進出企業には現地資本との合弁を求める場合も多々あった。
　例えば，マレーシアは，まだ国産化されていない重要な業種を「創始（パイオニア）産業」と指定，創始産業条令[2]により所得税減免などの恩典を付

1　東南アジア諸国連合（ASEAN）は 1967 年に設立された。当時，ベトナム戦争の最中であり，東南アジア各国は共産主義の脅威に晒されていた。また，大国の介入を避けるには，域内の団結強化，域内紛争の解決が不可欠と考えられていた。
2　1965 年に創始産業法に改変。

与することで投資を奨励した。タイの場合，1954年に成立した工業化を促進する政策「産業奨励法」に基づき，現在のタイ投資委員会（BOI）の前身である産業奨励委員会が設置された。産業奨励委員会は1959年に外国投資を呼び込む役割を担う投資委員会（BOI）へと改組された。同委員会が外資誘致活動を積極化したのは，産業奨励法が「産業投資奨励法」に改正された1960〜62年頃である。同法でタイ政府は，①市場原理の導入と国営企業などによる民間企業との競合回避，②輸入代替企業の育成，③外資の積極的・開放的な導入，の方針を打ち出していった。産業投資奨励法では，外国人出資比率の上限（49%）の一部撤廃，外国人による土地利用規制の緩和，配当・利益の海外送金を保証することで投資を促した。

更に工業化を後押しすべく各国で策定されたのが，5カ年計画などの経済開発計画である。タイの場合，1961年から開始された第1次経済社会開発計画では灌漑，交通通信，エネルギーを，また1967年から始まった第2次計画では教育，交通通信など，経済発展，工業化に必要なインフラの整備に経済開発の重点が置かれた。

また，1961年に自動車産業復興政策を打ち出し，特定車種の輸入の禁止，関税の引き上げ，ローカルコンテンツ要求を課すなど，輸入制限的な措置を打ち出した。これに伴い，米フォードがアングロ・タイ社と合弁でタイ・モーター・インダストリー社を設立し，自動車組立を開始した。

翌1962年には，サリット政権が輸入代替型工業化政策の一環で，改訂産業投資奨励法を策定，自動車組立に対し輸入税や法人税等恩典を与えることで投資誘致と国内産業育成を図った。これに呼応する形で，1964年にトヨタ自動車，1966年にいすゞ自動車，三菱自動車が進出した。これに日野自動車（1967年），日産自動車[3]（1973年）が続いた。また，自動車分野ではタイ工業省が国産部品の使用義務規定（ローカルコンテンツ）を課すことで，輸入部品の国産化を目指した。具体的には，1975年から，自動車ではローカルコンテンツ25%を，二輪車では50%を，それぞれ求めた[4]。工業省

---

3 当初，日産自動車は技術提携を通じ1963年に生産を開始した。
4 工業省は，1979年には，乗用車のローカルコンテンツ30%を求めて以降，1988年までの10年↗

の他にも，BOIが自動車や二輪車を含む投資奨励14業種でローカルコンテンツを投資認可，恩典付与の条件とした。BOIは1993年4月には大部分の業種につき国産化義務規定を廃止したものの，乳製品，自動車や二輪車などのエンジン生産，二輪車組立についてローカルコンテンツ規定を廃止したのは1999年末になってからのことである。

しかし，東南アジア各国市場は，各々高関税や輸入制限等で分断されていたこともあり，現地組立を目指し進出した企業は，矮小な国内市場がすぐに飽和してしまうことに伴い，産業自体も停滞するという問題に直面した。これを機に産業政策を「輸出指向型工業化政策」への転換を図った。1960年代初頭に韓国，台湾，香港，シンガポールのアジアNIESが先に同政策を導入，追って東南アジア各国も導入した。これら東南アジア諸国は，市場の飽和で停滞を余儀なくされるこれら産業に，欧米など「第三国市場への輸出」に振り向けることで，工業化を促進していった。

輸出指向型工業化政策は，部品などの中間財や資本財は輸入に依存するものの，最終製品の輸出を通じて外貨を獲得すること，海外市場向け大量生産実現で「不効率な生産」と「割高な製品」の問題を解消すること，更には現地政府に対し大規模な工場進出に伴う「雇用の確保」，「技術移転」への期待を抱かせた。

東南アジア各国は，輸出指向型企業を受け入れるべく，投資制度を整備した。フィリピンで投資奨励法が，インドネシアで外資導入法がそれぞれ出来たのは1967年，これに続きマレーシアで投資奨励法（1968年）が，タイも産業投資奨励法（1972年）が整備された。また，東南アジア各国で輸出加工区（EPZ）が設置されはじめたのもこのころである。

これら東南アジア各国に対し，主に米国企業と日本企業とが政策に呼応した。当時，日米は，本国の賃金高騰への対応や，高学歴化に伴う若年労働力不足，公害問題等による工場立地などの問題を抱えており，これら企業は東南アジアに進出することで，これら問題の解決を図った。

＼間で65％までの引き上げを通達。1980年には商用車についてもローカルコンテンツ25％を1988年までに60％に引き上げることを求めた。

2. 積極的外資導入から制限的・選別的外資導入へ舵を切る東南アジア

　60年代末から70年代にかけて，外資の積極導入姿勢を見直す機運が高まった。これはASEAN各国の貿易収支不均衡，大量の外資進出，それに伴う溢れる日本車や日本製品，経済格差の発生，拡大により，各国世論が外国企業の排斥や地場民族優遇などナショナリズムが高まったことによる。マレーシアでは1969年，経済発展の恩恵が華人に偏っているとしてマレー人の不満が爆発，首都クアラルンプールでマレー人と華人が衝突した。インドネシアにおいても，スハルト政権下で華人は経済活動を活発化させた結果，華人が裕福になる一方で，プリブミと呼ばれるインドネシア人の生活環境は改善せず，大きな経済格差が生じるなどによりプリブミの不満は蓄積されていった。

　そのような中，1974年に東南アジアを歴訪した田中角栄首相を待ち受けていたのは，企業進出に伴う雇用創出等に対する「歓迎」の声ではなく，日本製品の洪水的な氾濫や「経済至上主義」とも揶揄され現地事情を斟酌しない企業行動等に反発する学生を中心とした反日デモ隊であった。学生たちは「日本製品排斥」を声高に求めた。最後の訪問国インドネシアでは，日系企業が放火・投石されたり，日本車が焼き討ちにあうなど，約1万人以上が暴徒化，ジャカルタには外出禁止令まで出された。まさにASEANでも「反日の嵐」が吹き荒れた。これらの動きはASEAN各国の経済政策にも反映されていった。ASEAN各国は，「外資の積極的な導入」から「自国民優遇」，そして「制限的・選別的外資導入」へと舵を切ることになった。

　マレーシアでは1971年に実施された，マレー人の経済的地位を高めることを主眼に置いた新経済政策（ブミプトラ政策）では，雇用の人種別比率や一定比率以上の資本をマレー人に割り当てることなどが規定されている。インドネシアでも一定期間内に地場出資比率をマジョリティ化することや，外国人の雇用制限などが行われた。タイでも外国人が従事できない職業を定め

た外国人職業規制法や，外国企業が資本の過半数を取得出来ない分野を規定した外国企業規制法などが施行された。これら 2 つの法律は，後者は 2000 年に一部改正されたものの，現在も運用が続けられている。

日 ASEAN 関係で大きな転機になったのは，現在も語り継がれる「福田ドクトリン」である。その反日デモ・暴動から 3 年後の 1977 年，東南アジアを歴訪した福田赳夫首相は，その最後の訪問地マニラで，「日本は，東南アジア地域との間で，政治・経済のみならず，社会，文化など広範な分野において，心と心の触れあう相互信頼関係の構築を目指す」ことを打ち出した。以降も，福田ドクトリンは長年に渡り日本の対 ASEAN 政策の柱に据えられた。日本企業も ASEAN 各国での反日デモ・暴動に至った事態を省み，「経済至上主義」から「より現地に根差した事業展開・経営」を指向するようになった。

3. 日本の資本財・中間財輸入に依存する東南アジアの輸出

ASAEN 各国の輸出指向型工業化に絶好の機会が訪れた。プラザ合意である。1985 年 9 月，米国ニューヨークのプラザホテルで行われた先進 5 カ国蔵相・中央銀行総裁会議，いわゆる G5 で，米国の貿易・経常赤字解消を目的に，ドル高是正のため G5 各国が為替相場に協調介入することで合意した。当時 1 ドルは 240 円台で推移していたが，プラザ合意の発表後，急激に円高が進行，同年内には誘導目標 200 円を割りこんだ。以降も，円高の流れは続き，2 年後の 1987 年には 150 円をも割り込んだ。

これにより大きな打撃を被ったのは，日本国内で生産し輸出していた企業である。日本企業は急激な円高ドル安による輸出環境の悪化により，日本での製造・輸出が難しくなった汎用品を中心に，新たな製造・輸出拠点を賃金の安価な ASEAN に求めていった。プラザ合意を境に，日本企業は ASEAN を中心にラッシュ的に進出，各国に第三国向け輸出工場を次々と設置した。

ASEAN 各国はプラザ合意以降も，度々円高に悩まされた日本企業の受け皿となった。1995 年には対ドルレート過去最高値となる 79 円 75 銭をつけ，

日本国内の輸出企業に激震が走った。日本企業にとって85年からの10年間は，円高に翻弄された10年間であった。

東南アジア各国もこれら日本からスピルオーバーした投資を積極的に受け入れるべく，長期に亘る法人税の免税，輸出向け製品用原材料・部材の免税，生産用設備の輸入関税免税など数多くの魅力的な投資優遇制度を準備し，懸命に投資を呼び込んだ。これら投資恩典の付与と引き換えに，輸出義務を課すことで，国内産業には影響を及ぼさない形で工業化を図っていった。例えば当時のタイでは，タイ投資委員会（BOI）の恩典を受けて投資をする場合，外資100％で進出するためには輸出比率80％以上が，また外資マジョリティの場合は輸出比率50％超が求められた[5]。更には立地条件にも輸出比率は規定されていた。バンコク近郊に立地する場合，80％以上の輸出比率を条件に，機械輸入関税の50％減税，3年間の法人税の免税が付与された。

ASEAN各国の政策は，当時，円高によって第三国向け輸出拠点を探していた日本企業にとって将に的を射た政策であった。その結果，東南アジアでは日本企業からの投資ブームを迎え，東南アジア各国は輸出指向型工業化とそれに伴う経済発展を謳歌した。財務省は2004年まで日本の海外直接投資届け出統計を発表していた。この統計でプラザ合意以降の日本の投資ブームが概観できる。1985年で292件であった日本の対ASEAN（10カ国）向け直接投資件数は，89年には3.3倍の971件の水準まで達するなど，進出ラッシュであったことがわかる。ASEANの中でも特にタイに向かった企業が多い。特に88〜90年の3年間は，日本の対ASEAN直接投資件数のうち4割超がタイに向かった（88年382件，89年403件，90年377件）。

ASEAN進出の主役は，輸送機器，一般機械，電気機械など機械分野であった。ASEAN各国は，これら機械機器の組立を自国で行い，欧米各国に輸出していった。しかし裾野産業が育っていないASEANでは，原材料や部

---

[5] WTOのTRIM協定で輸出義務規定について，WTO発足後，先進国は3年以内，発展途上国は8年以内の撤廃が求められていた。タイは2000年8月に新投資奨励政策を発表，ここで投資恩典付与の条件としての輸出義務条項を撤廃した。

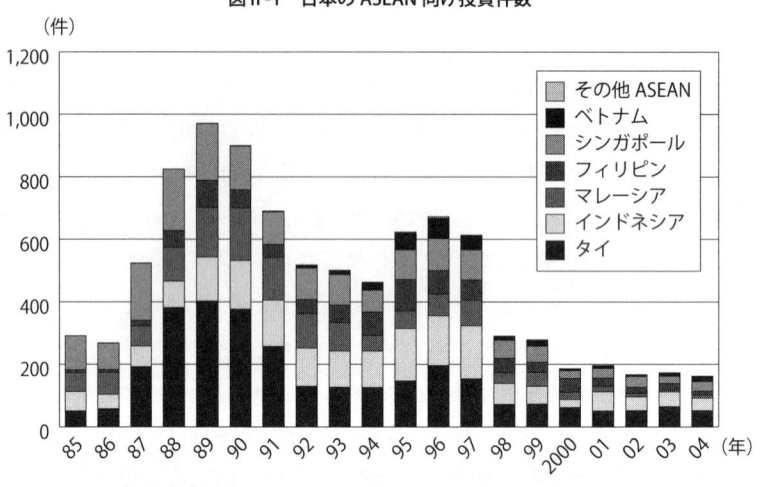

図 II-1　日本の ASEAN 向け投資件数

(注)　投資件数が把握出来る届出統計は 2004 年まで。
(資料)　財務省届出統計。

　材は依然として日本からの輸入に頼らざるを得なかった。ASEAN 各国政府は国内産業の育成を目指す特定の分野については，ローカルコンテンツなど国産部品の使用義務規定を課した。しかしこれらは自動車のエンジンなど一部であり，規定されている以外の品目は品質の維持の観点もあり，日本などからの輸入調達に依存せざるを得ない面もあった。そのため日系企業の東アジア進出，現地活動の活発化によって，機械設備など資本財のみならず，原材料，中間財など日本からの供給が活発化する構造になっていた。

　ASEAN4 カ国の総輸出とこれら各国の日本からの輸入は相関関係が確認できる（図 II-2）。日本の対 ASEAN 投資は，1985 年のプラザ合意以降，広範囲且つ重層的に行われ，その結果，裾野産業の育成に伴い，現地調達の拡大に繋がってきた。ASEAN は重要産業を投資誘致により自国内に呼び込み，育成しながらも，長年，原材料や部材の多くを日本からの調達に依存してきた。そのため，ASEAN の輸出拡大は，日本からの輸入を誘発する構造にある。

　近年までに日本企業の ASEAN 進出が進展し，年々，国内調達が容易に

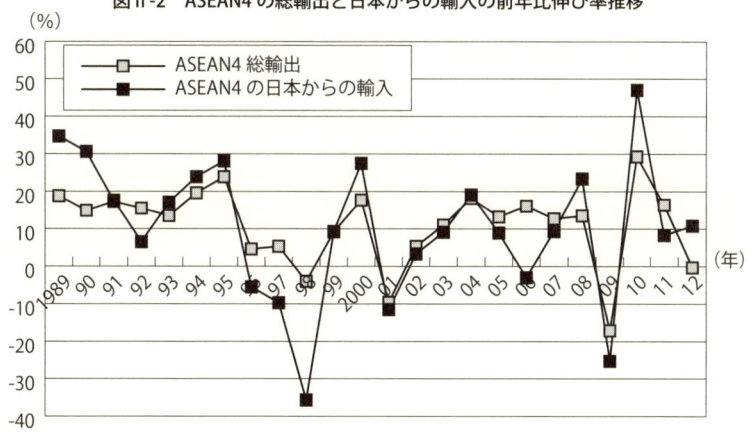

図II-2　ASEAN4の総輸出と日本からの輸入の前年比伸び率推移

（注）　ASEAN4はインドネシア，マレーシア，フィリピン，タイ。
（資料）　Key Indicators（ADB）．

なっている。ジェトロの「在アジア・オセアニア日系企業活動実態調査」（2013年度調査）によれば，ASEAN進出日系製造企業1190社の原材料・部材の平均現地調達率は41.9％であり，6年前（2007年）の37.8％から4ポイント上昇した。その一方，年々，日本からの調達依存度は下がってきている。ASEAN進出日系製造企業における原材料・部材の日本からの平均調達率は31.6％と6年前の37.6％から6％ポイント下がっている。

しかし，依然として生産設備の多く，更には原材料・部材においても高機能・多機能部品等は日本からの調達に依存しているものが少なくない。前述のジェトロ調査で，「日本でしか調達できない原材料・部品の有無」を聞いたところ，有効回答1009社のうち82.8％を占める835社が「ある」と回答している。その理由は，「品質・技術面の理由から日本でしか生産できない」（シェア83.6％）が圧倒的に多く，「取引先（納入先）からの指定材料・部品であり代替が不可能」（同36.1％）が続く。

4. ASEAN内需獲得の動きとアジア通貨危機下の日本企業の投資

　プラザ合意以降，輸出指向型企業群を国内に取り込むことを通じ工業化に取り組んだASEANは，輸出が大きく拡大を見せた。90〜95年におけるASEANの輸出伸び率は年平均17.5％に達した。その驚異的かつ持続的な高成長からASEANは世界の成長センターとして注目を浴びた。世界銀行が「東アジアの奇跡」（1993年）を発表したのもこの頃である。一方，日本もこれらASEAN各国の製造拠点に，原材料や中間財を恒常的に提供することで輸出拡大に繋げていった。

　ASEAN5カ国[6]の経済成長率は，1986年以降アジア通貨危機直前の96年までの11年間，世界経済を上回ったが，特に88年から96年の間は3％ポイント以上上回った（図Ⅱ-3）。ASEAN5は88年，89年，そして95年と8％を上回る経済成長を見せた。ASEAN各国の高い経済成長に伴う内需の拡大，中間所得層の登場により，内需獲得を目指した投資も増加した。しかし，内需獲得型での進出には当時，世界貿易機関（WTO）発足前ということもあり，様々な制約があった。例えば，タイBOIは国内販売を中心とした進出を図る企業に対し，バンコクから遠方地を意味する第3ゾーンに立地するか，地場資本マジョリティで参入するか，いずれかの選択を求めた。また，ASEAN各国は高関税で市場が分断されており，ASEAN各国の市場に参入するには，条件付きながらも国内市場向け工場を各々の国毎に設置するか，または高関税を承知で輸出するかのいずれかであった。世界銀行によれば，当時のASEAN各国の単純平均関税率は，90年時点でタイの39.8％を筆頭に，フィリピンが27.8％，インドネシアも20.6％であった。唯一，シンガポールだけが0.4％である。これらの国々は徐々に関税を削減して行ったが，95年でもこの3カ国は各々21.0％，19.8％，14.0％であった。関税が1桁台まで下がってきたのは，最近のことである（表Ⅱ-1）。

　6　IMFの定義するASEAN5はインドネシア，マレーシア，フィリピン，タイ，ベトナム。

東アジア，特に ASEAN にとって大きな転機になったのは，97年7月にタイを震源地にアジアのみならず世界各国に波及したアジア通貨危機である。タイ政府はこれまで通貨バーツを事実上ドルにペッグするバスケット方式を採っていたが，バーツの強い売り圧力が続き，次第にタイ政府はバーツ

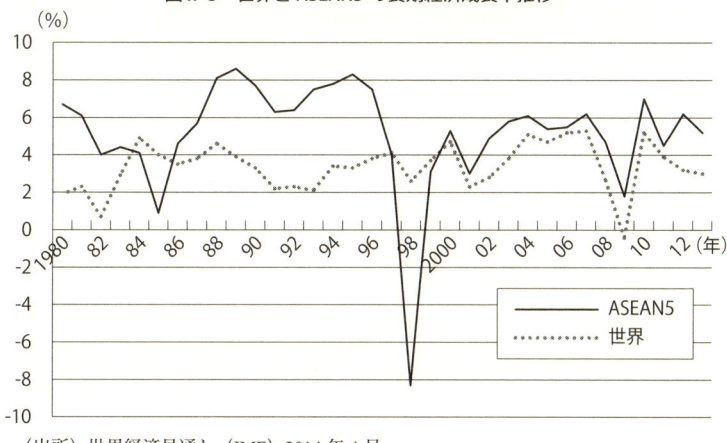

図 II-3　世界と ASEAN5 の長期経済成長率推移

（出所）世界経済見通し（IMF）2014年4月。

表 II-1　ASEAN 各国の単純平均関税率推移

（単位：％）

	1985	1990	1995	2000	2005	2010	2012	備考（最新年）
ブルネイ				3.1	3.0	2.5	2.5	
インドネシア	27.0	20.6	14.0	7.8	6.0	6.8	7.0	
マレーシア				8.0	7.5	8.0	6.5	10年は09年データ
フィリピン	27.6	27.8	19.8	7.2	5.4	6.3	6.2	
シンガポール		0.4	0.4	0.0	0.0	0.0	0.2	
タイ	41.2	39.8	21.0	16.8	10.7	9.9	9.8	2011年
カンボジア				17.0	14.1	10.9	10.9	10年は11年データ
ラオス				9.3	7.0	n.a.	n.a.	
ミャンマー			5.7	4.7	4.5	n.a.	5.6	
ベトナム				15.1	13.0	9.8	9.5	

（注）2010年，12年は IMF データ，他は世界銀行データ。
（資料）世界銀行，World Tariff Profile 2013（IMF）。

を買い支える余力がなくなっていった。そして97年7月2日，タイ政府は通貨制度を急激な変動があった場合にのみ介入する管理フロート制への移行を発表，これを受けてバーツは大幅な切り下げを余儀なくされた。通貨危機以前，中国は人民元を94年に切り下げており，またメキシコで発生した通貨下落などもあり，相対的にドルペッグしているバーツに割高感が生じていたことに加え，更に国内での賃金上昇などによる製造コスト高により，輸出競争力も減退していた。また，企業は東南アジア経済が好調であったことや，通貨が実質的にドルペッグであったことから，設備投資等の資金借り入れは金利の低いドル建てを選択する一方で，その多くで為替リスクヘッジを行わず借り入れた。そのためバーツ暴落によりバーツ建債務の膨張を通じて企業のバランスシートは大幅に悪化した。更にタイ政府は輸入インフレ抑制のため，高金利政策を導入したが，このことが更に企業の金利負担を増大させ，一層打撃を与えた。アジア通貨危機により東南アジアの国内経済は一気に冷え込んだ。特に自動車や建設など内需依存型産業への影響は深刻であった。

　輸出指向型を中心に外国投資を受け入れ，工業化を達成してきたASEAN各国は，97年の通貨危機以降，経済環境が大きく変化した。現地通貨の大幅な下落によって，輸出競争力が向上し，輸出は拡大したものの，ドル建て輸出額は伸び悩みを見せた。また通貨危機の激震はASEAN各国経済のみならず，社会や政治をも不安定化した。特にインドネシアなどは通貨危機が経済危機に拡大したのみならず，長期政権を堅持してきたスハルト大統領が退陣に追い込まれるなど政治・社会不安にまで発展した。この混乱を嫌った日本を中心とする各国企業は，投資先としてASEANから，労働力も圧倒的に豊富で賃金も安く，将来的な市場としても期待できる中国にシフトしていった。図Ⅱ-4は財務省届け出統計[7]をもとに日本の対ASEANおよび中国向け

7　日本の対外直接投資統計について，財務省届け出統計は2004年で更新を終了した。なお同統計の場合，投資引きあげを計上していない。現在，直接投資統計は国際収支ベースのみ（財務省発表）となった。しかし，同統計はドル換算方法の違いや直接投資の定義変更などにより，厳密には1995年以前とのデータとの間で連続性はない。

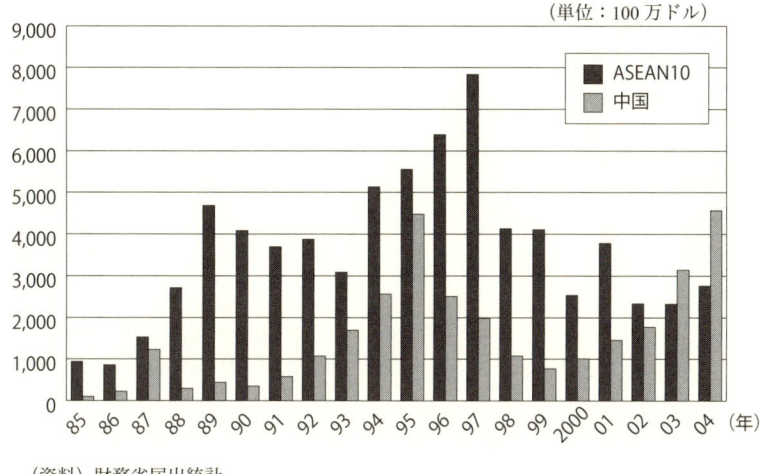

図 II-4　日本の対 ASEAN および中国向け直接投資額推移

(単位：100万ドル)

（資料）財務省届出統計。

投資を見たものである。日本の ASEAN 向け投資は 97 年に 78 億 3500 万ドルとなり，世界全体（539 億 7700 万ドル）の 14.5％を占めるまでになった。しかし 98 年以降，ASEAN 向け投資は年々減少，これにかわって中国向け投資が拡大をみせた。日本の中国向け投資は，99 年を底に増加基調が続き，2003 年には日本の対 ASAEN 投資金額をついに上回った。

アジア通貨危機以降，現地通貨の対ドルレートの大幅な下落等の影響を被り，内需向け企業を中心に，国内景気の急速な冷え込みの影響を受けた企業もあるが，一部の ASEAN 加盟国では，政治情勢の不安定化が社会不安にまで拡大するなどにより，撤退を余儀なくされた企業もある。財務省届け出統計は，直接投資の撤退については反映されないため，95 年から現在まで継続的に観測出来る国際収支ベースの直接投資統計をみると，97 年に 77 億 8000 万ドルでピークを迎えた日本の対 ASEAN 直接投資は，2000 年にはわずか 2 億 700 万ドルにまで激減した。以降，2003 年以降の 3 年間は中国向け投資が ASEAN 向けを上回っている。中国が投資受入国として台頭してきたことは，海外投資を原動力に工業化を推進してきた ASEAN に危機感を覚えさせた。

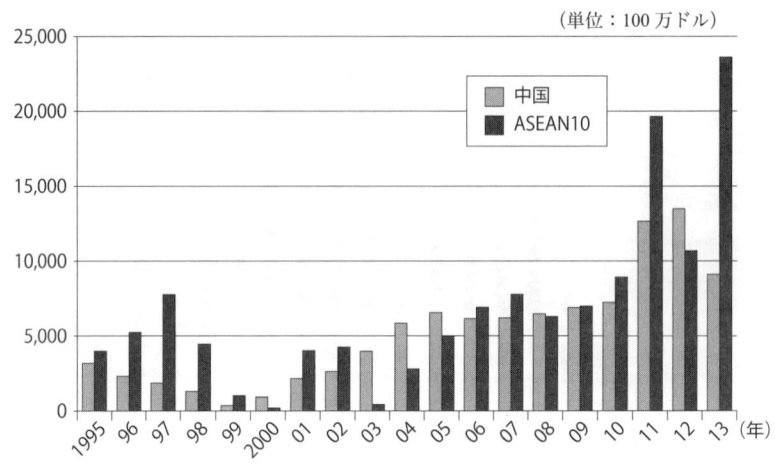

図II-5 日本の対ASEANおよび中国向け直接投資額（国際収支ベース）推移

(単位：100万ドル)

（資料）「国際収支状況」（財務省），「外国為替相場」（日本銀行）などより作成。

5. 遅滞するWTO多国間貿易自由化交渉とFTA時代への幕開け

　アジア通貨危機の影響からの脱却を目指し，ASEAN各国は「投資誘致」と「輸出振興」に注力した。しかしASEANは，1994年のGATT（関税と貿易に関する一般協定）ウルグアイ・ラウンドで設立が合意され1995年に発足したWTO上の約束により，産業育成と輸出指向型工業化の役割を担ってきた国産化義務規定および輸出義務規定の廃止が求められていた。

　WTOのTRIMs協定（貿易に関連する投資措置に関する協定）では，WTO成立後，先進国は2年以内，開発途上国は5年以内，後発開発途上国に関しては7年以内に，それぞれ国産化義務規定を廃止することが求められている。ASEAN各国の場合，国産化義務規定を2000年前後に撤廃している。また，輸出義務規定についても，WTO発足後，先進国は3年以内，開発途上国は8年以内の撤廃が求められていた。ASEAN各国が採ってきた輸出指向型工業化も，税制上での恩典を付与して振興することは輸出補助金に該当するとして，事実上不可能となった。これまで輸出指向型工業化政策を

採ってきたASEAN各国は，WTO発足により大きな転機を迎えた。

　しかし，その一方でウルグアイ・ラウンド以降，WTO多国間貿易交渉は遅々として進まず，ASEAN各国がFTA構築に注力する大きな要因を作った。90年代後半，世界はウルグアイ・ラウンドに次ぐWTO新ラウンド立ち上げに高い期待を寄せていた。1999年11月の第3回WTO閣僚会合（シアトル会議）では，途上国に対しより一層の市場開放を求める先進国とウルグアイ・ラウンドでの合意を自らにとってよりバランスのとれた方向に是正しようとする途上国とで対立したことやWTOの意思決定の透明性への懸念から途上国側が反発，新ラウンドの立ち上げに失敗した。2001年11月の第4回閣僚会合で途上国の要求に配慮する形でドーハ開発アジェンダ（ドーハ・ラウンド）が漸く立ちあがったものの，米国と中国やブラジル等新興国の対立により交渉は遅々として進まなかった。

　以降，閣僚会議では交渉全体が当面妥結しがたいことを認める一方で，有望な個別分野の交渉を進めるなど異なるアプローチを模索する方向に舵を切った。その結果，バリ・パッケージとして，①貿易円滑化協定，②農業3提案（食糧安全保障目的のための公的備蓄，関税割当の運用，輸出競争），③開発，の3分野がWTO閣僚会議で合意をされたのは2013年12月になってからのことである。新ラウンド立ち上げから，はや12年が経過していた。WTO交渉での台風の目とも言われるインドは，政府が国内産小麦を買い上げ，貧困層に市場価格よりも安価に配布する一種の補助金措置について，2017年までWTO協定違反にならないことが確定したことを受けて，協定の採択を含め一旦は部分合意を受け入れた。しかし，今度はインドが同補助金措置の恒久的な維持を主張し，貿易円滑化協定採択に応じず，期限とされていた2014年7月までの採択を断念した。

　2013年12月の3分野の合意とあわせて妥結を目指した情報技術協定（ITA）の深堀交渉については，2012年5月に交渉が開始されたものの，2013年11月の第15回交渉会合で，中国が数多くの品目の除外を要求し続けたことで妥結に至らなかった。このように多国間貿易交渉は，その利害が複雑に絡み合うことから交渉が難しく，且つ合意までには長期に亘る時間が

必要になる。

　これまで東アジアのFTAは，1993年に関税削減を開始し，2003年に関税率5％以下にまで削減することが目標のASEAN自由貿易地域（AFTA）があるのみであった。ASEANを含めた東アジア各国が2000年前後から徐々にFTAに傾斜し始めた背景には，それらWTO多国間貿易交渉の困難性を背景に，東アジア地域は欧米などFTAを既に締結している国々と比べ，輸出機会を逸する等経済的損失を被ることを懸念したことがあげられる。そのためWTOの多国間自由化交渉を見守りつつも，特定国間でのFTAは多国間自由化交渉を補完するものと解釈を変え，FTAに向けて舵をきっていった。

　東アジアで，先陣を切ってFTA/EPA（経済連携協定）の流れを作ったのは日本とシンガポールである。新ラウンドの立ち上げを失敗したWTOシアトル会議の翌月1999年12月，日・シンガポール首脳会談において，シンガポール側が日本側にFTA締結を提案，両国での共同研究実施に合意した。2000年10月に行われた両国首脳会談では2001年1月からのFTA交渉開始に合意，そして更に9カ月後の同年10月には実質合意に達した。日シンガポール新時代経済連携協定（JSEPA）は2002年1月の署名を経て，同年11月に発効した。この日本の動きに敏感に反応したのが中国である。2000年11月にシンガポールで開催されたASEAN首脳会議および関連会議で，中国の朱鎔基首相（当時）はASEAN側に自由貿易圏構想に向けた作業部会を設置するよう提案した。その詳細や背景等は，第I部に詳しく記載されたとおりである。通商政策の舵をFTAに大きく切ったASEANは，まず東アジア域内でのFTAネットワークの構築に注力した。日本や中国，インドなど東アジア市場への有利なアクセス権を確保した上で，同時にASEANを東アジアで最も自由な経済共同体にすることで，成長の原動力である外国投資を誘引する戦略を採った。

6. 中国の投資ブームと「チャイナ・プラスワン」の動き

　中国は，改革開放路線が進んだ80年代中頃には第1次中国投資ブームが，90年代前半にも第2次投資ブームが，それぞれ起こった。UNCTAD（国連貿易開発会議）によれば[8]，世界の対内直接投資（フロー）上位20カ国・地域をみると，1990年時点で第12位であった中国（34億8700万ドル）は，95年には投資受け入れ額を375億2100万ドルと10倍以上に拡大させ，その順位も一気に第2位にまで躍進した。その2年後の1997年にはアジア通貨危機が発生するが，既にその前の時点で中国は投資受け入れ国として台頭してきていた。

　2000年前半から半ばにかけて中国は投資の第3次ブームとも言える状況を迎えた。その一方，アジア通貨危機の影響から，ASEANは経済成長の面で世界から懐疑的な目線を浴びせられていた。ASEAN5カ国の経済成長率は，この時期，低成長を余儀なくされていたが（98年：▲8.3％，99年：3.1％，2000年：5.3％，2001年：3.0％），その間も中国は，7～8％台の成長を維持（98年：7.8％，99年：7.6％，2000年：8.4％，2001年：8.3％）し，需要減に苛まれているASEANを中心とした世界各国に市場を提供したことで，世界の視線は年々存在感が高まっている中国に集まるようになった。2000年には第9位（407億1500万ドル）に落ちていた中国の対内直接投資国・地域における順位は，2005年には第4位（724億600万ドル），2009年以降は毎年，米国に次ぐ第2位の位置を占めている。

　アジア通貨危機以降，中国は安価で豊富な人材の宝庫であったこともあり，有望な製造・輸出拠点として位置付けられた。外資系企業がけん引役であったものの，中国は輸出額の拡大とともに，「世界の工場」として台頭してきた。2000年代以降，日本は第3次中国投資ブームとも言える状態であったが，その間，度々「中国リスク」が表面化した。2003年2月に中国

8　World Investment Report 2013.

の広東省広州から拡がった SARS（新型肺炎・重症急性呼吸器症候群）問題では，北京の松下電器系（現パナソニック）ディスプレイ製造子会社「松下ディスプレイデバイス」，および隣接する蛍光灯製造子会社「北京松下照明」の両工場は従業員の感染により約 2 週間の操業停止を余儀なくされた。

更に翌 2004 年には鳥インフルエンザがアジア各地で猛威を振るった。この頃から中国一極集中リスク回避のため，大手日系企業を中心に，中国に加えて中国国外でも生産拠点を構えるなどによりリスク分散を図る，いわゆる「チャイナ・プラスワン」の動きが顕在化し始めた。この流れを決定付けたのが，2005 年春に発生した反日デモである。中国で，日本の国連常任理事国入りへの反対運動を契機に始まった反日デモは激しさを増しながら中国全土に飛び火した。一部に日本製品の不買運動などがあったものの，全体から見れば日系企業の被害は軽微であったものの，改めて中国の反日感情の強さと「中国リスク」を思い知らされた。

度重なる中国リスクの表面化により，ASEAN 拠点に「中国リスク対応機能」が付加され始めた。これは中国拠点と ASEAN 拠点とで生産品目の重複生産，調達先の分散化を敢えて行い，中国で問題が発生した際は ASEAN 拠点から供給するものである。小型モーターの製造販売を行うマブチモーターは 2005 年 1 月，中国リスク分散を目的に，ベトナム・ダナン市に工場用地をリースし，生産拠点を設置することを決めた。更に 2010 年には，深圳市における来料加工廠の継続可能性が制度面で不透明であることから，中国・深圳でのモーター製造の委託加工契約を終了し，その一部を前述のダナン工場へ移管している。

2000 年以降，中国の安価で豊富な労働力や高い成長が続く巨大市場を求め，ASEAN 各国から中国に移転した企業も散見された。しかし中国リスク対応のため ASEAN に回帰した企業もある。無線通信，コードレス電話製造のユニデンも生産コスト削減を目的に 2003 年にフィリピン工場を閉鎖，中国に生産移転，全量を中国で生産していた。しかし 2005 年 4 月中旬，中国・深圳工場で反日デモに呼応する形で発生した大規模ストライキにより，3 日間にわたって生産が停止，大幅な生産計画の見直しを余儀なくされた。「中

国リスク」の直撃を受けた同社は，再びフィリピンに工場設置を決定，中国リスクの分散を図った[9]。

　2000年以降，反日デモは様々な局面で発生している。特に，2012年9月に日本による尖閣諸島国有化を機に中国全土で発生した反日デモは，1972年の日中国交正常化以来，最大規模となった。同デモは中国全土に拡大したことに加え，一部デモ隊が暴徒化し大規模な破壊行為や略奪行為にまで発展した。山東省青島では，反日デモ隊が日系スーパーを襲撃，多数の商品が略奪された。デモ隊の襲撃は製造業にまで及んだ。ミツミ電機やパナソニックの電子部品工場も過激なデモ隊に襲撃され，デモ隊に工場内の設備を破壊，放火され，操業停止に追い込まれた。更に中国政府も日中は経済面で繋がりが深いことを逆に利用，経済面で圧力をかけてきた。具体的には，中国の一部の税関で日本発の貨物に対し税関検査を強化，それに伴い貨物の滞留が発生した。また，日本が技術的に先行するハイブリッド車や電気自動車のほか，冷蔵庫やエアコン等様々な用途に用いられ，且つその大半を中国に依存していたレアアースの禁輸措置も採られた。

　反日以外にも中国は，高い経済成長に伴う電力需要拡大による慢性的な電力不足問題，通貨元の切り上げ問題，沿海部を中心に表面化してきた賃金高騰や人手不足問題などリスクを内包している。そのため企業は「チャイナ・プラスワン」のみならず，調達先を多角化したりするなどリスクヘッジを考える企業が増えている。

　特に，中国の急速な経済発展に伴い発生する事業展開面でのリスクに加え，2010年以降の中国と日本との政治的緊張の高まりから派生するリスクは，一極集中生産に伴う大規模化・低コスト生産化を指向してきた日本企業に「アジア戦略再考」の契機となった。ASEANは「アジアの奇跡」とまで言われた90年代前半と比べると，通貨危機以降，投資先としては中国の陰に隠れ，相対的に注目度は低下した。しかし度重なる「中国リスク」の噴出

---

[9] しかし2007年3月には，再びフィリピン工場での生産停止を決定，一旦は生産を中国に戻した。同時に，ベトナム北部に工場を設置，2009年にコードレス電話機の製造機能を全面的にベトナムに移管した。

に，日本企業の投資が「ASEAN 回帰」しつつある。

一方，ASEAN 各国はどの国も概して親日的だからといって，中国で発生した反日デモが「ASEAN では発生しない」として「対岸の火事」とは片付けられない。前述の通り，1974 年に東南アジアを歴訪した田中角栄首相を待ち受けていたのは，「歓迎」の声ではなく，「反日の嵐」であった。これは，何か切っ掛けがあれば，それまで抑制されていた感情が一気に噴き出す可能性があることを示している。

7. 2011 年の 2 つの大自然災害を契機に進むリスク分散

2000 年代，企業はアジアで進む自由貿易協定（FTA）／経済連携協定（EPA）構築の恩恵を受けるべく，拠点の統廃合を通じた「規模の経済」の実現，「効率化」を目指してきた。そこに「待った」をかけたのが，自然災害や政情不安等 ASEAN 各国が抱える様々なリスクである。「集約化」と「リスク分散」，企業はこの相反する取り組みをどうバランスさせていくかに腐心している。

ASEAN 域内は ASEAN 自由貿易地域（AFTA）により 2002～03 年にかけて，先発加盟 6 カ国（ブルネイ，インドネシア，マレーシア，フィリピン，シンガポール，タイ）でほとんどの品目の関税が 5% 以下に削減された。これに伴い，内需向け生産拠点を中心に統廃合が進み，特定国での集中生産と国内供給，そして FTA を使った生産品の域内輸出体制にシフトした。FTA/EPA は，企業に集中生産等「規模の経済」の具現化による生産コスト低減と「経営資源の効率的活用」をもたらした。同時に，集中生産拠点に選ばれた ASEAN 拠点は，企業の継続的な資本投下と技術蓄積等により，その役割を多角化させていった。特に，タイは自動車産業を中心に，技術力・生産力が向上，世界各国に基幹部品やノックダウン・キットを供給する「マザー工場」に位置付けられるまでになった。「タイ工場が止まれば世界の工場が止まる」と言われる所以である。

しかし，その体制を根本から揺るがしたのが，2011 年に発生した 2 つの

自然災害である。これは3月に発生した東日本大震災、そして10月にタイ中部の産業集積地を襲ったタイ大洪水である。特に後者は、バンコクを中心とした産業集積地の一角を完全に水没させるなど、経済・産業全体に多大なる影響を及ぼした。

直接的に被害を受けた7つの工業団地の企業数は、確認出来ただけで804社、うち日系企業は449社にのぼる。また、工業団地外に立地する企業も少なからずあり、工業団地内外合わせ少なくとも日系企業550社は直接的に洪水の被害を被ったとみられる。

一方、直接的な被害はなかった企業でも、サプライヤーの被災で調達が滞った結果、生産継続が困難になった企業や、自らの調達・供給には問題がないものの、納入先の別のサプライヤーが被災した結果、納入先が生産を継続出来ず、自らも納品出来ない企業が続出するなど、影響はサプライチェーンを通じ非被災企業にも拡大した。バンコク日本人商工会議所が実施した2012年上期タイ国日系企業景気動向調査によれば、回答のあった製造業226社のうち、洪水により直接的な被害を受けた企業は55社（全体の24.3%）にとどまったが、「直接的」または「間接的」いずれかで洪水の影響を受けた企業は全体の85.4%（193社）にのぼるなど製造業のほとんどが何らかの形で洪水の影響を受けた。このことは、拠点の重要性が増せば増すほど、「リスク分散」が必要であることを教えてくれている。

現在までに日本の製造企業は、中国やASEAN等アジアを中心に展開し、更にその生命線ともいえるサプライチェーンは全世界に拡がる。企業はタイ大洪水により、サプライチェーンの更なる強靭化の必要性とともに、その一部が破綻した場合でも、すぐに応急措置・対応が取れる体制を予め構築しておく必要性を思い知らされた。

洪水以外でもASEANは、様々なリスクを内包しており、企業はこのリスクと向き合いながら事業を展開する必要がある。為替や価格変動、インフレ等の経済的リスクもあるが、更に近年、大規模化の傾向にある自然災害、鳥インフルエンザやSARSなどの感染症の拡大・蔓延、民族や宗教等の対立や暴力、クーデター等政情不安などのリスクもある。

ベトナムでも 2014 年 5 月，南シナ海で中国とベトナムとが領有権を争う南沙諸島周辺で，中国が石油掘削装置を設置したことを機に両国船舶が衝突する事態にまで発展，ベトナム国民の反中感情に火が点いたことにより，ベトナム南部を中心に反中デモが発生，デモ参加者の一部が暴徒化し，工業団地に入居する中国系企業に対する投石・破壊行為が発生した。また，同じ中国語を用いる台湾系工場も襲撃される事態となった。一部の日系企業でも投石により「ガラスが割れた」，「デモ隊の侵入があった」等の軽微な被害が報告されたが，中国企業の中には焼き討ちにあったところもあった。

　ベトナムと中国との関係悪化と言えども，広域サプライチェーンを敷いている日本企業に影響をもたらす。特に中国・華南地域と北部を中心としたベトナムとの間で国際分業体制を敷いている企業や部品を同地域から調達している日系企業は物流面での影響を懸念した。ジェトロが 2013 年 10 〜 11 月にかけて実施した在アジア・オセアニア日系企業実態調査によれば，日系製造業の中国からの調達比率は，ASEAN 主要国が 1 桁台であるのに対し，ベトナムは 2 桁台（11.4％）である。中でも電気機械器具や一般機械器具，精密機械器具が高く，電気機械器具で 25.2％，残りの 2 つも各々 19.9％，19.6％に達する。

　部品・原材料調達を中国，特に陸路での越境輸送に依存している企業は，中越間の衝突の激化や長期化が，特に国境貿易・物流に影響を及ぼすことを懸念した。ベトナム北部に進出している企業にとって中国・華南とを結ぶ物流は生命線である。実際，華南とベトナム北部を結ぶ国境は，主に憑祥・ランソン（友誼関），東興・モンカイの 2 カ所あるが，2013 年の中国の対ベトナム向け輸出額 486 億ドルのうち実に約 3 割（152.9 億ドル／31.5％）はこれら国境を含む広西チワン族自治区からのものである。ベトナム北部に進出している企業も，「リスク」があることを前提に，国内調達もしくはタイ等 ASEAN 域内調達強化等「複数購買」等によるリスク分散・回避の動きが出ていた。

　生産面でのリスク分散は，サプライチェーンが突如寸断する場合を予め想定し，日本を含めたアジアの生産法人を，代替生産拠点として活用すること

を念頭に体制構築を図る動きがある。前述のジェトロ調査で,「国内外での代替生産・供給できる体制の構築の有無」を聞いたところ,在ASEAN日系製造業1300社のうち代替生産が出来る体制をとっている企業数は53.4%を占める694社であった。中でも2011年に大洪水を経験したタイは他国に比べその比率は高く,57.0%（474社中270社）であった。一方,中国のその比率は47.3%（582社中275社）である。

在ASEAN日系製造業が代替生産地として最も期待しているのが「日本」である。国名の記載があった627社のうち,代替生産地として「日本」をあげた企業は約6割（370社／59.0%）にのぼり,これに中国（190社／30.3%）,タイ（85社／13.6%）が続く。

ASEANは「有望な生産拠点」であっても「リスク・フリーの生産拠点」ではないことを念頭に,FTA/EPAに代表される「集約化」と「リスク分散」とのバランスをとる必要がある。ASEANでも不透明感が高まりつつある中,「代替生産」や「複数購買」等のリスク分散を念頭に事業戦略を構築する企業が着実に増えている。

表II-2　在ASEAN・中国日系製造企業の国内外での代替生産・供給体制の有無

(単位：%)

		あり	社数	代替生産国			有効回答社数
				第1位	第2位	第3位	
ASEAN		53.4	694	日本（59.0）	中国（30.3）	タイ（13.6）	1,300
	タイ	57.0	270	日本（65.3）	中国（29.1）	インドネシア（12.0）	474
	インドネシア	50.0	88	日本（60.7）	タイ（29.8）	中国（23.8）	176
	マレーシア	54.0	101	日本（60.7）	中国（37.1）	タイ（18.0））	187
	フィリピン	44.7	42	日本（50.0）	タイ／中国（20.6）		94
	ベトナム	49.3	138	日本（52.1）	中国（32.8）	タイ（23.5）	280
中国		47.3	275	日本（57.8）	中国（27.0）	タイ（18.1）	582

(資料)　在アジア・オセアニア日系企業実態調査（ジェトロ／2013年10月8日～11月15日調査実施）。

第2章

FTAを軸に進む拠点再編とサプライチェーンの再構築

1. 挫折続きのASEANの経済協力

　ASEAN各国の国内産業は2000年以前，高い関税障壁に守られていた（前掲表II-1）。そのため，ASEAN設立以来の大きな課題は，高関税により一国一国が分断されたASEAN市場で，いかに大規模生産によるスケールメリットを出し，国際競争力を強化するか，であった。ASEANの域内協力の方向性が打ち出されたのは，1976年2月のASEAN首脳会議で採択された「ASEAN協和宣言」（バリ・コンコード）に遡る。同宣言は，政治，安全保障，経済および機能分野に関するASEAN協力のための原則を表明している。具体的には，政治的安定の追求，破壊活動に対処する強靭性の強化，域内不和の解決に専ら平和的手段の採用，経済及び機能分野の協力，等が打ち出されている。

　実際に1970年代から80年代にかけて，ASEANは政府主導で様々な産業協力に取り組んだ。代表的なものとしては，加盟各国が合意した品目について域内輸入で特恵関税を適用する「ASEAN特恵関税協定」(APTA)，域内の基礎的需要に対応するとともに，域内資源のより効率的な利用を促進するため，特定の産業をASEAN加盟国間に振り分けることを通じて大型産業プロジェクト化し，一定期間，他の加盟国が同品目に対して特恵関税を付与する「ASEAN産業計画」(AIP)，域内で特定の製品や部品が複数の加盟国で生産されている場合，重複を避けるため生産品の調整，割り振りを行う「ASEAN産業補完協定」(AIC)などがある。

しかしこれら初期のASEANの産業協力政策は，各国で国内事情が優先されるなど利害が絡み合い，満足する成果はあげられなかった。APTAについては，加盟各国から多数の例外品目が提示されたり，また対象品目の拡大が図られたものの，除雪機，原子炉などASEANでは製造自体されていない，または利用されないものまで含まれるなど，措置自体が骨抜きにされた。AIPは加盟国が共同出資するとともに，日本も「福田ドクトリン」で10億ドルの拠出を表明したプロジェクトである。1976年に導入され，インドネシアとマレーシアでは尿素肥料工場，タイではソーダ灰工場，フィリピンでは燐酸肥料工場，シンガポールではディーゼルエンジン工場を設置することとなったものの，複数国で生産している品目は過剰生産に，またその他のものは割高なコストから採算見通しが立たず，中断に追い込まれた。シンガポールでのディーゼルエンジン生産プロジェクトは，タイ，インドネシアが独自にエンジン工場を設立した結果，採算見通しが立たず，中断に追い込まれた。AICについても，生産品を調整，振り分ける時点で，特に自動車部品生産に関し既存工場の強い反対を受け実現には至らなかった。このようにASEANの経済・産業面での協力は失敗の連続であった。

2. AFTAの創設とAFTAの先行適用を可能にしたAICO

1990年前後，世界の通商環境の潮流は大きな変動期に入ったことで，ASEAN諸国はその対応を迫られることになった。具体的には，欧州では1991年に欧州連合条約に合意，翌92年に調印され，欧州連合（EU）となった。また，アメリカ大陸では米国，カナダ，メキシコ3カ国による北米自由貿易協定（NAFTA）が1992年に署名された。このように欧米で自由貿易圏設立の動きが顕在化してきた。一方，アジアをみると，89年の天安門事件で民主主義圧力を武力で制圧し国際的批判に晒された中国であったが，鄧小平が92年初めに武漢，深圳，珠海，上海等中国南部を巡り，改革・開放の大号令を発した。この「南巡講話」以降，同年10月には中国共産党・党大会において「社会主義市場経済」路線が確定したこと等を好感し，中国に直

接投資ブームが到来した。つまり，中国がASEANの投資受け入れにおける競合相手として台頭してきた。

これら変化に対し，ASEAN諸国は，投資の減少を招く可能性があるとして危機感を強め，自ら貿易の自由化や市場の統合に早急に取り組む必要に迫られた。その対策として，ASEAN加盟6カ国は5億人の統合市場を目指すことを対外的にアピールすることで，潜在投資家の視線をASEANに引き留めることを狙った。これが「ASEAN自由貿易地域（AFTA）」構築の背景である。当初のAFTA構築の目的は，「輸出相手国の関税障壁削減による自国商品の市場拡大」というより，むしろ「市場一体化による投資誘致」に重点が置かれていた。

投資の積極的な受け入れによって工業化・経済成長を果たしてきたASEANにとって，過去と同様の失敗は投資先や投資家の目線がASEANから一層他の地域に移ることを意味するため，APTAやその他の経済協力措置のように同じ過ちを繰り返すことは許されない状況であった。そのためASEANは1992年，アジアで最初のFTAであるAFTA設立が明記された「ASEAN経済協力の実施に関する枠組み協定」を採択した。ここでは大枠が明記されているが，関税の引き下げや非関税障壁の撤廃に関する具体的な事項については，「AFTAのための共通効果特恵関税協定」，いわゆるCEPT協定によって定められている。

しかし，AFTAは長期間に亘って関税を徐々に削減していくため，関税削減の恩恵はすぐには受けられるわけではなかった。具体的には，当初のAFTAの目標は，93年の発効から5～8年以内に関税削減対象品目（IL）の関税を20%以下に削減，更に20%もしくはそれ以下になった品目については，2001年から7年間かけて（2008年）域内関税を0～5%に引き下げることであった。このため，関税削減の恩恵を先取りするために考案・実施されたのが1996年4月に合意された「ASEAN産業協力スキーム（AICO）」である。

96年11月に発効したAICOは，ASEAN域内に2つ以上の拠点を有する企業が，域内での生産分業を行い，スケールメリットを出すことで，国際競

争力を強化する目的で作られたスキームであり，2003年に実現されるAFTAの「CEPT（AFTA）関税率5％以下」を，AICO適用企業に前倒しで付与するものである。本スキームを利用する条件は，現地資本30％以上[10]，そしてAFTAと同様ASEAN域内付加価値率40％以上が求められている。AICOは参加国政府の認可を取得する必要があるが，認可するか否かは各国の裁量に任されており，当初は認可基準の不透明性，申請手続きの煩雑性に加えて，申請してもなかなか許可がおりない，などの問題も生じていた。しかし96年にAICOが導入されてから08年9月までの間に212件の申請があり，うち150件が認可された。認可は自動車産業が全体の約9割を占めるが，特にノックダウン部品（CKD）に集中している。

当初，AICOはAFTAが実質的に動き出す2003年頃に取って替わられる

表II-3 AICO認可案件の国別アレンジメント数

業種	件数	シェア
自動車	134	89.3
完成車（CBU）	1	0.7
ノックダウン部品（CKD）	110	73.3
CBU & CKD	1	0.7
自動車部品	22	14.7
電気・電子製品	5	3.3
食品加工	5	3.3
農業用機械	1	0.7
電気	1	0.7
石油化学製品	1	0.7
消費者向け製品	2	1.3
ガラス	1	0.7
認可件数（合計）	150	100.0

（注）　自動車分野の品目数は1,103品目。
（出所）　ASEAN事務局資料をもとに作成。

10　この条件に当てはまらない場合，立地国から要求される条件を満たすことが出来れば参加可能。また2004年9月に開催されたASEAN経済閣僚会議では，適用条件「30％以上の地場資本比率」規定につき，99年1月から期間限定で要件を撤廃していたが，同措置撤廃を継続している。

とみられていた。しかし 2004 年 4 月にシンガポールで開催された第 10 回非公式 ASEAN 経済閣僚会議において，加盟各国は現在の AICO 適用税率 0 ～ 5％の一層の削減に合意した。具体的には，2005 年 1 月よりシンガポール，マレーシア，インドネシア，ブルネイ，カンボジア，ラオスは 0％に，フィリピンは 0 ～ 1％，タイは 0 ～ 3％，ミャンマー，ベトナムは最大 5％に，それぞれ引き下げている。また完全に関税撤廃が実施されない国であっても，一層ゼロに近付ける努力をすることが約束されている。このことにより CEPT 関税率が完全に撤廃される 2010 年頃まで AICO は存続することになった。

　また AICO 存続の理由の 1 つに，「AFTA-CEPT 措置の脆弱性」がある。国別に案件数をみると，自動車産業の集積があるタイが当事国となっている案件は全 150 件のうち 94 件を占める。中でもマレーシアを相手とするプロジェクトが最も多く 37 件を占め最大である（表Ⅱ-4）。ASEAN 先発加盟国は AFTA により 03 年までにすべての関税を 5％以下に引き下げることが義務付けられていたが，マレーシアは自動車につき，国民車政策維持のため「関税削減は困難」として留保を要請した。当時，マレーシアは AFTA からの脱退をちらつかせて留保を求めたという。その結果，ASEAN 経済閣僚会議で，マレーシアの自動車について，一時的除外品目（TEL）から IL への移行を 05 年 1 月まで延期することが合意された。これがマレーシアとの相互補完体制構築を目指す在タイ自動車関連企業が AICO を選好した大きな理由の 1 つである。

　以降，マレーシアは 1 年前倒し（04 年）で完成車を TEL から IL に移行させ，完成車の CEPT 関税率を 40 ～ 190％（改正前 60 ～ 300％）に，更に 2005 年には 20％，そして翌 06 年 3 月に 5％以下に引き下げた。ところがそれ以降もタイは「マレーシアが CEPT 関税を引き下げる一方で，国民車と競合する車種については物品税を引き上げていること，マレーシアの自動車輸入は決して自由化されているとは言えず，輸入には輸入許可証（AP）が必要であるなど，実質的に非関税障壁によって輸出が阻害されている」として，マレーシアに対しタイ側の CEPT 関税付与を拒否した。タイ・マレーシ

表II-4 AICO認可案件の国別アレンジメント数（累計150件の内訳）

(単位：件)

	タイ	マレーシア	フィリピン	インドネシア	シンガポール	ベトナム	合計
タイ		37	28	26	2	1	94
マレーシア			19	20	0	1	77
フィリピン				13	0	0	60
インドネシア					1	0	60
シンガポール						1	4
ベトナム							3
マルチ (3カ国以上)							1

（注）2008年9月12日現在。
（出所）ASEAN事務局資料をもとに作成。

ア両国は二国間協議を重ね，マレーシアがAP制度の運用見直しを提示したことで両国の交渉は決着，タイは2007年6月の閣議でマレーシア製自動車にCEPT関税5％を付与すること，2006年3月に遡及適用することを決めた。

これまで自動車部品分野で「AFTAで関税が撤廃されていないものがあれば，AICOを使うなど使い分けしてきた」と語る日系自動車関連企業A社は，これらタイ・マレーシア間の二国間協議の妥結を受けて，「ASEAN域内取引では，AICOから徐々にCEPTに利用をシフトした」と話した。企業の域内生産分業・相互補完を後押しするなどASEANの地域統合に重要な役割を果たしてきたAICOであるが，タイ・マレーシア間交渉の妥結を受けて，企業のAFTAへの移行が本格化した。

3．AFTAとその制度，利用に向けた条件

AFTAは1992年1月28日にシンガポールで開催されたASEAN経済閣僚会議（AEM）で「AFTA-CEPT協定」が署名されたことに始まる。ここでは品目を，i）適用品目（IL），ii）一時的除外品目（TEL；引き下げ準備が整っていない品目），iii）一般的除外品目（GEL；防衛，学術的価値から関税率削減対象としない品目），iv）センシティブ品目（SL；未加工農産物等適用

品目への移行を弾力的に行う品目)，v) 高度センシティブ品目 (HSL；米関連品目等) に分け，関税削減・撤廃を目指した。TEL，SL，HSL も順次 IL に移行し，関税削減・撤廃を実施することになる。当初，AFTA の目標は，93 年の発効から 5 ～ 8 年以内に IL の関税を 20％以下に削減，更に 20％もしくはそれ以下になった品目については，2001 年から 7 年間かけて (2008 年) 域内関税を 0 ～ 5％に引き下げることであった。ASEAN には 95 年にはベトナムが加盟し，これにラオス，ミャンマー (97 年)，カンボジア (99 年) が続いた。これを踏まえ，AFTA も現在の 10 カ国体制となったが，関税削減スケジュールは後発加盟国に配慮するなど柔軟性を持たせた。

　1992 年の AFTA 創設以降，ASEAN 最大の危機は，97 年にタイを震源とし ASEAN 全土に伝播したアジア通貨危機である。アジア通貨危機により ASEAN は「有望な投資対象先」としての地位を喪失しかねないとして，求心力を維持すべく，AFTA による関税削減・撤廃の加速化・深化を決断した。98 年に開催された第 12 回 AFTA 評議会 (ASEAN 各国の経済閣僚で構成) は，ASEAN 先行加盟国が 2008 年迄に予定していた「IL の 0 ～ 5％化」を 2003 年迄に，またベトナムは 2006 年迄，ミャンマー・ラオスは 2008 年迄に，それぞれ前倒しで実現することにした。閣僚レベルの会議に続いて同年 12 月に開催された首脳会議では，AFTA 評議会決定の更なる前倒しを決断した。ここでは「大胆な措置 (Bold measure)」と銘打ち，先発加盟 6 カ国は，品目数・域内貿易額双方で 2000 年迄に 90％の品目で，2002 年迄に一部を除き全ての品目で，それぞれ CEPT 税率を 0 ～ 5％にすることにした。また，後発加盟国についてベトナムは 2003 年迄に，ラオス・ミャンマーは 2005 年迄に，関税率 0 ～ 5％の品目数が最大になるよう，更に各々 3 年後には，関税率 0％の品目数が最大となるよう，関税削減を進めることが約束された。

　翌年 1999 年の第 13 回 AFTA 評議会では，当初，CEPT の目標関税をこれまでの「0 ～ 5％」から「関税撤廃」にし，その上で IL につき先発加盟国は 2015 年迄に，また後発加盟国は 2018 年迄に，それぞれ関税を撤廃することで合意した。また中間目標として，先発加盟国は 2003 年迄に品目数の 60％

で関税を撤廃することで合意した。しかし 2 カ月後にフィリピンで開催された第 3 回非公式 ASEAN 首脳会議では，再び自由化に向かってアクセルを踏み込んだ。これまで先発加盟国は 2015 年，後発加盟国は一部を除き 2015 年としていた関税撤廃時期を，それぞれ 2010 年，2015 年に前倒すことを決めた。ASEAN 諸国は，97 年のアジア通貨危機や中国の台頭など大きな外部環境の変化を受け，ASEAN の「中心性」の維持・確保のため統合速度を加速するとともに，新たな目標を打ち出し，懸命に外国投資家の関心の繋ぎ止めを図った。アジア通貨危機の影響が色濃く残る中，「関税削減スケジュールの遅延も止むなし」とされていた中での加速化は，ASEAN の強い危機意識が表れている。

関税撤廃措置の加速化は，特定分野を対象に更に進展した。ASEAN 各国は 2004 年 11 月の首脳会議で，「ASEAN 優先統合分野枠組み協定」に調印した。これは前年 2003 年 10 月にインドネシア・バリで開催された前回の

表 II-5 ASEAN 自由貿易地域（AFTA）の関税引き下げスケジュール

	2002年1月1日まで	2003年1月1日まで	2006年1月1日まで	(2007年1月1日まで)	2008年1月1日まで	2010年1月1日まで	(2012年1月1日まで)	2015年1月1日まで
ASEAN 先発加盟国	0-5％に（一部例外を認める）	全品目を 0-5％（品目数の 60％を 0％に）		（優先統合 11 分野対象品目は 0％へ）注		完全撤廃		
ベトナム			全品目を 0-5％に				（優先統合 11 分野対象品目は 0％へ）注	完全撤廃（一部例外は 2018 年まで）
ラオス・ミャンマー					全品目を 0-5％に		（優先統合 11 分野対象品目は 0％へ）注	完全撤廃（一部例外は 2018 年まで）
カンボジア						全品目を 0-5％に	（優先統合 11 分野対象品目は 0％へ）注	完全撤廃（一部例外は 2018 年まで）

（注）市場統合優先 11 分野（木製品，自動車，ゴム製品，繊維，農産物加工，漁業，エレクトロニクス，IT，ヘルスケア，航空，観光）は前倒しで関税撤廃。
（資料）ASEAN 事務局資料をもとに作成。

首脳会議で合意された第2ASEAN協和宣言（バリ・コンコードⅡ）に基づき，優先11分野が選定され，市場統合の加速化が図られた。優先統合分野については，関税撤廃を3年前倒しし，先発加盟6カ国は2007年1月1日まで，ASEAN後発加盟4カ国は2012年1月1日までに，それぞれ撤廃し，市場統合を後押しする。優先統合分野は，自動車，木製品，ゴム製品，繊維，農産物加工，漁業，電子，e-ASEAN，ヘルスケア，航空，観光の計11分野であるが，関税撤廃対象は航空，観光を除いた9分野，HS8桁ベースで4514品目にのぼる。うち最大15%（677品目）はネガティブリストとして適用対象外とした。

ASEAN事務局資料によれば，AFTAによるASEAN加盟国の単純平均特恵関税率は，1993年で12.76%であった（ただし当時のASEAN加盟国は5カ国）。ASEAN先発加盟国が5年前倒しで「ILの0～5%化」を達成した2003年には2.39%，2010年では0.05%にまで低減，限りなくゼロに近付いた。

これまでAFTAは，研究者の間で「低水準のFTA」，「利用されないFTA」と揶揄されてきた。しかし2013年12月までにAFTAの自由化率は，

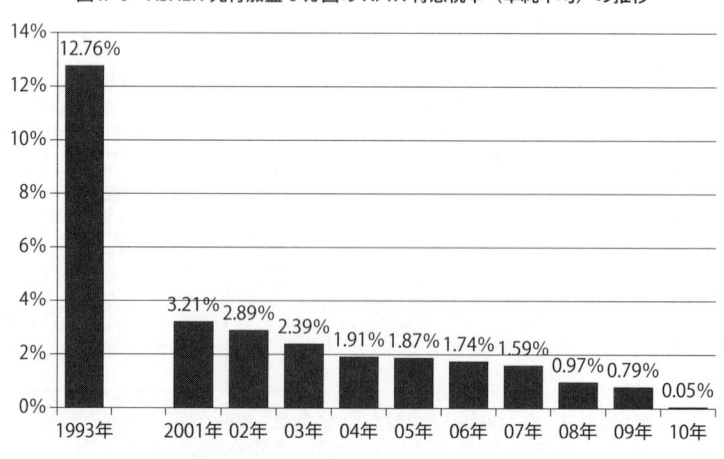

図Ⅱ-6 ASAEN先行加盟6カ国のAFTA特恵税率（単純平均）の推移

年	税率
1993年	12.76%
2001年	3.21%
02年	2.89%
03年	2.39%
04年	1.91%
05年	1.87%
06年	1.74%
07年	1.59%
08年	0.97%
09年	0.79%
10年	0.05%

（資料）　ASEAN事務局資料をもとに作成。

ASEAN先発加盟6カ国で99.2％，後発加盟4カ国でも72.6％に達している（ASEAN全体では86.6％）。なお，2014年8月のAFTA評議会では，ASEAN全体の自由化率が89％になったことが報告されている。2015年1月には後発加盟国も各国とも品目数で7％分を除き関税が撤廃されることから，自由化率も97％弱にまで一気に高まることになる。これまで日本が締結してきたEPAの自由化率は，84.4％（対シンガポール）から88.4％（対フィリピン，豪州）であり，重要5品目[11]のみ関税を維持した場合でも自由化率は93.5％にとどまることから，AFTAは例外品目が極めて少ない高水準のFTAであることがわかる。

実際にAFTAが企業に使われるようになるかどうかは，i）AFTA特恵税率と最恵国待遇（MFN）税率との差である特恵マージンの幅，ii）原産地証明書（C/O）取得に要する事務手続きコストを上回る関税コスト削減実現の可能性，iii）当該品目の原産地規則を満たすことが出来るか，などを検討することになる。

ジェトロが2009年に実施したアジア・オセアニア日系企業活動実態調査では，在ASEAN日系製造企業がFTA利用に踏み切る特恵マージンは平均で5.2％であることが示された。2009年時点でのAFTA特恵関税とMFN関税を比較したところ，MFN税率が8.5％であるのに対し，AFTA平均特恵税率は1.9％であった。その結果，平均特恵マージンは6.5％となり，前述の利用条件である5.2％を上回っている（表II-6）。現在までにASEAN先発加盟国のAFTA税率は限りなくゼロに近いことから，平均特恵マージンの幅は更に拡大しているとみられる。

AFTAによる関税削減のインパクトは，輸入国の関税水準によって大きく異なる。例えば，一部のアルコール品以外は関税が撤廃されているシンガポールについては，AFTAは敢えて使う必要がない。しかし，タイの場合，平均特恵マージンが10.7％と2桁であり，AFTA適用の可否が国内の競争条

11　日本は重要5品目であるコメ（58品目），麦（109品目），牛肉・豚肉（100品目），乳製品（188品目），砂糖（131品目）の計586品目を除く全品目で関税撤廃した場合，自由化率は93.5％になる。

表II-6 ASEAN各国の平均特恵マージン（2009年時点）

国名	総品目数	MFN税率 平均税率	MFN税率 関税撤廃比率	AFTA税率 平均税率	AFTA税率 関税撤廃比率	平均特恵マージン	≧5.2%（構成比）
タイ	8,301	11.7	17.4	1.0	80.0	10.7	37.4
インドネシア	8,737	7.8	23.9	1.1	79.0	6.0	30.0
マレーシア	12,332	8.8	52.2	1.0	82.0	7.9	34.9
フィリピン	8,874	-	-	1.4	73.3	-	-
ブルネイ	10,702	4.8	68.1	0.7	85.3	4.1	21.8
シンガポール	8,316	0.0	99.9	0.0	100.0	0.0	0.0
先発加盟国	57,262	6.7	44.6	0.9	83.1	5.8	25.5
ベトナム	8,300	11.6	30.6	2.7	55.1	8.8	43.4
カンボジア	10,689	15.1	5.9	5.8	6.8	9.1	49.6
ラオス	8,300	10.3	0.0	1.7	70.4	8.6	42.2
ミャンマー	10,689	6.1	3.4	2.8	5.8	3.3	19.6
後発加盟国	37,978	10.7	9.3	3.4	31.0	7.3	38.1
ASEAN10	95,240	8.5	26.2	1.9	61.8	6.5	31.0

（注）1　MFN税率は2008年。AFTA税率は2009年。マレーシアのみ2008年。
（注）2　フィリピンはMFN税率の記載がないため算出出来ない。
（資料）Consolidated 2008 CEPT Package（ASEAN事務局）をもとに作成。

件に大きく影響する。一部の企業からは「関税削減効果が数％のみの場合，為替変動次第でマージンが吹き飛んでしまう」との声も聞かれる。しかし，わずか数％の関税削減であっても，そのインパクトは企業が考える以上に大きい。

　現在，日本では法人税減税議論が進みつつあるが，日本の現在の法人税実効税率は34.62％（国税：23.79％，地方税：10.83％）である。日本政府が2014年6月24日に閣議決定した「経済財政運営と改革の基本方針2014」，いわゆる「骨太の方針」では，「数年間で法人実効税率を20％台まで引き下げることを目指す」と明記されている。

　図II-7の左側は，売上高100の商品について，その価格構成を，①輸入原価（運賃・保険料を含む）80，②関税支払い4（関税率5％と仮定。80×

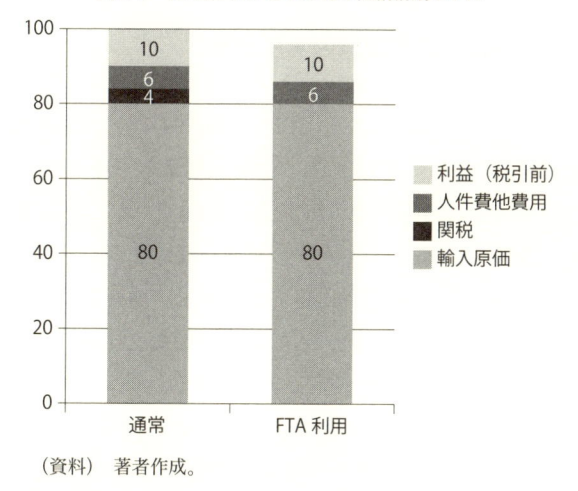

図II-7 売上高100とした時の価格構成モデル

(資料) 著者作成。

5%），③人件費他費用6，④税引き前利益10，と仮定した。ここでFTAにより関税5%が撤廃された場合は，関税分4が削減出来る。

　FTAにより削減される関税5%は，輸入品のCIF価格に課される一方，法人税は「利益」分にのみ課税される。このモデルで法人税額は，④の税引き前利益10に対して課税されるため，日本の場合3.46，実効税率20%台を達成しているドイツ（29.59%）で2.96，税率20〜30%が多いASEAN各国で2〜3となる。そのため，FTAにより削減される関税率5%の関税コストは，法人税率でみれば「40%」に相当する。前述の通り，日本政府は実効法人税率を20%台への削減を目指すが，このモデルはそれ以上にFTAによる関税削減効果が大きいことを示している。FTAで削減した関税コスト4については，その分を値下げによる価格競争力向上によりシェア増大を目指すことも出来，また，原産地証明書取得手続きを行う輸出者側に利益を一部還元し，残りを輸入者の税前利益に上積みすることも考えられる。これらは，輸入者側が自らの戦略に応じて分配できる重要な原資となる。

4. AFTA の本格化と企業の域内生産分業

　AFTA に期待される効果の1つとして，関税撤廃などの自由化が「外圧」となり，国内で保護されてきた産業・企業の構造改革を促すことが挙げられる。従来，ASEAN は高関税で市場が分断されていたこともあり，ASEAN 各国の市場に関税障壁を越えて参入するため，集中生産により生産効率を追及することでコスト競争力を実現するビジネスモデルを諦めて，市場参入を優先し，同類の工場を各国に設置するなど重複投資を決断した企業も多い。しかし，各国国内市場向け工場は概して小規模であり，少量生産のため単位当たりの生産コストは高くなる。更に，日本企業が特定の ASEAN 加盟国に乱立，小さな市場を複数の企業で争う過当競争状態に陥った。そのような ASEAN の産業構造に，AFTA は「変革」をもたらした。ASEAN 域内に複数の拠点設置を余儀なくされてきた企業の多くが，AFTA を活用して，より効率的な生産・供給体制構築を図ったことによる。

　企業の ASEAN での生産体制変革は大きく2つに分けられる。まず，①操業継続を前提に企業グループ内で生産品目を調整，相互供給を拠点間で図るタイプ，次に，②企業グループ内で生産拠点の統廃合を通じて，規模の利益獲得・拠点全体の経営効率化を図り，限られた経営資源の有効活用を目指すタイプ，である。

　例えば，前者の代表例として自動車産業があげられる。1990年代後半，AICO 措置による域内の企業内取引に対する AFTA 関税の前倒し適用，これに続く AFTA 措置により，日系企業は自動車部品の集中生産・相互供給に動き出した。例えばトヨタは，タイではディーゼルエンジン，ステアリングコラム，ボディパネルを，マレーシアではステアリングリンク，ラジエター，ワイパーアーム，フィリピンではトランスミッション，等速ジョイント，メーター，インドネシアではガソリンエンジン，ドアロック・フレーム，クラッチなどをそれぞれ集中生産，相互に供給するようになった。

　自動車本体でも売れ筋の一部モデルではノックダウン（KD）形式での最

終組立を継続するなど生産拠点の統廃合には踏み込んでいない。広い裾野産業を抱える最終組立企業の撤退を伴う拠点の統廃合は社会全体に影響を及ぼす懸念があることも拠点維持の大きな理由の1つである。

一方，完成車においても2002年頃から同様の動きが始まった。タイではピックアップトラック，インドネシアではミニバン等生産国市場で需要のあるセグメントの集中生産機能を強化し，同時に域内国で相互補完を開始した。これによってスケールメリットを得ると同時に，相互補完により販売車

図II-8　自動車各社のASEAN域内相互補完体制（2002〜03年前後）

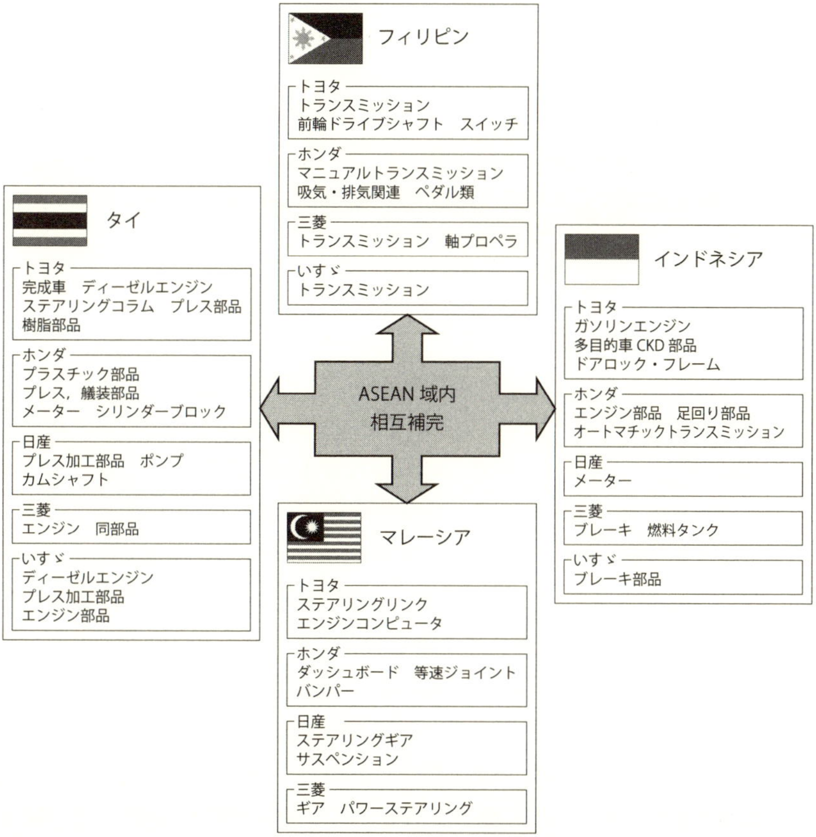

フィリピン
- トヨタ　トランスミッション　前輪ドライブシャフト　スイッチ
- ホンダ　マニュアルトランスミッション　吸気・排気関連　ペダル類
- 三菱　トランスミッション　軸プロペラ
- いすゞ　トランスミッション

タイ
- トヨタ　完成車　ディーゼルエンジン　ステアリングコラム　プレス部品　樹脂部品
- ホンダ　プラスチック部品　プレス，艤装部品　メーター　シリンダーブロック
- 日産　プレス加工部品　ポンプ　カムシャフト
- 三菱　エンジン　同部品
- いすゞ　ディーゼルエンジン　プレス加工部品　エンジン部品

インドネシア
- トヨタ　ガソリンエンジン　多目的車CKD部品　ドアロック・フレーム
- ホンダ　エンジン部品　足回り部品　オートマチックトランスミッション
- 日産　メーター
- 三菱　ブレーキ　燃料タンク
- いすゞ　ブレーキ部品

マレーシア
- トヨタ　ステアリングリンク　エンジンコンピュータ
- ホンダ　ダッシュボード　等速ジョイント　バンパー
- 日産　ステアリングギア　サスペンション
- 三菱　ギア　パワーステアリング

ASEAN域内相互補完

（資料）　各社資料をもとに作成。

種のラインナップの充実を通じて消費者の購買意欲をより掻き立てた。

　具体的には，2000年代前半，トヨタはIMV（革新的国際多目的車）プロジェクトのマザー工場として，タイではピックアップトラック「ハイラックス・ヴィーゴ」を，またインドネシアではミニバン「キジャン・イノーバ」の生産を開始した。IMVは完成車としてASEAN域内をはじめ世界に輸出されるのみならず，KD部品キットとしても他国・地域のトヨタ工場に供給する体制を構築した。このような中でタイ政府が打ち出した小型低公害車「エコカー」プロジェクトは，更にタイの自動車産業の集中生産拠点化を後押しした。

　タイ政府は2007年6月にエコカー計画を打ち出した。同計画は，タイ政府が定めたエコカー基準（排気量：ガソリン車1.3L以下，ディーゼル車1.4L以下，燃費：20km/L以上，二酸化炭素排出量：120g以下/km，排ガス基準：EURO4，操業開始から5年以内に10万台の生産）を満たした投資に法人税8年間免税，機械輸入関税免税，車両価格に課される物品税の軽減（物品税率30％が17％）を付与するものである。これに呼応したのは，ホンダ，日産，スズキ，トヨタ，三菱の日系5社である。途中，リーマンショックに端を発する世界金融危機により，一部の企業で稼働開始を先送りしたものの，認可された5社全てがタイでエコカーを生産した。

　日産はタイでエコカーにおける投資奨励を受け，タイをマーチのマザー工場と位置付けた。このマーチは，これまで日本で生産されたことのない新たなモデルである。2010年3月に生産を開始し，ASEAN市場のみならず，日本市場にも供給された。同時にインドネシアなどにはKD部品キットを輸出，現地で組立生産を行った。一方，三菱自動車も同様にタイ投資委員会（BOI）よりエコカーの投資奨励恩典を取得，タイを世界戦略車ミラージュの集中生産拠点とし，タイ国内，ASEANのみならず，日本を含めた世界各国に供給する体制を構築した。このようにタイは，ピックアップトラックに加えて，小型車の集中生産・輸出拠点に位置付けられるに至った。

　二輪車でも自動車と同様の動きがある。基本的に二輪車は各国ごとの拠点で組み立てられている。しかし例えばタイでは，完成二輪車には60％の高

関税が課せられているが、モデルによっては市場の大きいタイとインドネシアに生産を集約化、AFTAを活用し域内各国に輸出する動きがみられた。また日系各社はASEAN共通モデルを投入し、二輪車部品を各国間で相互補完する動きを拡大させた。その中で、特に裾野産業が充実したタイから部品調達を強化する動きが顕著であった。

　一方、家電やAV等の電気機器分野は、生産拠点の統廃合を通じて、規模の利益獲得・管轄地域全体の経営効率化を指向した。ASEANにおいて日系が圧倒的な強さを発揮する自動車分野と異なり、電気機器分野はサムスンやLGなど韓国企業との激しい競争に晒され、拠点再編による競争力強化は待ったなしの状態であった。また、拠点の統廃合は、概して「投資を集める国」と「撤退が進む国」とを明確化し、市場統合の負の側面が出た。製品や企業によって異なるが、2002～03年前後、タイ、マレーシアの生産拠点に集約化が進み、逆にフィリピンや一部インドネシアの拠点が整理されるケースが続いた。具体例として、フィリピン家電協会によると、2002年に12社あったフィリピンのテレビ工場は次々と閉鎖され、2年後の2004年9月にはわずか2社に減少したという。同様に洗濯機は5社から2社に、また冷蔵庫も4社から2社へと、それぞれ減少した。この理由として、タイ、マレーシアでは生産に必要な部材を比較的現地で調達し易く、相対的に生産コストが低減出来ることに加え、統合は概して円高以降に設置された輸出用の大型工場に各国の内需向けの小型工場を吸収させたが、タイ、マレーシアには第三国輸出機能を備えていた企業が多かったことによる。

　松下電器（現パナソニック）は長年に渡りマレーシアで家電やAV機器製造をしてきたが、2005年にバンギ工業団地内の冷蔵庫・洗濯機工場を閉鎖、両完成品はタイからの調達に切り替えた。また三菱自動車はインドネシアにおいてトヨタに次ぐ販売台数を誇っていたが、2005年6月、ミニバン・クダMPVやギャラン等乗用車製造工場を閉鎖、タイからの輸入に切り替えるなど、域内再編、機能の見直しを推し進めた。

　ASEANは、FTAを利用することで輸出面では他国に対し競争上優位に立つことが出来る。また締結国間に複数の拠点がある場合、集中生産、相互

補完などでより効率的な生産体制の構築が可能になるなど，FTA は競争力強化に資する有力なツールである。注意すべきは，FTA は締結国にとって2つの点で諸刃の刃になる可能性があることである。まず，FTA 締結相手国側にコストや品質等競争上比較優位がある場合，相手国製品の流入によって国内産業が打撃を被る可能性がある。次に，これまで FTA 締結国間に複数

図 II-9 AFTA 実質稼動に対応した拠点再編の動き

電気機械

東芝
- （冷蔵庫）AFTA により 2005 年頃までにタイの 2 工場の生産能力を 30%増強。
- （テレビ）96 年以降，シンガポール，マレーシアからインドネシアに集約化。同拠点は PAL 方式 TV の生産拠点。大型液晶テレビも生産。8 月からプラズマ TV 生産も。

広重産業
- マレーシア工場（エアコン用バルブ，ビデオ部品）を 2005 年 5 月末で閉鎖。ビデオ部品は 2 年前からベトナムへの移転を進めていたが，他の生産品もベトナムに移管

松下電器
- （エアコン）マレーシアから 0.75 馬力タイプをインドネシアに移転。
- （冷蔵庫）マレーシアから 2 ドアタイプの生産をインドネシアに移転。1, 2 ドアはインドネシアで，3 ドアはタイで，各々集中生産。
- （洗濯機）インドネシアで 2 槽式，マレーシアでは全自動，タイでは大容量 2 槽式を集中生産。

シャープ
- マレーシアの冷蔵庫工場を 2003 年頃閉鎖。タイ工場からの輸入調達に切り替え

パイオニア
- マレーシアのカーステレオ生産，インドネシアの生産委託を止め，タイに集約。一方タイでの DVD 生産をマレーシア工場に移管。FTA 恩恵の最大化を目指す。

輸送機械

トヨタ自動車
- フィリピン 2 工場，インドネシア 2 工場を各々 1 工場に集約。台数の不足分はタイから調達。

三菱自動車
- インドネシアのミニバンやギャランの生産工場を閉鎖，これらはタイ工場から調達に切り替え。軽商用車コルト，トラック，ミニバス生産に専念。

ホンダ
- タイで生産している左ハンドル車などの生産をフィリピンに移管。フィリピンを左ハンドル市場向け車両の集中生産国に育成。国ごとに生産担当車種のラインアップを整理し，各工場の稼働率を維持，ASEAN 全体での生産効率化につなげる。

（出所）　各種報道，インタビューをもとに作成。

表II-7 ASEANの2000年と09年時点の日系家電各社の品目別生産拠点数

品目 国・地域	電気冷蔵庫 2000	2009	増減	電気洗濯機 2000	2009	増減	換気扇 2000	2009	増減	電子レンジ 2000	2009	増減
ASEAN	17	14	▲3	14	10	▲4	8	7	▲1	4	2	▲2
タイ	7	6	▲1	5	4	▲1	4	3	▲1	2	2	-
マレーシア	2		▲2	2		▲2	1	1		1		▲1
フィリピン	2	1	▲1	3	2	▲1	1	1				
インドネシア	5	4	▲1	3	2	▲1	2	2				
シンガポール			-			-				1		▲1
ベトナム	1	3	△2	1	2	△1						

品目 国・地域	電気がま 2000	2009	増減	扇風機 2000	2009	増減	ルームエアコン 2000	2009	増減	拠点累計 2000	2009	合計増減
ASEAN	9	7	▲2	10	6	▲4	17	12	▲5	79	58	▲21
タイ	5	6	△1	5	3	▲2	7	6	▲1	35	30	▲5
マレーシア	1	1	-	1	1		3	3		11	6	▲5
フィリピン	1		▲1	2	1	▲1	3	2	▲1	12	7	▲5
インドネシア	1		▲1	2	1	▲1	3	1	▲2	16	10	▲6
シンガポール			-			-	1		▲1	2	0	▲2
ベトナム	1		▲1			-			-	3	5	△2

(注) 事業所数は2009年5月時点。拠点累計では，同一工場で複数の品目が生産されている場合，ダブルカウントされている。
(資料) 家電産業ハンドブック（家電製品協会）をもとに作成。

　拠点を持っていた企業は，関税障壁の低減・撤廃により事業効率化の観点から拠点の統廃合に向かう可能性がある。その結果，事業の縮小・撤退により投資が流出する国が出ることになる。そのため，当時，FTAの進展は，産業もしくは国によって締結国間で「勝ち組」，「負け組」を生じさせることが懸念されていた。
　ASEANにおいて家電製品別に，日系企業の生産拠点数をみた。AFTAが本格化する前の2000年と，関税撤廃前夜の2009年とで生産拠点数およびその増減を示した。この間，全ての家電製品で，撤退もしくは他品目製造にシフトしたことを通じて生産拠点数が減少した。この間，最も生産拠点数が減少した家電製品はルームエアコンであり，17拠点から12拠点へと減少した。これに電気洗濯機，扇風機が4拠点減で続く。
　国別に見ると，各国ともこの期間に5カ所前後の生産拠点が減少しているが，拠点累計をみると，ASEAN全体の累計家電生産拠点数（58拠点）の半

分超（30拠点）はタイに集中した。一方，生産コストが高いシンガポールで家電を製造する企業はなくなった。ASEANのうち市場規模や産業集積等生産面で優位性がある国に投資が集まり，それ以外の国の工場では生産品目が変更されたり，または撤退・閉鎖を選択した企業があるなど，自由化がもたらす弊害が，現実世界でも発生した。

中でも最もドラスチックに拠点再編を進めているのはソニーである。日系AV関係者によれば，ASEAN5カ国[12]の液晶テレビの企業別市場シェアは，2006年ではサムスンが27.9％で最大のシェアを占め，これにソニー（同18.8％），シャープ，フィリップスが続く。当時，LGは9.5％で第5位に過ぎなかった。しかしそのわずか3年後の2009年で，サムスンはシェアを30.7％にまで拡大，LGはほぼ倍の18.6％までシェアを伸ばし，ソニー（同17.0％）を抜き去った。ソニーは韓国企業の急速な台頭に危機感を抱き，FTAの活用を前提にした拠点再編に着手した。実際に2008年，ベトナムで国内向けの薄型液晶テレビ製造を中止した。これにかわって同国で輸入卸売会社を設立し，マレーシア製自社液晶テレビのベトナム向け供給を開始した。

この背景には，ベトナムについて，① 2009年迄に外資に輸入・卸売業

表II-8　ASEANにおける日系電気各社の生産拠点数推移

品目 国・地域	ソニー 2002	ソニー 2008	ソニー 増減	東芝 2002	東芝 2008	東芝 増減
ASEAN	15	7	▲8	18	11	▲7
ベトナム	1		▲1	1	1	0
タイ	5	3	▲2	7	3	▲4
シンガポール	2	2	0	3	2	▲1
マレーシア	3	1	▲2	2	2	0
フィリピン			0	1	1	0
インドネシア	4	1	▲3	4	2	▲2

（資料）　海外進出企業総覧（2003年版，2009年版）をもとに作成。

12　タイ，インドネシア，シンガポール，マレーシア，ベトナム。

を開放したこと（これまでは外資のベトナム市場参入条件は国内製造），② AFTA の原産地規則「付加価値ベースで域内原産比率40％以上」を2008年8月から同基準と「関税番号変更基準（4桁）」との選択性に移行したこと[13]，である。これまで液晶など薄型テレビは，日本や韓国など域外から調達するパネルの付加価値が価格全体の6～7割を占め，従来の規則では AFTA 特恵税率は享受出来なかった。しかし，関税番号変更基準導入によりマレーシアで最終製品に組み立てられた薄型テレビも，ASEAN 製品として低関税で域内に供給することが可能になった。

　ベトナムでは依然として裾野産業が成熟していないなかで，WTO 加盟の際に課された外資に対する自由化措置と AFTA による関税削減を進めた結果，ベトナム国内に小売・卸売業務拠点のみ設置し，FTA により周辺国から完成品を供給するソニーが採ったビジネスモデルに追随する動きが出た。東芝もベトナムでのテレビ生産を中止，代わって同社最大のテレビ生産拠点インドネシアからの供給に切り替えた。

　AFTA による特定国での集中生産，そして FTA を使った生産品の域内輸出・相互補完体制整備に待ったをかけたのが，2011年秋にタイの産業集積地を襲ったタイ大洪水である。タイは自動車産業を中心に，世界各国に基幹部品やノックダウン・キットを供給する「マザー工場」に位置付けられた。「タイ工場が止まれば世界の工場が止まる」とまで言われたが，それが現実になった。特定国・特定工場への過度な依存は，突発的事象によりサプライチェーン全体に影響を及ぼすリスクを抱えることになり，「経営効率化」と「リスク分散」の両睨みで戦略を構築しなければならない時代に入っている。

13　ASEAN のこれまでの原産地規則「付加価値基準」は，為替レートや原材料費の変動，製品サイクルの短期化に伴う急速な価格下落により，原産地比率が変動する欠点を抱えていた。このため，分野によっては北米を中心に利用されている「関税番号変更基準」の導入を求める意見があった。

5. FTA構築競争でより高まるASEANの役割

　これまで日本企業はASEANを，安価な労賃を活用し労働集約的工程を担う拠点もしくは普及品の製造輸出拠点と見做してきた。しかし，日本側では労働力人口の減少，技術者の絶対的不足，そして市場自体の縮小が避けられない中，ASEAN側は豊富な労働力に加え，技術の蓄積が進展していることなどから，ASEANに対しより戦略的な役割を付加する企業が出ている。例えば，前述の通りトヨタはピックアップトラック「ハイラックス・ヴィーゴ」で，また日産は小型車「マーチ」で，タイをマザー工場に位置付け，日本から独立した調達・供給体制を構築するなど，ASEANが戦略的役割を担う重要な拠点になったことを示している。

　これら動きは，ASEANのFTA網拡大の動きと無関係ではない。ASEANは2010年までに東アジアで中国，韓国，日本，インド，豪州・ニュージーランドとFTA，いわゆる5つの「ASEAN+1FTA」を構築した。同FTAは戦略拠点「ASEAN」の調達・供給機能強化のインフラの役割を果たすことが期待されている。さらにASEANは主な原材料・部品の調達先である日本のみならず，今後，世界経済を牽引していくことが期待される中国やインドなど「アジア新興市場」とFTAを通じて繋がっている。ASEANはFTAを梃子にした「新興市場開拓の最前線」として戦略的な役割が期待されている。

　注目すべきは，5つのASEAN+1FTAによる関税低減・撤廃の進展によって，ASEANと5つの対話国との間で集中生産・相互補完体制への移行，またドラスチックな拠点の統廃合などの動きが起きるかどうかである。通関円滑化を通じた総合的な物流効率化により，相互補完や完成品供給が考えられる程度にまで物流リードタイムが短縮出来れば，一部の品目でASEANと5つの対話国・地域間での生産・調達体制の見直しの動きが出る可能性がある。

　既にASEANを越えた再編の動きが出ている。前述のソニーについて，2000年代前半，中国を除くアジアでは，マレーシア，タイ，ベトナム，イ

ンドの4カ国でテレビを生産していた。ベトナムでの製造中止は前述の通りであるが，ASEAN域外でもドラスチックに拠点再編に乗り出した。タイとインドとの間で2004年9月からFTA早期関税引き下げ（EH）措置によりテレビの関税削減が開始されると，翌月10月にはインドでの生産を中止，タイからの輸入に切り替えた。それ以降，タイ製造工場は国内供給のみならず，インドへの供給拠点の役割を担っていたが，さらに，日本経済新聞は2009年10月31日付で，ソニーがタイでの液晶テレビ生産を2010年3月迄に終了，代わって同拠点ではデジタル一眼レフカメラ部品を生産すると報じた[14]。これは，2010年1月にASEANインドFTA（AIFTA）が発効することを踏まえ，ソニーは薄型テレビの生産を主力工場であるマレーシアに集約，同拠点から液晶テレビを，中国を除くアジア市場全体に供給する体制の構築を図った。

　AIFTAの下，インド側でテレビの関税削減は2010年1月に始まったものの，撤廃は2013年末であった。一方，タイからの輸入する場合，EHを使えば既に関税は撤廃されている。ソニーはAIFTAの関税撤廃を待つことなく，経営全体の効率化・最適化を目的に，マレーシアからの供給を決めた。

　これまで自動車分野を中心に，中国とASEANとの拠点間の取引は限られる傾向にあり，多くの企業で中・ASEAN拠点間は仕向け先を分担するなど事業戦略上異なる役割を担わせてきた。しかし，リスク回避・分散を念頭に，緊急的に両国・地域間で原材料や部品，完成品の相互供給が出来るよう体制を整備する企業が増えている。前述の通り，在ASEAN企業の53.4％は代替生産・供給体制を持っており，その中で30.3％は中国を代替生産国としている。万が一の事態に即座に対応出来るよう両地域の円滑な取引を阻害する関税障壁・非関税障壁の削減・撤廃が必要であろう。

14　ソニーのアユタヤ工場（ソニー・テクノロジー）では，これまでテレビ，カーオーディオ，デジタルカメラを製造していたが，テレビの生産中止に伴い，マレーシアからデジタル一眼レフ部品の生産ラインを移管した。BOIによる投資認可詳細は，投資額26億6000万バーツで，デジカメ210万台，レンズ273万個，デジカメ部品220万個を製造。

第3章

FTA 網の多層化で拡大する機会と規則の複雑化

1. 構築する時代から利用する時代に入った FTA

　ASEAN において締結 FTA 数の増加と同 FTA による関税削減の進展により，企業による FTA の認知度は高まっている。それに伴い，利用率も上昇している。ASEAN 加盟国のうち FTA 利用率を発表している国は，タイやマレーシアなどごく一部に過ぎない。FTA 利用輸出額を把握することで利用率が算出できる。例えば，タイで輸出者が FTA を利用する場合，タイ商務省に原産地証明書（C/O）の発給を依頼することから，原産地証明書発給ベースで FTA 利用輸出額を把握することが出来る。これを当該国向け総輸出額で除すると，名目ベース[15]の利用率が算出出来る。

　タイの FTA（含 EPA）利用輸出比率は，ASEAN 向けでは 2010 年に先発加盟 6 カ国の関税が基本的に撤廃されたことから，2010 年以降，ASEAN 向けで 30％強，一部の品目を除き MFN ベースでほぼ関税を撤廃しているシンガポールを除く ASEAN 向けが 4 割弱で天井感が出ている。ASEAN 加盟国の中で，特に利用率が高いのが人口規模が大きいインドネシア，フィリピン，ベトナム向けである。2015 年にはベトナムを含む後発加盟 4 カ国の関税が 7％分の品目を除き撤廃されることから，利用率が一定程度，上積みされるとみられる。日本経済新聞（2014 年 7 月 27 日付）は，ミャンマー政府が小売業も含めた流通業の外資規制を撤廃する方針を固め，現在，国内企業にのみ認めている輸入品の販売も外資に開放すると報じた。これら外資規制

15　FTA 締結相手国で関税が MFN（最恵国待遇）ベースで撤廃されている品目は FTA を使う必要はない。日本等関税撤廃品目割合が多い国は概して名目利用率は低くなる。

第3章　FTA網の多層化で拡大する機会と規則の複雑化　*161*

表II-9　タイのFTA/EPA締結相手国別利用率

(単位：%)

	発効年月 (タイ参加)	2000年	05年	10年	11年	12年	13年
ASEAN全体	—	6.4	21.5	31.6	28.4	26.3	31.4
(除シンガポール)		11.5	30.0	38.4	34.8	31.7	37.8
インドネシア	1993年1月	20.8	45.9	61.3	60.0	54.3	66.1
マレーシア	1993年1月	12.7	22.4	28.6	25.2	23.1	27.4
ベトナム	1995年	6.3	41.5	53.2	45.3	42.6	52.1
フィリピン	1993年1月	14.5	41.8	55.9	47.1	48.8	60.0
シンガポール	1993年1月	0.2	2.7	4.9	4.5	3.7	3.8
ラオス	1997年	0.0	2.8	4.3	4.0	3.7	3.8
ブルネイ	1993年1月	0.7	3.9	8.4	15.2	10.3	11.8
ミャンマー	1997年	0.0	0.2	1.0	0.9	2.7	6.9
カンボジア	1999年	0.0	0.0	3.7	4.3	3.7	5.4
インド	—	0.0	17.6	33.4	38.4	38.2	47.0
二国間	2004年9月		17.6	12.9	14.6	12.8	11.6
ASEAN	2010年1月			20.5	23.8	25.4	35.4
オーストラリア	2005年1月		67.3	59.9	63.5	50.0	71.4
中国	2003年10月		6.7	34.4	36.1	42.4	52.8
日本	—			23.7	26.0	27.3	28.3
二国間	2007年11月			23.4	25.6	26.8	27.6
ASEAN	2008年12月			0.3	0.5	0.5	0.8
韓国	2010年1月			24.4	48.9	44.8	51.6
豪NZ (多国間)	2010年1月			0.3	1.1	2.2	3.5
ペルー	2011年12月					3.2	2.3
合計		2.9	14.7	32.8	32.9	32.8	39.7

(資料)　タイ商務省資料をもとに著者作成。

緩和が実現すれば，タイからFTAを利用した輸出が一気に拡大する可能性がある。

　タイからAFTAを使って域内向けに輸出をしている上位品目は，概して完成車およびKDキット，自動車部品等自動車関連製品が多く，年によってはエアコン等の家電製品，メカニカルシャベル等の建設機械が入る。タイにおけるこれら品目の主な生産者は日系企業であり，日系企業が域内取引でAFTAを積極的に活用している姿が浮かび上がる。2011年以降の利用率の停滞は，①2011年10月にタイ中部を襲った大洪水でサプライチェーン網の一部が破綻し，自動車関連輸出が1カ月以上もの間，停止を余儀なくされたこと，②インラック政権の目玉政策「初回自動車購入者への物品税還付措置」

の終了が 2012 年末に迫り，自動車各社が国内供給を優先したこと，等が影響している。

一方，ASEAN 域外国向け FTA 利用輸出では，「市場」として注目されている豪州，中国，インド向けで，既に AFTA の利用率を上回っている。豪州との FTA であるタイ豪 FTA（TAFTA）は「最も利用率が高い FTA」である。2005 年から利用率は他の FTA と比べ抜きん出て高く，2013 年の利用率は 7 割を超えた。利用されている品目は自動車関連品，まぐろ及びかつお，家庭用エアコン等である。豪州では 2013 年，ゼネラル・モーターズ（GM）とフォードが自動車生産からの撤退を発表，前者は 2017 年，後者は 2016 年に工場を閉鎖する。トヨタも 2014 年 2 月，豪ドル高や厳しい市場環境を理由に，2017 年末までの撤退を発表した。今後，自動車各社は近隣拠点からの供給に一層シフトしていくことになるが，タイの対豪向け輸出拠点機能が拡大していくことが考えられ，FTA 利用率ももう一段上昇する可能性がある。

また近年，巨大新興市場である中国向けおよびインド向けで FTA 利用が急速に拡大している。中国向け輸出では FTA 利用が 50％を超え，インド向けでも 50％に近付いている。2005 年 7 月に発効した ASEAN 中国 FTA は，2010 年 1 月にノーマルトラックの関税を撤廃，更に 2012 年 1 月には 2010 年の関税撤廃が猶予されていたノーマルトラック 2（最大 150 品目）で関税が撤廃されたのに加え，センシティブ品目（対象は 400 品目以内かつ総輸入額の 10％以内）の関税率が 20％以下にまで引き下げられたことが背景にある。タイからの ACFTA を利用した中国向け輸出の特徴は，「世界の工場」中国に主に原材料・中間財を供給していることである。中国向け輸出で FTA が利用されている上位品目は，配合ゴム（板，シート及びストリップ），カッサバ芋，パラ－キシレン，石油及び歴青油（除原油）並びにこれらの調製品（軽質油及びその調製品を除く），その他のエチレンの重合体，等原材料が中心である。カッサバ芋は主にカッサバチップとして中国に輸出され，発酵工程を経てバイオエタノールとして利用される。パラキシレンはポリエステルの中間原料であるテレフタル酸の原料として使われる。

表II-10 タイのFTA別利用輸出上位品目（2013年）

	日本	中国	韓国	インド	豪州
第1位	鶏肉（調製処理）	配合ゴム	原油	車両用エンジン	商用車（ディーゼル）
第2位	えび（調製処理）	カッサバ芋	天然ゴム	家庭用エアコン	乗用車（ガソリン／1.5〜3L）
第3位	ポリ（エチレンテレフタレート）	パラ−キシレン	液化石油ガス	ベンゼン	乗用車（ガソリン／1〜1.5L）
第4位	デキストリン	石油・瀝青油	すず	エチレンの重合体	まぐろ・カツオ
第5位	えび（冷凍したもの）	エチレンの重合体	メチルオキシラン	ポリカーボネート	商用車（ガソリン）

（資料）　タイ商務省資料をもとに作成。

　また，インド向け輸出についてタイは，タイ・インドFTA（TIFTA）および ASEANインドFTA（AIFTA）の両方を使うことが出来る。但しTIFTAの適用対象は，アーリーハーベスト（早期関税引き下げ）措置としてこれまで熱帯果物，家電製品，自動車部品など82品目に加えて，2012年6月に発効した第2修正議定書により，2ドアタイプの家庭用冷凍冷蔵庫が追加されたのみである。一方，2010年に発効したAIFTAについては，品目数全体の80％および貿易額の75％が発効から4年後の2013年末までに関税撤廃（一部品目は16年末まで猶予）されている。

2. FTA毎に異なる利用規則とスパゲティボウル現象

　World Tariff profile 2013年版（WTO）によれば，オーストラリアの単純平均MFN関税率は2.7％，関税撤廃品目比率は50.3％である。関税率15％以上の品目はわずか0.1％に過ぎない。一方，インドの場合，単純平均MFN関税率は13.7％と高い一方，関税撤廃品目は全体の3.0％のみ。関税率15％以上の品目は約2割（19.6％）に達する。

　豪州向け輸出におけるFTA利用率が7割を超えている一方，インド向け輸出でFTA利用率が依然として5割を下回るのは，AIFTAのより厳しい原産地規則を満たせない企業・品目が多いことを示している。現在，ASEANがFTAで採用している原産地規則は，概して「域内原産割合40％」または「関税番号変更基準（4桁）」のいずれかを満たせば「ASEAN原産品」と

するものである。しかし，AIFTA では「域内原産割合 35％」と「関税番号変更基準（6 桁）」の双方を満たして初めて AIFTA 協定上の ASEAN インド「原産品」となる。

現在までに，ASEAN の枠組みで締結している FTA では，農水産品（動植物，魚介類等）や鉱物資源等協定締約国内で原材料レベルから全て生産・育成・採取された産品で適用される「完全生産品」（WO）と品目全体を通して適用される原産地規則「一般規則」，一部品目毎に適用される「品目別規則」とがある。ASEAN が多くの FTA で採用している一般規則は，前述の「関税番号変更基準 4 桁」もしくは「域内原産割合 40％以上」を満たしたものを「ASEAN 原産品」とする規則である。それに対し，ACFTA では「域内原産割合 40％以上」について，AIFTA では「関税番号変更基準 6 桁」および「域内原産割合 35％以上」の両方について，それぞれ満たしたものを関税減免対象としている。ASEAN では FTA 網の拡大に伴い，同一品目にも関わらず関税譲許や原産地規則の内容が異なる協定が複数存在することにより，企業にとっての管理や手続きコストが上昇，地域大の最適なビジネス展開を阻害することに繋がる「スパゲティボウル現象」が生じている。

また，域内原産割合の算出方法も国によって異なる。この計算方法は，直

表II-11　ASEAN の FTA 別原産地規則概要

FTA	国名（発効順）	完全生産品 WO	一般規則 CTC	一般規則 RVC	品目別規則（PSRs）CTC	品目別規則（PSRs）RVC	加工工程
ATIGA	ASEAN	○	CTH	≥40%	○	≥40%	○
AJCEP	日本・ASEAN	○	CTH	≥40%	○	≥40%	○
AANZFTA	豪 NZ・ASEAN	○	CTH	≥40%	○	≥40%	○
AKFTA	韓国・ASEAN	○	CTH	≥40%	○	≥40-60%	○
ACFTA	中国・ASEAN	○	×	≥40%	○	≥40%	○
AIFTA	インド・ASEAN	○	CTSH & ≥35%		×	×	×

(注)　RVC は地域累積付加価値基準（域内原産割合），CTC は関税番号変更基準（CTH は 4 桁変更，CTSH は 6 桁変更）を指す。
(資料)　タイ商務省外国貿易局資料をもとに作成。

接計算法と間接計算法の2通りあり，いずれを採用しているかは，原産性審査を行う国によって異なる。直接計算法は原産品価格や国内での付加価値を積み上げて計算する方式，間接計算法はFOB価格から非原産品価格を差し引いて計算する方式である。例えば，ACFTAのもと関税減免適用対象となる原産品は「域内原産割合40％以上」が求められるが，間接計算法では，FOB価格から非原産品分付加価値を差し引き，「FOB価格の60％未満かどうか」で判定する。

更に利用者がどの協定を利用するかによってC/O上での記載要件等が異なり，その複雑さが更に企業の利用に二の足を踏ませている。例えば，

表II-12　リ・インボイスを用いたFTA利用に際するタイ税関の確認事項

協定	相手国	C/O上の記入等必要事項
ATIGA	ASAEN	・第13欄の"Third Country-Invoicing"にチェック。 ・第10欄に「インボイス番号」と「第三国販売者の販売日」，または「インボイス番号」と「出発国輸出者の輸出日」を記入 ・第7欄に「インボイス発給会社名」と第三国の「国名」を記入。
ACFTA	ASEAN・中国	・第13欄の"Third Country-Invoicing"にチェック。 ・第10欄に「インボイス番号」と「第三国販売者の販売日」を記入。 ・第7欄に「インボイス発給会社名」と第三国の「国名」を記入。
AJCEP	ASEAN・日本	・（日本側フォーム）第9欄と（ASEAN側フォーム）第13欄の"Third Country Invoicing"にチェック。 ・（日本側フォーム）第8欄と（ASEAN側フォーム）第10欄に「インボイス番号」と「第三国販売者の販売日」，または「インボイス番号」と「出発国輸出者の輸出日」を記入 ・（日本側フォーム）第9欄と(ASEANのForm の)第8欄に「インボイス発給会社名」と「第三国販売者の住所」を記入する。
AKFTA	ASAEN・韓国	・第13欄の"Third Country-Invoicing"にチェック。
AIFTA	ASAEN・インド	・第7欄に「インボイス発給会社名」と第三国の「国名」を記入。
AANZFTA	ASAEN・豪州・NZ	・第13欄の"Subject of third-party invoice"にチェック。 ・第10欄に「インボイス番号」と「出発国販売者の販売日」，かつ「第三国販売者のインボイス番号」と「販売日」（わかる場合）を記入。 ・第7欄に「インボイス発給会社名」と第三国の「国名」を記入。

（資料）タイ税関原産地規則課ソムチット・テミヤワニット氏講演資料（2012年11月5日）。

ASEANで頻繁に利用されるようになってきているリ・インボイス。これは「仲介貿易」とも「三角貿易」とも称されるが，近年，アジアに複数の拠点を持っている企業において，地域統括拠点や日本本社などに決裁事務や為替リスクの集中管理による効率化を行うネッティングセンター機能を付与する場面が見られる。製造国から仲介国宛インボイスを一旦発行するものの，更に仲介国は輸出国宛に新たなインボイスを発行することから，「リ・インボイス」と呼ばれている。近年，仲介貿易を利用する企業は増えている。ジェトロが2007年11〜12月にかけて行ったアンケート調査では，在ASEAN日系製造企業570社のうち，アジア域内向け輸出で仲介貿易を利用している企業は93社，利用比率は16.0％であった。しかし2013年（2013年10〜11月に調査実施）までにその比率は33.7％と，3社に1社が利用するまでになっている。これら企業がFTAを利用して輸出する場合，輸出先に応じてC/Oフォームのみならず，記載事項を変えることが求められる。AKFTAでは，C/O上の該当箇所にチェックを入れるのみ，AIFTAでは「インボイス発給会社名」と第三国の「国名」を記入することになる。その他に，「インボイス番号」と「第三国販売者の販売日」，または「インボイス番号」と「出発国輸出者の輸出日」や，「インボイス発給会社名」，「第三国販売者の住所」の記載が求められるFTAもある（表Ⅱ-12）。

3．FTA利用手続きの改善を進めるASEAN

(1) 自己証明制度

FTA利用上の障害について，ジェトロはアジア・オセアニア日系企業活動実態調査（2011年10月）で在ASEAN日系企業に聞いたところ，原産性審査手続きを行い原産地証明書を取得する必要がある輸出者側も，また輸出者側から入手した原産地証明書を輸入手続き時に税関に提示する輸入側でも，「特に問題はない」とする企業が，前者で33.7％，後者で半分（同50.0％）を占め最も多かった。FTA利用のためのC/O取得手続きについて，既に多くの企業で輸出入業務における日常業務（ルーティーンワーク）に

なっていることを示すものであろう。

しかし，依然としてFTA利用上の問題を抱える企業もある。輸出面では，「原産地証明書手続きに時間を要する」（シェア33.3％），「原産地証明書の取得手続きが煩雑」（同22.9％），「既存FTA/EPAの原産地規則が各々異なり煩雑」（同18.9％）が指摘されている。一方，輸入では「FTA/EPA利用に向け，調達先の協力が得られない」（同13.8％），「FTA/EPAによる関税差が少なく，メリットがない」（同13.1％）が続く（表II-13）。

特に「原産地証明書手続きに時間を要する」という問題について，ASEAN加盟各国は地理的にも近接しており，近隣諸国からの輸入や航空輸送，手続きが週末や祝日に重なってしまった場合などでは，実際の通関までにC/O提示が間に合わないケースが散見される。タイの場合，輸入者が関税払い戻しを要求する権利を留保することを宣言した上で，一旦，MFN関税を支払い輸入，C/O到着後，一定期間後に特恵マージン分の払い戻しを受けることになる。しかし，これら還付制度を有している国はASEANではほとんどなく，インドネシアやマレーシアではタイと同様の還付制度がないた

表II-13 在ASEAN日系企業のFTA利用上の障害

（単位：％）

［輸出］	シェア	［輸入］	シェア
特に問題はない	33.7	特に問題はない	50.0
原産地証明書手続きに時間を要する	33.3	FTA/EPA利用に向け，調達先の協力が得られない	13.8
原産地証明書の取得手続きが煩雑である	22.9	FTA/EPAによる関税差が少なく，メリットがない	13.1
既存FTA/EPAの原産地規則が各々異なり煩雑である	18.9	輸入国側税関での厳格な特恵関税認定検査	8.6
対応出来る人材が不足している	12.9	主要な輸入元との間にFTA/EPAが存在しない	9.6
原産地規則の基準を満たせない，もしくは非常に困難	11.9	その他	9.0
原産地証明書の発給コストが高い	9.4	仲介貿易によるFTA/EPA利用が認められていない	6.5
有効回答数	920社	有効回答数	914社

（資料）　アジア・オセアニア日系企業活動実態調査（2011年10月／ジェトロ）。

め，貨物が到着して以降，C/O を入手するまでの間，コストを承知で税関内に留め置くか，一般的な輸入と同様に MFN 関税を支払い，輸入通関を行うしかない。

　ASEAN は C/O 発給時間の短縮と手続きの簡素化・円滑化，AFTA 利用の拡大を目指し，「自己証明制度」導入に向けた取り組みを開始した。2010 年 8 月にベトナム・ダナンで開催された ASEAN 経済閣僚会議で同制度のパイロットプロジェクト実施にかかる覚書（MOU）をシンガポール，マレーシア，ブルネイの 3 カ国が署名，実施した（第 1 自己証明制度）。また，2011 年 10 月からタイも参加している。ASEAN が実験的に実施する自己証明制度パイロットプロジェクトの利用対象は全ての製造者・輸出者ではなく，予め発給部局がその利用を認めた「認定輸出者」に限られる。

　この制度は，認定輸出者が自ら作成したインボイス等の商業上の書類に輸出貨物が原産品である旨の申告を記入した上で，当該インボイス等を輸入国側税関に提示，輸入国側で AFTA 特恵関税を適用するもの。仲介貿易を行う場合など認定輸出者がインボイスを輸入者に送付出来ない場合，認定輸出者は請求明細書，配送指示書，納品書などインボイス以外の商業書類上で原産地「申告」を行うことが出来る。

　一方，同制度に参加していないインドネシア，フィリピン，ラオスはまず 3 カ国間で別な「認定輸出者自己証明制度」（第 2 自己証明制度）を設計・運用を開始した。これら 3 カ国は 2012 年 8 月にカンボジア・シェムレアプで開催された ASEAN 経済相会議にあわせて MOU を締結している。同第 2 制度は 2014 年 1 月から運用が開始されている。第 2 自己証明制度は第 1 自己証明制度に比べ，より利用制限的になっている。具体的には，①認定輸出者は「製造事業者」のみ，②「原産地申告文言」の記載は「商業インボイス」のみ，③署名権者は「3 人」まで等である。そのため，現在 ASEAN で長年運用されてきた「第三者証明制度」のもと C/O 取得が出来る商社や，輸出業務を製造法人に代わって一元的に統括法人が行っている場合，第 2 自己証明制度では「利用対象外」となる。また，「原産地申告文言」の記載はインボイスに限られていることから，リ・インボイスによる仲介貿易では自

ずと利用出来ないことになる。3社に1社が仲介貿易を利用している中で，第2自己証明制度に対する懸念の声があがっている。2014年8月に開催されたASEAN経済閣僚会議では，ミャンマーとカンボジアが第1自己証明制度に，またタイとベトナムが第2自己証明制度に，それぞれ加わることが報告された。

　ASEANは2014年中に2つの自己証明制度を評価し，ASEAN経済共同体（AEC）が完成する2015年末迄にASEAN 10カ国が共通で利用できる「ASEAN地域自己証明制度」を稼働させる方針である。その際，第2自己証明制度のこれら利用制限的な要素が，制度上で組み込まれた場合，利用出来ない企業が続出することになりかねない。

　ASEANで導入を目指している認定輸出者自己証明制度は日本のそれとは根本的に異なる。日本では自己証明制度を日スイスとの経済連携協定（EPA）で導入したのを手始めに，日ペルーEPA，改正日メキシコEPAでも導入している。日本の場合，第三者である日本商工会議所による原産性審査がなく，利用企業自らの責任において原産性判定・確認を行う必要がある。そのため，企業側はコンプライアンス面を鑑み，利用を断念する企業も少なくない。一方，ASEANで導入しようとしている自己証明制度は，原産性審査自体はAFTAの原産地証明書フォームDと同様に引き続き政府部局が行い，その上で輸出時にフォームDの発給を受ける代わりに，自らインボイスに「原産地申告文言」を記載する。そのため，ASEANの自己証明制度は企業がコンプライアンス上の責任を一身に負う日本の自己証明制度と大きく異なり，あくまでも最後の発給ステップを自社で行うのみであり，コンプライアンス面ではこれまでの第三者証明制度と変わりはないことから，利用しやすい制度と言うことが出来る。

(2) 原産地規則

　ASEANは，東アジアの「FTAのハブ」を目指し，東アジアで最も柔軟且つ自由度の高い規則の導入や変革を通じて，自ら投資誘致に繋げようとしている。その中には，原産地規則や原産地証明書の改定も含まれる。

ASEAN は 1993 年の AFTA 開始以降，AFTA の適用条件である原産地規則は「ASEAN 累積付加価値率（原産割合）40％以上」を採用，長年用いてきた。しかし，付加価値基準には特有の欠点がある。例えば，為替レートや原材料費の変動，また特に電気・電子製品では製品サイクルの短期化に伴う急速な価格下落によって付加価値率は変動を余儀なくされることである。原産性審査を最初に行った時点では「付加価値率 40％」を上回っていたものの，事業環境の変化によりその条件が満たせなくなる場面も散見されるなど一部の企業を悩ませてきた。タイの家電メーカー担当者は，「原産地証明書はモデル毎に取得する必要がある。売価や材料価格の変動もあり，定期的に見直す必要はあるが，更新が間に合わない」として管理面で困難を抱えているとした。

付加価値率 40％を割り込む企業を少しでも救済すべく，2004 年 9 月に開催された第 18 回 AFTA 評議会では，「部分累積」を認めることで合意した。通常，付加価値基準で当該品目が AFTA 適用対象になるには，当該品目を構成する部品について，ASEAN 原産の部品価格を積み上げ，全体で当該品目価格の 40％以上が ASEAN 原産であることが条件になる。ここで個々の部品について，ASEAN 付加価値として認定・算入出来るのは，各々 40％以上の ASEAN 付加価値率を持つ部品に限られる。40％以上の ASEAN 付加価値率を持つ部品は，ASEAN 原産品として当該部品の価格全体を ASEAN 付加価値として算入出来る。これは「ロールアップ・ルール」と言われる。その一方，ASEAN 付加価値率 40％未満の部品は，「ロールダウン・ルール」により，これまで当該部品価格全体のみならず，ASEAN 付加価値部分も算入出来なかった。そのため，これら付加価値に算入できなかった部分を少しでも救済すべく，ASEAN 付加価値率が 40％未満の構成部品でも，ASEAN 付加価値率が 20％以上あれば，当該価値部分に限り算入出来るようにする部分累積を導入した。

ASEAN は原産品判定基準である原産地規則についても，付加価値以外の基準採用に向けて動き出した。実質変更基準の 1 つである「関税番号変更基準」（CTC）の導入である。まず小麦粉，木製品，アルミニウム製品，鉄・

鉄鋼分野，および優先統合分野で，付加価値基準に加えて CTC を原産品判定に使えるようにした。

　AFTA 全体で CTC ルールの採用に踏み出したのは，域外国との FTA の中で AFTA が最も自由度の高い自由貿易地域であることで，「ASEAN 中心主義」を維持しようとする意思が働いている。ASEAN は韓国との間で ASEAN 韓国自由貿易地域（AKFTA）を，日本との間では日 ASEAN 包括的経済連携協定（AJCEP）を構築・締結しているが，物品貿易の自由化について，韓国とは 2005 年 12 月に署名，日本とは 2007 年 8 月に大筋合意に達していた。これら 2 つの協定の原産地規則は一般原則として「付加価値基準 40％」と「関税番号変更基準（4 桁）」との選択性を採用した。

　2007 年 8 月に開催された AFTA 評議会で，自らの外国投資に対する求心力を維持するため，ASEAN は原産地規則の一般原則を 2008 年 1 月から AKFTA や AJCEP と同様に「選択性」へ移行することを決定した。各国手続きが遅れたものの，2008 年 8 月に AFTA 改正原産地規則により ASEAN で一斉に「選択性」が導入された。

　関税番号変更基準を導入するに際し，日本が締結する多くの EPA で導入されているデミニミス・ルール（僅少の非原産材料に関する規則）も採用した。関税番号変更基準では，通常，輸入によって調達された全ての原材料・部材等と製造工程を経て完成品となった輸出品について，4 桁レベルでの関税番号の変更が求められる。AFTA 改正原産地規則では，FOB 価格の 10％以下であれば，関税番号の変更が行われない非原産材料を使用しても，当該品目は ASEAN 原産と認めるものである。

　選択制の導入で，在 ASEAN 企業の調達の幅が広がるとともに，原産性維持のための管理コストの低減化が可能になった。ただし，多くの ASEAN 加盟国で CTC ルールを用いて原産性審査・判定を行う場合でも，審査・判定自体には当該品目を構成する部品や原材料の「コスト」は無関係であるにも関わらず，コスト計算表等により以前と同様，コスト情報の提示が求められている。これら審査手続きは，ASEAN 加盟各国の国内手続き上の問題ではあるが，各国政府によるこれら手続きの簡素化・改善が求められる。

(3) 原産地証明書

　近年，仲介貿易を使う在 ASEAN 日系企業が増えている。前述の通り，ジェトロのアンケート調査では，2007 年時点で 16.0％であったが，2013 年には 33.7％に上昇している。

　ASEAN 側はこれまで原産地証明書フォーム D に「FOB（本船甲板渡し条件）価格」の記載を求めていた。輸出者と仲介者，そして輸入者が全て同じグループ内企業であれば，大きな問題はない。しかし，商社等第三者が介在する仲介貿易の場合，輸入者は「フォーム D 上の FOB 価格」と「仲介国企業からのインボイス」とを比較することで仲介者のマージンを知ることが出来る。そのため，仲介国企業は最終輸入者に自らのマージンを知られることを避けるため，FTA 利用を忌避する場合も多かった。

　当初，ASEAN 側は，「FOB 価格はその検証用途に加え付加価値を累積させる用途にも使用されるため必要」と主張してきたが，度重なる産業界の要望を受けて ASEAN 原産地規則タスクフォースの中で問題を提起し，議論を開始した。その結果，ASEAN 物品貿易協定（ATIGA）の「運用上の証明手続き」（OCP）を改訂し，原産性審査に付加価値基準（RVC）を用いる場合を除き，FOB 価格の記載義務を撤廃することを決定した。ただし，ミャンマーおよびカンボジアについては準備が整わないとして 2 年間，実施が猶予された。

　2014 年 1 月以降，加盟国は順次，FOB 価格の記載が求められない新フォーム D での運用を開始した。タイでは商務省外国貿易局が 6 月 18 日付告示で，従来のフォーム D 発行を 6 月末で停止，代わって 7 月 1 日から新フォーム D を導入した。

　以降，ASEAN 側は RVC の場合でも FOB 価格の不記載が出来るかどうか検討を始めた。まず，AFTA で同ルールの導入を実現しない限り，ASEAN と域外国との FTA での適用は困難である。特に，ASEAN 中国 FTA（ACFTA）では一般規則で RVC40％を用いており，まずは ASEAN での適用が急がれる。

4. FTA利用で「スパゲティボウル」の隙をつく

　タイのFTA輸出で最も使われているのがAFTAである。AFTAはASEAN向け輸出の際にのみ使われる。しかし，ASEAN向けFTA利用輸出だからと言ってAFTAのみが使われるというわけではない。例えば，タイで日ASEAN包括的経済連携協定（AJCEP）のC/OであるフォームAJが発給される場合，その多くは「日本向け」とみられるが，他のASEAN9カ国向け輸出にもAJCEPのC/Oは使用出来る。これはASEAN+1FTAは「ASEANと+1（対話国）との2国・地域間のFTA」ではなく，ASEAN10カ国と+1による「11カ国間のFTA」であるためである。

　タイ商務省がまとめたFTA別締約相手国別の発給額で，5つのASEAN+1FTAについて，どの国向けの輸出でC/Oが発給されたか確認出来る（表Ⅱ-14）。これをみると，タイで発給したC/Oの多くは対話国（+1国）向けに発給されていることがわかる。しかし，この中で日ASEANCEP（AJCEP）

表Ⅱ-14　タイのFTA別C/O発給の輸出相手

（単位：100万ドル）

輸出相手国		2012年		2013年	
		対話国 (+1国)	ASEAN	対話国 (+1国)	ASEAN
ASEAN中国 FTA	金額	11,287	47	14,025	140
	シェア（％）	99.6	0.4	99.0	1.0
日ASEAN CEP（AJCEP）	金額	56	66	98	70
	シェア（％）	46.1	53.9	58.2	41.8
ASEAN韓国 FTA	金額	2,131	1	2,329	3
	シェア（％）	99.9	0.1	99.9	0.1
ASEANインド FTA	金額	1,385	1	1,652	156
	シェア（％）	100.0	0.0	91.3	8.7
ASEAN豪州NZ FTA	金額	232	7	385	7
	シェア（％）	97.1	2.9	98.1	1.9

（資料）　タイ商務省資料を用い著者が作成。

は，対話国（+1国）である日本向けも多いものの，ASEAN域内向けにも相当額のC/Oが発給されている。日本以外のASEAN向けに発給しているのは2012年で53.9％，13年でも41.8％にのぼるなど，他のASEAN+1FTAと比べ抜きん出て高い。

AJCEPの国別発給額をみると，フォームAJがベトナム向けに2012年で5013万ドル分，13年で5853万ドル分，それぞれ発給されており，抜きん出ている（表II-15）。2013年においてAJCEPを用いベトナム向けにC/Oが発給されている上位品目は，綿織物（浸染したもの）：HS520932，ポリプロピレン：HS390210，合成繊維の長繊維の糸の織物：HS540752，合成繊維の短繊維の織物：HS551329，綿織物（綿が全重量の85％未満）：HS521041であり，ポリプロピレン以外は繊維製品である。AJCEPでは関税番号変更基準に基づく2工程ルール（ファブリックフォワード）が採用されており，タイで織布・染色工程を行った織物を，ベトナムで縫製するなどASEAN2カ国で計2工程を行うことで，ベトナム側で最終製品のフォームAJが取得出来

表II-15　AJCEPにおけるタイのC/O発給の輸出相手

(単位：1000ドル，％)

輸出相手国	2012年 金額	シェア	2013年 金額	シェア
総発給額	121,796	100.0	167,785	100.0
ブルネイ	0	0.0	39	0.0
カンボジア	0	0.0	13	0.0
インドネシア	3,718	3.1	2,416	1.4
ラオス	731	0.6	523	0.3
マレーシア	5,829	4.8	77	0.0
ミャンマー	0	0.0	0	0.0
フィリピン	17	0.0	66	0.0
シンガポール	5,275	4.3	8,464	5.0
ベトナム	50,126	41.2	58,528	34.9
+1国（日本）	56,099	46.1	97,659	58.2

(資料) タイ商務省資料を用い著者が作成。

る。日本で当該製品をベトナムから輸入する際，AJCEP 特恵関税が適用される。このように AJCEP は繊維製品を中心に，タイとベトナムとの工程間分業を後押ししていることがわかる。

ASEAN+1FTA を ASEAN 域内で利用する目的は大きく 2 つある。第 1 に，特に AFTA で関税撤廃が終了していない CLMV の後発加盟国との取引について，ASEAN+1FTA の特恵税率の方が低い場合があること，第 2 に，タイ産品を「締約国内で生産した産品」とし，ASEAN 付加価値の累積目的で使われる場合があること，である。

前者について，例えばタイから 125cc の二輪車（HS 8711.2059）をベトナムに輸出するケースで検討する。ベトナムの同品目の MFN 税率は 2014 年時点で 75％。一方，AFTA を使う場合は 60％であり，関税を 15％ポイント分削減出来る。しかし，AFTA 税率が最も低いとは限らない。他の ASEAN+1FTA を使ってタイからベトナムに輸出する場合，ACFTA の場合は 45％と 30％ポイント分の関税が削減出来る。特筆すべきは AANZFTA を使った場合であり，最も低い 15％の特恵税率でタイから輸出出来る。更に AANZFTA では同税率も徐々に削減され，2015 年には 10％になる。一方，AJCEP の場合は FTA 特恵税率と MFN 税率との逆転現象が起こっており，それを知らずに AJCEP を用い輸出すれば MFN 税率より高い 90％[16]の関税が課されてしまう。

2010 年以降，ASEAN は域内の AFTA に加えて，中国，韓国，日本，豪州・NZ，インドとの FTA で合計 6 本の協定を有するようになった。タイから ASEAN 加盟国に輸出する場合，多くは最も自由化が進んでいる AFTA を利用するが，物理的に他の 5 本の ASAEN+1FTA も利用可能である。輸出者は AFTA を含め 6 つの FTA について，原産地規則と特恵関税率の両面からどの FTA の利用が最善か慎重に選択する必要がある。

もう 1 つの「ASEAN+1FTA の域内利用」の理由である「締約国内で生産した産品」としての取り扱いについて，例えば，最終製品について輸出先

---

16 AJCEP では発効後，90％のベースレートが維持され，関税削減開始時点から 16 年目に 50％まで削減することが約束されている。

でFTA特恵関税を享受しようとする場合，製造工程で利用する輸入原材料・部品は「非原産材料」として取り扱われる。当該最終製品について原産性審査を受ける際，「非原産材料」は付加価値基準の場合，「締約国内での付加価値」とは認められず付加価値の累積は出来ない。関税番号変更基準を用いる場合，輸入原材料・部品の「非原産材料」の関税番号と最終製品との関税番号が規定された桁数で変更されることが求められる。加工工程基準の場合，輸入原材料・部品の工程は締約国内での工程とは見做されない。

しかし，「輸入原材料・部品」に最終製品で取得するC/Oと同じ種類のC/Oを添付する場合，その輸入原材料・部品は「締約国内で生産した産品」と判断され，国内調達原材料・部品と同様に取り扱われる。具体的には，付加価値基準の場合は輸入原材料・部品の価格を付加価値に算入出来る。関税番号変更基準の場合，輸入原材料・部品の関税番号と最終製品とで関税番号が変更されなくても構わない。加工工程基準の場合，輸入原材料・部品の工程は締約国内での工程と見做される。

そのため，例えばタイでAJCEP用C/Oが発行されたからといって，必ずしも日本向けとは限らない。他のASEAN加盟国で，AJCEP特恵関税適用のため付加価値の累積用途等「締約国内での生産品」のステイタス獲得に用いられる場合もある。

タイの場合，AJCEPは1年先に発効した日タイ経済連携協定（JTEPA）と併存しているため，AJCEPの利用輸出金額自体は他のASEAN+1FTAに比べ小さいが，AJCEPは主に付加価値の累積等「締約国内の生産品」の証明用途に使われている。

第4章

事業環境改善に挑むASEANの日系産業界

1. ASEAN日本人商工会議所連合会（FJCCIA）とその設立の経緯

　ASEANは1967年8月8日にバンコク宣言により設立されたが，その取り組みを支える事務局設置は1976年2月のASEAN外相会議まで待たねばならない。初代事務総長にはインドネシアのダルソノ元シリワンギ師団司令官が就いた。当初，事務総長の任期は2年であったが，現在は5年に延ばされている。2013年に就任したレ・ルオン・ミン事務総長（ベトナム出身）は13代目である。

　2008年，ASEANは第12代事務総長にスリン・ピッサワン元外相（タイ出身）を迎えた。その前年2007年11月に，ASEAN首脳会議において，「ASEAN憲章」が署名されるなど，折しもASEANに注目が集まった時期である。ASEAN憲章では，ASEANは政府間機関として法人格を持つ（第3条）ことが示された。また，ASEAN加盟各国はASEAN事務局のあるインドネシア・ジャカルタに大使級の常設代表部を置き，常設代表委員会を構成（第12条）するなど，ASEANの機能強化が図られていた。

　スリン元外相がASEAN事務総長に内定して以降，在タイ日系産業界は次期事務総長に水面下で接触，日系産業界との対話実現に向けて調整を図った。その結果，実現した最初の対話は2008年9月にバンコクで開催されたが，それに先立つ2008年1月に作成された文書「ASEAN事務局長と在ASEAN日系産業界との意見交換会の創設について」によれば，意見交換会開催の目的として，在ASEAN日系企業が抱えるASEAN経済統合上の課題や問題点，経済統合の進捗に関する産業界としての評価などについて，ス

リン事務総長とASEANに展開する日系産業界のトップ（日系商工会議所会頭又は副会頭）との間において忌憚のない意見交換を行うことにより，ASEANの経済統合の着実な推進とその日系産業の事業展開との調和を可能な限り追求すること」が掲げられている。当時，日本商工会議所に登録されていた在ASEAN日本人商工会議所は，7カ国8会議所[17]で会員数は4261社[18]であった。

2008年9月にバンコクで行われた初めての対話では，ASEAN各国の日本人商工関係機関が初めて一堂に会し，各地の日系企業を取り巻くビジネス環境，課題，改善要望等を各々スリン事務総長に説明した。これに対し，スリン事務総長は，「日本はASEAN地域における最大のステークホルダー。今後，日本・ASEAN相互がウィン・ウィンの結果が出せるよう，本対話を継続し，相互に協力していきたい」と語った上で，ASEAN単位で日本人商工会議所連合会のようなものを立ち上げ，ASEAN事務局に要望書を提出することを提案した。スリン事務総長によれば，これをASEAN経済統合のインスツルメントとして活用するという。

スリン事務総長の要望を踏まえ，集まった在ASEAN各国の日本人商工会議所会頭は，「ASEAN市民」たる在ASEANの日系企業による組織として「ASEAN日本人商工会議所連合会」（FJCCIA）を同日中に結成，ASEAN経済閣僚会議（AEM）を見据え，年1回ASEAN事務総長との対話を開催し，ASEAN地域全体を見据えた活動や提言を行うことを決めた。

2. 内政不干渉を堅持するASEANと事務局の限界

第2回目のスリンASEAN事務総長とFJCCIAとの対話は，2009年6月にインドネシア・ジャカルタで開催された。第2回目ではASEAN経済共同

---

[17] 当時，カンボジア，ラオス等にも日本人商工会的な組織が存在した。1992年に十数社で発足したカンボジア日本商工会は，治安についての情報交換や親睦が中心の組織だった。ラオスでは，ビエンチャン日本人商工会議所が2009年10月に設立された。ブルネイには2014年現在もこれら組織はない。

[18] 2007年12月14日時点。

体（AEC）ブループリントの構成に沿った形で，FJCCIAとして初めて各国からの要望を取りまとめ，提出した。この要望書は，日系企業がASEAN内の進出先での事業活動において直面する問題点について，各加盟国政府に加えASEAN事務局に対しても解決方策の検討を要請したものである。そのため，ASEANの措置のみならず，加盟各国における事業運営上の問題点を抽出，AECブループリントの構成に沿って分類，提示した。

例えば，「単一の市場と生産基地」について，「鉄鋼製品輸入自由化に伴う国内強制規格の全数検査の見直し」（マレーシア），「ネピドーのみならずヤンゴンでの輸出入ライセンス審査手続きの可能化」（ミャンマー），「WTO加盟後に展開された外資系小売店舗におけるコメ，ビールを除く酒類，タバコ等販売品目に対する制限の緩和」（ベトナム），「国内での外貨資金移動規制や国外への投融資金額上限規制の撤廃」（タイ）等要望には各国固有の問題が数多くあげられていた（表II-16）。

しかし，ASEAN自体が最高規範であるASEAN憲章においても従来から堅持してきた「内政不干渉の原則」を引き続き掲げていることに加え，ASEANの決定が国内法に優先するわけではないこと，多くの統合措置はあくまで各国政府による法令化，行政指導を通じ国内措置として実施しなければならないこと等から，ASEAN事務局がFJCCIAの要望に沿った形で加盟各国の個別の措置に直接的に口を挟んだり，または是正を勧告したり，スリン事務総長がリーダーシップを発揮するには限界があった。

ASAEN事務局は，2009年10月にタイ・ホアヒンで開催されたASEAN高級経済事務レベル会合（SEOM）の場で，加盟各国の高級経済事務官にFJCCIAの要望を伝えるのが精一杯であった。SEOM会合では，各国固有の問題点を含め極めて網羅的に記載されたものだったため，「詳細すぎる」との意見から，当初予定していたASEAN経済閣僚会議（AEM）への提出は見送られ，加盟各国内で取り扱いについて検討されることとされた。ASEAN事務局からは「各国固有の問題が多く，共通課題を取りあげるべき」と苦言を呈された。

表 II-16　FJCCIA による 2009 年の「単一の市場と生産基地」関連要望

A1. モノの自由な移動	
(1) 関税撤廃	
	① ASEAN6 は 2010 年まで，CLMV は 2015 年までの AFTA の共通効果特恵関税（CEPT）スキームでの域内関税撤廃の完全履行を実施。
	② CEPT の原産地証明書（フォーム D）への FOB 価格と原産資格割合の記載を廃止。(FOB 価額は，第三国経由取引に際しリインボイスされた場合，輸入者が当該第三国発行インボイス上の FOB 価額とフォーム D 上の FOB 価額を比較することで第三国でのマージン等が開示されることになるため三国間貿易に支障をきたしている。また，企業にとって秘匿情報である原産資格割合も輸入者への情報開示につながるため記載はできない。)
	③ CEPT の適用に関する透明な運用の確保。(ベトナム)
(2) 非関税障壁の撤廃	
	① AEC ブループリントのスケジュールに沿った撤廃・改善の速やかな実現。
	② 公正かつ透明性の高い通関行政の実施。(フィリピン，ミャンマー，カンボジア，ベトナム，インドネシア)
	③ 2011 年 1 月開始予定の ASEAN における電気製品の統一規格の導入期限遵守及び，電気製品輸入時の安全性面での規格認証手続きの簡素化。
	④ 鉄鋼製品輸入自由化に伴う国内強制規格の全数検査の見直し（マレーシア）
	⑤ 鉄鋼製品輸入時の国内強制規格の取得義務などの撤廃，相互承認（MRA）手続き等の調整。(タイ，インドネシア，フィリピン)
	⑥ 最近導入された種々の輸入規制措置の見直し・緩和。(インドネシア)
	⑦ 煩雑かつ不透明な輸出入ライセンス発給の改善及び輸入ライセンスの有効期限の長期化。(インドネシア，ミャンマー)
	⑧ ネピドーのみならずヤンゴンでの輸出入ライセンス審査手続きの可能化。(ミャンマー)
	⑨ 事実上禁止されている貿易業の外国企業への開放。(ミャンマー)
(3) 税関手続きの統合等	
	① 原産性審査に必要な提出書類や審査に要する日数等 AFTA に係る手続きの共通化。
	② ASEAN シングルウインドウの早期創設のため，輸出通関申告まで含めるようなシステムの改善。(インドネシア)
	③ 輸入ライセンス取得時の価格にかえ，他社や過去の輸入価格をベースにする高率の関税適用など，通関時における税関による関税評価の改善。(ミャンマー)
A2. サービス貿易の自由化	
	① サービスの越境制限及び国外消費制限の段階的撤廃，業務拠点の外資出資制限の段階的緩和との方針に応じて，国内法の制限を緩和（タイ外国人事業法での外資出資比率規制やインドネシア新投資法ネガティブリストでの外資規制強化等）。

	② WTO 加盟後に展開された外資系小売店舗におけるコメ，ビールを除く酒類，タバコ等販売品目に対する制限の緩和。（ベトナム）
A3. 投資の自由化	
(1) 外資出資比率規制の撤廃・緩和	
	①製造業投資における既進出外資企業についても，2003 年 6 月に認められた新規進出企業と同様，外資 100％出資まで容認。（マレーシア）
	②外資出資比率の一層の緩和。（フィリピン，タイ）
(2) 投資ライセンス等取得手続きの簡素化等	
	①煩雑で非常に時間がかかる投資ライセンス取得手続きの簡素化。（ラオス，ベトナム）
	②時間がかかる営業許可・企業登記の円滑化。（インドネシア，ミャンマー）
	③外資参入に関するネガティブリストの改訂。（インドネシア）
	④ 2009 年 1 月から可能となった外資 100％出資の販売会社設立における，2 店目以降設立の際に必要とされる Economic needs test の早急な制定。（ベトナム）
	⑤投資関連法令（ベトナム語・英語）のインターネットによる適時開示。（ベトナム）
	⑥事実上申請しても認められない外資によるサービス業の参入を認めるべく，外国投資法や会社法の運用を是正。（ミャンマー）
A4. 資本の自由な移動	
	①海外送金時の外貨取引の合法性を証明する銀行提出書類の軽減。（ベトナム）
	②域内資金調達に対する源泉非課税化。（ベトナム）
	③中央銀行のコアレートを基準とする公式相場と市場相場の乖離の解消。（ベトナム）
	④借入通貨制限を解消し，日系企業間取引の為替リスクを回避するため円建ての借入を容認。（ベトナム）
	⑤利益・配当送金を原則自由化するとともに，米ドル収入の海外送金と同様，現地通貨収入を米ドルに交換した海外送金の解禁。（ミャンマー）
	⑥多重為替レートの解消。（ミャンマー）
	⑦為替予約取引，外貨とバーツの交換取引，リインボイス事務における銀行提出書類の軽減。（タイ）
	⑧国内での外貨資金移動規制や国外への投融資金額上限規制の撤廃。（タイ）
	⑨国外向け配当・利息支払いの源泉非課税化。（タイ）
A5. 熟練労働者の自由な移動	
	①労働ビザ取得時間を短縮し技術者移動の自由化を高める域内共通簡易労働ビザ制度等の仕組みの構築。
	②エンジニア，看護師，建築士，測量技師，歯科医，会計士，開業医に係る国家資格の相互承認（MRA）について，測量技師以外も，早期に発効（2008 年 8 月までに署名済み）。

（資料） 在 ASEAN 進出日系企業からの要望書（2009 年 6 月 29 日付）。

3. 経済閣僚会議へのチャネルを持った在 ASEAN 日系産業界

2010 年の第 3 回対話で FJCCIA は昨年の反省を踏まえ，AEC ブループリントに沿った形で，ASEAN 全体または複数の国に共通する要望を抽出，提出することで軌道修正を図った。AEC ブループリントに記載されている統合措置 62 項について，全てを 2015 年までに実施することは現実的に難しい。そのため，日系産業界は，広範囲に亘る統合 62 項について，産業界の目線から優先して取り組むべき措置を順位付けしたうえで，更に同措置で改善すべき課題があれば，あわせて ASEAN 事務総長に提示する形式とした。

特に，「ASEAN 全体として取り組むべき課題」として ASEAN 事務局のイニシアチブにより解決されることが期待される次の 6 項目を採りあげた。6 項目とは，i) 税関手続き，ii) AFTA フォーム D 取得に関する問題，iii) 基準，認証，表示制度の合理化及び調和，iv) 知的財産権保護の徹底，v) ASEAN+1FTA について，vi) 産業人材の育成によるグローバル供給ネットワークへの参加，である。このうち，i) ～ iii) は「単一市場及び生産基地」実現にとって最も重要であり，域内における製造ネットワークを発達させることで，ASEAN が世界の製造センターまたはグローバルサプライチェーンの強力な核として機能出来る。iv) は，域内での産業活動の付加価値を高め且つ競争力向上に重要な政策である。v) は，ASEAN がグローバルサプライチェーンの強力な核となり，且つ投資先としても「ASEAN 中心主義」を維持していくため，ASEAN+1FTA の魅力を増大させ，利用促進に資する改善が不可欠である。vi) は，グローバルな競争が激化する中で，ASEAN 企業が競争力を強化し，域内での活動の付加価値を高めていくことは不可欠との観点から，各国産業の優位性に基づき，産業の高付加価値化，取引円滑化を担う人材の育成に注力することを要望した。

「ii) AFTA フォーム D 取得に関する問題」では，CTC ルールに基づいた原産性審査でも「コスト分析表」の提出が求められている実態の改善や，発給申請におけるインボイス提出の不要化，C/O 上の FOB 価格記載は ASEAN

域内貿易の拡大機会を逸しているとして記載義務の撤廃を求めていた。また，「ASEAN+1FTA」について，ASEAN+1FTAの中で，唯一ASEAN中国FTA（ACFTA）だけがリ・インボイスを認めていないとして改善を求めた。

2010年8月にはベトナム中部ダナンで開催された日ASEAN経済閣僚会議（AEM-METI）で，直嶋経済産業相は前月にシンガポールで開催されたASEANスリン事務総長とFJCCIAとの対話について，提言した6項目について，「ASEAN全体が投資先として更に魅力を増す形でASEAN経済共同体（AEC）を実現するには，こうしたビジネス界からの声に耳を傾け，日ASEANとが協力して事業環境を改善していくことが重要」と指摘し，「これら要望について検討して欲しい」と述べた。それを踏まえ経済相らは，第3回対話での成果を歓迎するとともに，ASEANの事務方に日本側の提案を検討するよう促した。また，同会議に出席したスリンASEAN事務総長は，AEC実現にはこれら国内外の産業界の関与が必要とした上で，マレーシア・クアラルンプールで開催される第4回目の対話にASEAN経済相が出席し，直接FJCCIAと対話することを提案，日ASEAN経済相から歓迎された。

2011年の第4回対話は，ASEAN事務総長との対話に加えて，初めて日ASEAN経済相とFJCCIAとの対話も行われた。これまで米国産業界は1984年から米国大手企業で構成される米ASEANビジネス評議会を通じてAEMに加えてASEANの財務相及び税関局長と定期的に対話を行い，ビジネス環境改善のための政策提言・制度改善要請活動を行い，米国企業の要望を直接伝えてきた。日本の産業界がASEANの経済閣僚と対話の機会を持つのは初めてである。

在ASEAN日系企業の場合，これまでの「投資環境改善」の意見具申や「ロビーイング」相手はあくまで各国政府であり，集合体としての「ASEAN」ではなかった。しかし現在，ASEAN各国政府が実施する規制緩和や自由化措置は，AEC実現に向けた統合措置の一環である場合も多い。そのため，漸く日本はASEANとの対話を通じた意見具申の重要性を理解しはじめた。

4. 在 ASEAN 日系産業界と日 ASEAN 経済相との対話

　2011 年，FJCCIA と ASEAN 事務総長との対話は初日に，日 ASEAN 経済相との対話は 2 日目に，それぞれ行った。日 ASEAN 経済相について，日本からは海江田経済産業相が，また ASEAN からはタイ，ベトナム，ミャンマーから副大臣が出席した他は，全て経済相自らが出席し，在 ASEAN 日系産業界と対話した。FJCCIA は，前回第 3 回対話で提示した要望のうち，優先的な取り組みを求める項目を抽出するとともに，幾つかの分野で新規要望項目を追加した。更に，ASEAN 経済統合の実現には公平な経済発展，つまり経済格差の是正が重要との観点から，メコン圏開発が AEC ブループリントで「ASEAN 統合イニシアチブ（IAI）」の主要な柱であることに鑑み，2010 年の「日メコン産業政府対話」[19] で産業界から提起された主な課題を加えた。更に，FJCCIA はこれら優先取組事項について，ASEAN 事務局及び加盟国に対し，2015 年の AEC 実現に向けたマイルストーンとして 2013 年頃迄の実施を目標に，集中的な改善に向けた取り組みに加え，進捗状況についてフォローアップするよう要請した。また，FJCCIA は，ASAEN 側が腰を据えて課題に取り組めるよう，2013 年迄の間は原則として新たに要望は行わないなど配慮した。

　ここでも，AFTA フォーム D 取得に関する問題として，前述の 3 項目を提示している。そのうち，C/O 上の FOB 価格記載義務の免除については，免除されるまでの期間，リ・インボイス利用の際は，リ・インボイス後の FOB 価格の記載を認めることを要望した。当時，プッシュパナターン・サンドラム事務次長は，これらの進捗状況について，インボイスおよびコスト分析表は各国発給機関が C/O 発給に際し，国内規則に基づき各々提出を求めているものであり，実現は簡単ではないとした。一方，「FOB 価格の不記

---

[19] メコン地域における産業政策に産業界のニーズを反映させるとともに，今後の発展でインフラを中心に需要拡大が確実視される同地域に対し，継続的に産業界の目を向けさせることを目的に 2010 年に開始された。同対話での議論は日メコン経済閣僚会議に報告されている。

載」については，ASEAN 原産地規則タスクフォースの中で提起され且つ議論されているとした上で，原則的に C/O が付加価値累積の用途に使われる場合を除き，C/O 上で FOB 価格記載を求めない方針で議論が進んでいることを報告した。しかし，それに対し，ミャンマーとカンボジアが「FOB 価格不記載」の方針に反対していると語った。

　また，域外国との FTA である ASEAN+1 FTA について，前回は ACFTA だけが唯一リ・インボイスを認めていないとして改善を要望していたが，産業界の声を踏まえ，ASEAN 側は中国との間で ACFTA 修正協議を継続的に実施，2010 年 10 月にリ・インボイス条項が含まれた第 2 修正議定書に署名，2011 年 1 月から仲介貿易でも ACFTA が利用出来るようになるなど，着実に要望が実現している。

　そのため，2011 年は，i）全ての ASEAN+1FTA の早期発効，ii）ASEAN+1 やその他関連する FTA の原産地規則で最も自由度が高い規則の採用，iii）協定書に MFN または FTA のいずれか低い税率を適用する旨の特別規定を置くとともに，MFN 税率よりも高い FTA 税率を課さないよう税関職員に周知徹底を図ることを要望した。

　特に，ASEAN+1FTA の早期発効について，インドネシアの取り組みが遅れていることが俎上にのぼった。インドネシアは日 ASEAN 包括的経済連携協定（AJCEP）の批准・発効が遅れており，同国企業は特に AJCEP の累積が出来ないでいる。FJCCIA は ASEAN 事務局に対し，早期発効に向け支援するよう要請しているものの，同協定が発効した 2008 年 12 月から既に 6 年近く経った 2014 年 10 月時点でも発効していない。

　また，ASEAN 事務局は原産地規則における最も自由度が高い規則の採用について，ACFTA の下で採用されている一般規則は，付加価値基準「域内原産割合 40％」のみであり，ASEAN 域内や日 ASEAN 等で採用されている付加価値基準と関税番号変更基準の「選択制」は未だ導入されていない。そのため，同事務次長は，「ACFTA 貿易交渉委員会が，原産地規則も含め FTA の見直し作業に着手する」ことを報告した。

　2 日目は FJCCIA と日 ASEAN 経済相との対話が初めて開催された。同対

話は，ASEAN 議長国であるインドネシアのマリ・パンゲストゥ商業相が議長を務めた。マリ商業相は冒頭「AEC 実現の要である産業界から，実行面での意見が聞けることは重要」と強調した上で，本対話の実施意義は，日本との間での「協力（コーポレーション）」と「協調（コラボレーション）」にあるとし，これを「コ・コ」（Co-Co）と称し，日系産業界との連携に期待を表明した。

スリン ASEAN 事務総長は日 ASEAN 経済相に対し，前日に開催された FJCCIA との対話を踏まえ，過去の日本側要望事項について問題解決に向けた進捗が見られるものがあることを報告した。一例として，AFTA の C/O における FOB 価格記載義務の廃止を採りあげ，「実施に問題があるとしているのはミャンマーとカンボジアのみ。他の加盟国は不記載でも問題はない」と要望の実現までもう少しのところまで来ていることを報告した。

ASEAN 各国の経済相からは基本的に対話に前向きな声が聞かれるが，事業環境改善には痛みを伴う場合もあることから様々な意見が出された。チャン・プラシッド商業相（カンボジア）は，ASEAN 側から日本に要望するなど双方向のコミュニケーションが重要と話した。しかし，同相は「FJCCIA からのインプットについて事務局を通じて AEM に（議題として）あげてほしい」と要望実現に向け前向きな反応を示した上で，「今後も AEM との対話を続けて欲しい」として次回の対話実施に期待感を表明した。

また，スリン事務総長から FOB 価格不記載に難色を示していると指摘を受けたことについてチャン・プラシッド商業相は，FOB 価格の不記載が難しい理由について，「FOB 価格の記載が不要になった場合，（調達が）カンボジア以外の国に向かってしまうのではないか」との懸念を表明した。そのため同相は「先発国と後発国それぞれで導入時期に差を設けるトラック 2 の設置を検討すべき」とした。

これら対話を経て，C/O 上の FOB 価格不記載要望は実現した。ASEAN 側は ATIGA における「運用上の証明手続き」（OCP）を改訂し，原産性審査に付加価値基準（RVC）を用いる場合を除き，FOB 価格の記載義務を撤廃することを決定した。ただし，日 ASEAN 経済相と FJCCIA との対話で懸念を

示していたミャンマーおよびカンボジアについては，2年間，実施が猶予されることで決着した。2014年1月以降，加盟国は順次，FOB価格の記載が求められない新フォームDの運用を開始した。FJCCIAとASAEN事務総長との対話がまた1つ実を結んだ形である。

　海江田経産相は，FJCCIA要望実現を通じた事業環境整備は，「最適生産ネットワークの構築，市場拡大効果に加えて，ASEAN全体の産業力強化にも繋がる」と話した上で，11月の首脳会議等の場を通じてトップレベルで「事業環境改善の重要性」の認識を共有すべきとし，FJCCIAからの要望を首脳会議でも採りあげることに期待を表明した。2010年以降，日ASEAN首脳会議の共同議長声明の中にFJCCIAの活動について毎年言及されるなど，各国首脳からもその取り組みは評価されるようになっている。

　FJCCIAとASEAN事務総長との対話は，日ASEAN経済相間でも重要なチャネルとして認識された。以降，同対話の結果について，FJCCIA議長及びASEAN事務総長とが毎年夏に開催される日ASEAN経済閣僚会議で経済相に報告するようになった。2012年8月にカンボジア・シェムリアップで行われた日ASEAN経済閣僚会議では，当時，FJCCIA議長であったバンコク日本人商工会議所会頭が出席，「2012年版要望書」の概要を説明した。

　FJCCIAの要望に対し，AEM-METIで議長を務めているカンボジア・チャンプラシット上級商務相は，「寄せられた様々な要望について，ASEAN側の対応や進捗状況一覧を開示する。問題が解決した事項からリストから外していく。仮に完了していない問題があれば指摘し続けて欲しい」として産業界からの要望実現に向けて真剣に取り組む意欲を見せた。その一方で「開発格差から導入が時期尚早として留保する国もあるが理解して欲しい」として一定の柔軟な措置の必要性も述べた。

　2012年版要望書は，ASEAN側に前年に提示した要望の実現に注力してもらう観点から，引き続き前回の8項目を要望した。その8項目は，①税関手続き，②AFTAフォームD取得に関する問題，③基準・認証・表示制度の合理化及び調和，④知的財産権保護の徹底，⑤ASEAN+1FTA，⑥産業人材の育成によるグローバル供給ネットワークへの参加，⑦日メコン産業政府対

話での要望事項，⑧その他要望，である。

　FJCCIA 要望の中に，「情報技術協定（ITA）改訂交渉への積極的参加」を掲げた。ITA とは情報通信機器や IT 関連品の円滑な取引と流通拡大に資することを目的に，加盟国が対象製品の関税を MFN ベースで削減・撤廃するものである。ITA は 96 年 12 月にシンガポールで開催された WTO 閣僚会議で，29 カ国・地域が IT 製品の関税を 2000 年までに撤廃することに合意したことに始まる[20]。97 年から関税引き下げを開始，2000 年までに段階的に撤廃した。但し，途上国については一部品目について 2005 年までの段階的な撤廃が容認されている。

　しかし，技術の進歩により IT 製品が多機能化，高機能化した結果，一部の ITA 参加国において恣意的な関税分類により課税されるケースが発生していること，従来の対象品目から外れる新たなタイプの製品が生み出されていること等から，対象品目の拡大の必要性が叫ばれてきた。その結果，2012 年 5 月に ITA 加盟国は同協定対象品目の拡大交渉を開始することに実質合意した。ASEAN は世界でも有力な IT 製品・部品の生産・供給基地であり，この拡大交渉は ASEAN にとって ITA 加盟国の関税削減を通じ輸出拡大が期待出来る。そのため，FJCCIA は新たに「ASEAN 事務局と ASEAN 加盟各国とが，IT 関連製品の生産拠点としての ASAEN の競争上の優位性による利益を享受するため，ITA 拡大交渉に積極的に参加することを強く推奨する」と要望した。

　日 ASEAN 経済閣僚会議で，シンガポールのリム・フンキャン貿易産業相は「FJCCIA として改訂 ITA 交渉の俎上に載せられるようリストを作成し提案して欲しい。それら品目が対象となるように交渉する。これは ASEAN 各国政府と FJCCIA 双方にとって有用」として ASAEN の日系産業界の意向を踏まえ交渉に望む方針を示した。それを受けて FJCCIA は各国日本人商工会議所会員に対しアンケートにより要望調査を実施した。ITA 調査結果は，FJCCIA 議長名で 2013 年 2 月 15 日付で 2013 年の議長国ブルネイのリムジョ

---

[20] 2014 年 8 月現在，ITA に加盟している国・地域数は 50（なお EU は関税同盟であり，1 つとカウント）。

クホイ第2外務貿易大臣宛に出状した。同リストは，その後ASEAN物品貿易協定調整委員会（CCA）から，ASEAN各国のITA担当部局に共有され，各国の交渉に活かされた。

5. 新たなステージに入る対話

　2008年にスリンASEAN事務総長の誕生とともに生まれたFJCCIAとASEAN事務総長との対話は，スリン事務総長が2012年末を以って退任し，2013年に就任したベトナム出身のレ・ルオン・ミン事務総長の下でも続いている。2014年6月にフィリピン・マニラで開催した第7回目となる対話では，FJCCIAはAEC実現の最終ステージとなる2014年から2015年の2年間を対象に，優先的に取り組むべき項目を提示した。FJCCIAは2014～15年にかけての具体的要望項目を，(a) 2011～13年の要望項目の中で引き続きフォローが必要な事項，(b) 2013年対話において14年以降の新規要望として提示した事項，(c)新たな要望事項，の3つに分類するとともに，2015年末のAEC創設後を見据えた中長期的な取り組み事項について，(d)ポスト2015，として再構成した。

　そのうち，(a)について，とりわけ日系企業がその進捗に高い関心を有し，ビジネス実態に促した運用改善を求めている事項は，i) 通関手続きにおける事前教示制度の導入徹底と運用改善，ii) ATIGAにおける産業界のニーズ・貿易慣行に即した自己証明制度の導入，iii) 原産地証明書フォームのFOB価格不記載の例外なき実現，などである。また，サービス自由化に関しては，ASEANサービス枠組み協定（AFAS）に従った各国の約束表が公表されているものの，個別業種の開放状況について国毎に大きなバラツキがあることが指摘されており，サブセクター内のすべての業種の例外なき自由化と国別の自由化実施状況に関する情報開示の徹底を求めた。

　(b)でFJCCIAは，非関税障壁（NTBs）の削減・撤廃に向けた取り組みの加速化の重要性を強調した。産業界にとっての具体的障害を再特定し，それを除去する有効な措置の提示が望まれる。FJCCIAおよびジェトロは2014

年に非関税障壁に関するアンケート調査を実施，特に問題と指摘された船積み前検査について，その必要性を踏まえた対象品目の見直しや二重検査防止の徹底を要望した。

(c)としては，ATIGA や ASEAN+1FTA の運用上の解釈の相違を是正する取り組み強化を求めた。FTA 利用に際し，条文解釈をめぐる見解相違により，原産地証明書の発給や輸入通関の段階で支障が出るなど様々な運用上の問題が各国で発生している。そのため，実態把握と個別問題に即した共通解釈設定などによる事態の改善を求めた。また，(d)のポスト 2015 として，ASEAN が実現した自己証明制度や C/O の簡素化など手続き・ルールを他のASEAN+1FTA へ波及させることの重要性を説いた。

これに対し ASEAN 事務局は，「i) 通関手続きにおける事前教示制度の導入徹底と運用改善」について，加盟国によって運用は異なるとした上で，ASEAN 通関手続・貿易円滑化作業部会（CPTF-WG）で事前教示結果を他国に共有する用意がある国に対し，AHTN（ASEAN 統一関税品目分類表）タスクフォースを通じた情報共有を図るよう呼びかけていると説明した。また，「ii) ATIGA における産業界のニーズ・貿易慣行に即した自己証明制度の導入」について ASEAN 事務局は，日本企業からの要望を十分に考慮し，現行のパイロットプロジェクトの評価を行うことを約束した。「iii) 原産地証明書フォームの FOB 価格不記載の例外なき実現」についても，ASEAN 事務局は，RVC で原産性審査を行う場合でも FOB 価格記載義務が撤廃出来るかについて，原産地規則専門家会議のもと議論を始めていることを紹介した。

また，ポスト 2015 に向け AFTA の取り組みを ASEAN+1FTA に拡大する要望について ASEAN 事務局は，ASEAN 中国 FTA の原産地規則について一層の自由化，貿易円滑化，また他の ASAEN+1FTA と調和した形に改訂するよう交渉しているとする。また，ASEAN インド FTA の原産地規則および品目別規則について 2014 年中にも改訂が実現する予定とした。

物品貿易では徐々に対話の成果が表れている一方，要望実現が難しい分野もある。例えば，サービスの自由化に関する FJCCIA 要望について ASEAN

事務局は，複数のセクターおよびサブセクターからの自由化対象業種の選択はASEAN各国の裁量に委ねられているとして，全ての業種の例外なき自由化が困難であることを暗に示した。

　ASEAN事務総長と在ASEAN日系産業界の対話は，既に2013年の対話で7回目を迎えた。日系産業界の要望をASEAN側で実現するには，加盟国全てで国内調整が求めれられるため，相当な時間と労力が必要であるが，その課題の解決に向けて日ASEAN双方の経済閣僚も巻き込みながら，物品貿易を中心に徐々に成果があがりはじめている。現在進められている東アジア地域経済連携（RCEP）等に代表される経済圏構想には，ASEANの経済統合自身の高度化・深化なくして，自由度の高い経済圏構築は困難である。特に，ASEANが中心となるRCEPは，環太平洋経済連携協定（TPP）と並び，アジア太平洋の経済統合「アジア太平洋FTA（FTAAP）」を目指す上で不可欠な鍵のうちの1つである。AECで出来ないことはASEAN10カ国が参加しているRCEPでも出来ないことから，AECをいかに自由化水準の高い共同体にしていくかが重要であり，FJCCIAの取り組みはこの作業に少なからず貢献していると言えよう。

第5章

ASEAN統合に備えメコンの活用に踏み出す企業

1. 域内投資が拡大するASEAN

　1990年代後半に漸くASEANに加盟したCLMV（カンボジア，ラオス，ミャンマー，ベトナム）であるが，投資先として先に工業国化に向けて飛躍したベトナムを尻目に，残ったCLMは「インフラ不足」「市場規模が矮小」などと言われ，長年にわたり工業化のきっかけが掴めずにいた。近年，中国や隣国タイの「変調」もあり，漸くそれら国々に投資が向かいはじめた。

　これまでタイやマレーシア，インドネシア等ASEAN先発加盟国は主に先進国からの投資を受け入れることで工業化・経済成長を果たしてきた。近年，ASEANではシンガポール，マレーシア，タイ等が対外投資国としての機能を徐々に高めた結果，特に域内投資でこれら国々の存在感が年々増している。特に，漸く投資が向かい始めたCLMには，ASEAN域内，特に製造業では隣国タイから向かう事例が増えている。いわゆる「タイプラスワン」の動きである。

　2012年のASEANの域内外別直接投資受入統計では，ASEAN投資受入全体における域内からの割合は18.3％であるが，CLMではその比率が高く23.8％を占めている。特にカンボジアで全体の3分の1，ラオスで4分の1が域内からの投資である（表II-17）。

　CLMに進出する企業が増えている背景には，隣国タイの「変調」が少なからず影響している。法定最低賃金「全国一律300バーツ」を掲げ2011年の総選挙に大勝し誕生したインラック政権は，産業界の反対を押し切る形で半ば強引に同措置を導入した。大洪水の影響から，導入時期を当初の2012

表II-17　ASEAN各国の域内外別直接投資（2012年）

（単位：100万ドル，％）

国名	投資金額 域内	域外	投資額計	シェア 域内	域外	投資額計
ブルネイ	n.a	n.a	n.a	n.a	n.a	n.a
インドネシア	8,027.0	11,826.4	19,853.4	40.4	59.6	100.0
マレーシア	2,813.9	6,586.1	9,400.0	29.9	70.1	100.0
フィリピン	145.2	2,651.8	2,797.0	5.2	94.8	100.0
シンガポール	7,286.6	48,885.4	56,172.0	13.0	87.0	100.0
タイ	(89.7)	10,786.7	10,697.0	-0.8	100.8	100.0
ASEAN 6	18,182.9	80,736.5	98,919.4	18.4	81.6	100.0
カンボジア	523.0	1,034.1	1,557.1	33.6	66.4	100.0
ラオス	73.6	220.7	294.4	25.0	75.0	100.0
ミャンマー	118.0	1,034.3	1,152.3	10.2	89.8	100.0
ベトナム	1,262.5	7,105.5	8,368.0	15.1	84.9	100.0
CLMV	1,977.2	9,394.6	11,371.9	17.4	82.6	100.0
(参考) CLM	714.7	2,289.2	3,003.9	23.8	76.2	100.0
ASAEN 全体	20,160.1	90,131.1	110,291.2	18.3	81.7	100.0

（資料）　ASEAN 事務局。

年1月から先送りし，2012年4月1日からバンコク都及びその周辺県，プーケットの7都県で，残る70県は同4月1日に一律40％引き上げ，その上で2013年1月に300バーツまで引き上げた。最低賃金の大幅な上昇とその全国一律化の動きは，これまで安価な賃金を求めてタイ，特に地方部に進出した企業の事業環境を一変させた。アジア主要国の日系企業の賃金水準（基本給・月額／製造業・作業員）についてバンコクを100とした場合，メコン地域の国々は，ベトナムで半分以下の賃金水準であり，更にタイと国境を接するCLMは3分の1から5分の1の水準である（図II-10）。

　ジェトロがバンコク他7都県での最低賃金300バーツ導入直前に実施したアンケート調査[21]によれば，最低賃金引き上げの営業利益に対する影響を聞

21　2012年3月13日にジェトロバンコク主催の「最低賃金セミナー」で調査を実施。アンケート配布数は186社，うち回答数117社（製造業70社／非製造業44社／その他3社），回答率は62.9％であった。

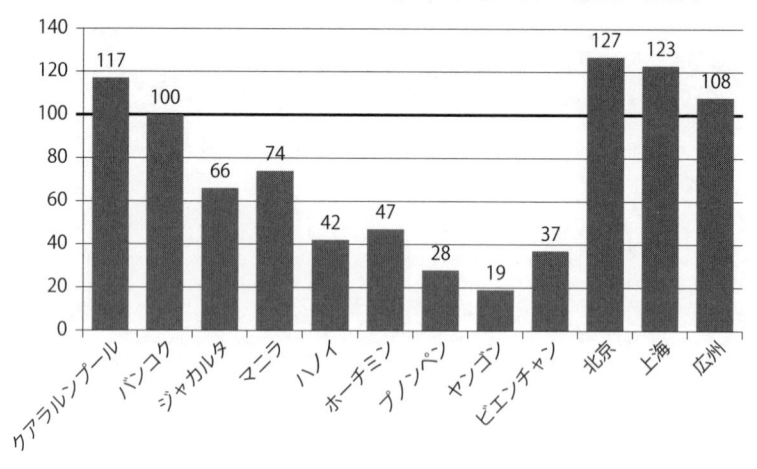

図 II-10 アジア主要国の日系企業の賃金水準（基本給・月額／製造業・作業員）

都市	指数
クアラルンプール	117
バンコク	100
ジャカルタ	66
マニラ	74
ハノイ	42
ホーチミン	47
プノンペン	28
ヤンゴン	19
ビエンチャン	37
北京	127
上海	123
広州	108

（注）　バンコクの平均月額賃金（366ドル）を100とした。
（資料）　アジア・オセアニア主要都市・地域の投資関連コスト比較（2013年10〜11月調査）。

いたところ，製造業70社のうち「マイナスに影響する」と回答したのは実に94.3％（66社）に達した。「営業利益にマイナスに影響する」とした企業の平均営業利益減少率は15.2％にのぼった。

　労務費上昇に耐えられない地方部の地場中小企業や国際競争力を喪失する懸念がある輸出指向型企業を中心に，事業閉鎖を余儀なくされた企業が多数出た一方，周辺国で事業継続を図る事例もみられる。日系企業の中には，タイ国境をわずかに越えた周辺国に衛星工場・分工場を設置し，既存工場の生産ラインの一部労働集約的な工程を切り出し，周辺国の衛星工場に移管する動きがある。

　また，2006年9月のタクシン追放クーデター以降，毎年のように繰り返される国内騒乱，そして2011年の大洪水を経験し抜本的な洪水対策の必要性が認識されているにも関わらず，その治水工事開始に目途すら立っていないこと等，在タイ日系企業を不安にさせる要因が山積している。

　タイにはバンコクを中心に，半径150km，車で2時間圏内にASEAN随一の産業集積が構築されている。帝国データバンクによれば，2014年2月時

点でタイに進出している日本企業数は全体で 3924 社，うち製造業でも 2198 社にのぼる[22]。タイの変調に対し，在タイ日系企業の一部は，隣国のカンボジアやラオスを利用することで，その「解」を見出そうとしている。現在，タイからの投資が国境を越えて衛星工場としてカンボジアやラオスに染み出し始めている。これら国々の衛星工場は，これまでタイ工場内で完結させていた工程のうち，概して労働集約的で且つ比較的単純な工程を担う。

　日本電産グループの SC ワドー社は，タイ側サケオ県アランヤプラテート国境を越えたカンボジア・ポイペト市郊外にハードディスク駆動装置（HDD）用筐体部品ベースプレートの生産拠点を設け，2013 年 2 月に本格稼働に入った。同社がカンボジアに進出したのは，同生産品はこれまで中国とタイでの自社生産と一部外部調達していたが，2011 年のタイ大洪水がきっかけである。同社は 2011 年のタイ大洪水で調達が一時困難になったことからカンボジア工場の設置により自社生産比率を高め，安定調達を目指す。

　一方，アユタヤ県ロジャナ工業団地で被災したニコンは，タイ東北部ムクダハンから第 2 メコン国際橋を超えたラオス・サバナケート県サワンセノ SEZ にニコンタイランドの分工場を 2013 年 9 月に稼働させた。ニコンはタイで一眼レフカメラの約 95％を集中生産していたが，2011 年大洪水で全世界の供給拠点が直接被災，生産停止を余儀なくされた。その洪水経験から生産工程の同時停止リスクの回避，生産コスト削減，タイ国内協力工場等の労働力確保難の顕在化で今後の増産可能性は早晩限界を迎えることが明らかになってきたこと等により，主力普及機の一部工程をラオスに移管することを決めた。また，サプライヤー・協力会社等もニコンに続いて進出する模様である。

　一方，これまで日本「本国」からの投資に期待してきた CLM も，タイの変調を機会に，タイと連結性（コネクティビティ）を強めることで在タイ日系企業の投資を引き出そうとしている。これら国々は，AEC のもと関税および非関税面での国境障壁を削減・撤廃することで，更なる投資誘致が出来

22　ただし日本側ベースでカウントしているため，複数の現地法人を有していても 1 社とカウント。

ることがわかれば，AEC の国境を巡る取り組みは更に加速化することが期待される。

2. タイの産業集積を活用する ASEAN 後発加盟国

　CLM は裾野産業がほぼ皆無であり，進出企業の現地調達は非常に限られている。その一方で，これら国々はタイに隣接するなどの立地条件から，タイの産業集積を活用出来る環境にある。在アジア・オセアニア日系企業実態調査（2013 年 10 〜 11 月実施／ジェトロ）によれば，日系製造企業の平均現地調達率は金額ベースで，カンボジアで 10.7％，ラオスも 11.0％，ミャンマーに至ってはわずか 3.3％のみ。一方，ASEAN 域内からの調達比率はカンボジアとラオスで高く，各々 36.6％，42.7％と日本からの調達（各々 22.5％，18.7％）を大きく上回る（図Ⅱ-11）。これら両国では隣接するタイやベトナムとの連携をベースに事業運営体制が構築されている。

　一方，ミャンマーは様相が異なる。タイとミャンマーとは隣接するものの，これまで主要な国境では日用品や食品等の小口取引・輸送が中心であった。これは，ミャンマー側国境周辺の道路等インフラの未整備もあるが，ミャンマー人以外の越境は日帰りに限られ，また外国人立ち入り禁止区域が

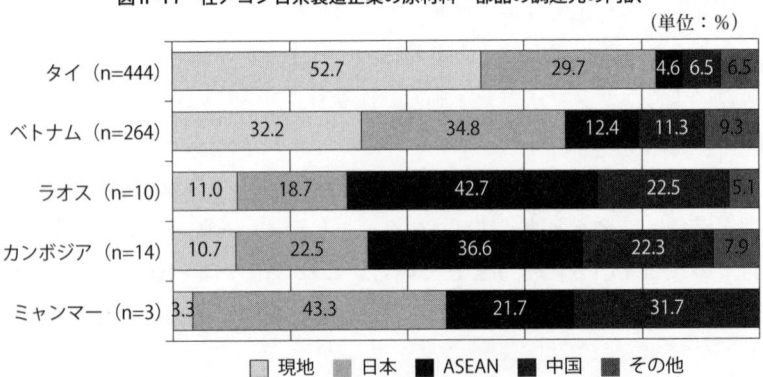

図Ⅱ-11　在メコン日系製造企業の原材料・部品の調達先の内訳

(単位：％)

	現地	日本	ASEAN	中国	その他
タイ（n=444）	52.7	29.7	4.6	6.5	6.5
ベトナム（n=264）	32.2	34.8	12.4	11.3	9.3
ラオス（n=10）	11.0	18.7	42.7	22.5	5.1
カンボジア（n=14）	10.7	22.5	36.6	22.3	7.9
ミャンマー（n=3）	3.3	43.3	21.7	31.7	

（資料）　2013 年度　在アジア・オセアニア日系企業実態調査（ジェトロ）。

至る所にあるなど，主要な物流ルートとなる要件を満たしていなかった。しかし，2013年8月に外国人の国内移動が自由化されるとともに，ビザ残存期間内であれば滞在が可能になったこと，入国・出国する国境を変えることが可能になるなど国境にかかる規制が大幅に緩和された。そのため今後，ミャンマーとタイとの陸路輸送を通じた連結性はカンボジアやラオス同様に確実に高まっていくことが見込まれる。しかし，ボトルネックは両国で最大の国境メソット（タイ）・ミャワディー（ミャンマー）間を流れるモエイ川に架けられた友好橋である。同橋梁からはこれまで複数の亀裂が見つかっており，重量制限のため通行が出来るのは中小型トラックにほぼ限られている。大型トラックの場合は橋の手前で中小型トラックに，更に橋を渡って再び大型トラックへと，2度の積み替えが必要になる。ミャンマーがタイとの連結性を高め「タイプラスワン」の候補に躍り出るには，それらハード・インフラの改善が急務である。橋梁については2014年8月，タイ・ミャンマー両国は現在の友好橋から約1マイル北に，大型トラックも通行可能な第2友好橋を2015年初めから建設開始することで合意するなど，ボトルネック改善に向けた動きがみられる。

　CLMの中でも「タイプラスワン」の最有力候補としてあげられるカンボジアに注目すると，同国はこれまで，ポル・ポト政権による虐殺，地雷，貧困等の負のイメージばかりが喧伝されてきたこともあり，長年，「工場不毛の地」と揶揄されてきた。そのカンボジアに繊維等軽工業のみならず機械産業分野でも徐々に進出が始まっている。カンボジア日本人商工会加盟企業数は2009年4月時点で35社に過ぎなかったが，2010年頃から加速化，2014年6月時点で135社[23]に達した。そのうち製造業は，前述の通りタイ拠点の工程の一部を担う「衛星工場」，いわゆる「タイプラスワン」としての役割を任されている場合も多い。

　タイとカンボジア両国を繋ぐのは南部経済回廊である。同回廊はバンコクからプノンペン，そしてベトナム・ホーチミンまで約900kmを繋ぎ，タイ

23　準会員（在外企業等）31社，特別会員（政府機関等）6社をあわせると計172社。

からの陸路での調達を支える在カンボジア日系企業の「生命線」である。一方，南部経済回廊の東側であるプノンペン・ホーチミン間はカンボジア国内ネアックルン地区でメコン川によって回廊が断絶されている。2011年から日本政府による無償資金協力で三井住友建設が架橋工事を行っており，2015年3月に完成する。ネアックルン橋はホーチミンとバンコクとをカンボジアを通じて物理的に繋げ，カンボジアのタイ，ベトナム両国からの安定的な調達・供給環境が整うことになる。

3.「タイプラスワン」戦略を支える国境障壁低減化措置

「タイプラスワン」戦略を支えるのは，メコン地域を縦横に走る経済回廊等のハード，そしてASEAN経済共同体（AEC）実現に向けたソフト面での制度整備とその実行である。メコン地域では，「国境」に横たわる障壁を，可能な限り軽減・除去し，「擬似的」な国内取引を目指す。そのことがCLMが投資を誘致する上での鍵である。

関税面では，AFTAのもとCLMV各国は，2015年1月に総品目数の7％の品目を除き域内関税を撤廃する。これら7％は3年間の猶予が与えられ，2018年に撤廃される。現在，全9558品目のうちCLMVで全体の72.6％で既に域内関税を撤廃，残る品目のほとんどが関税5％以下にまで削減されて

表II-18　CLMV各国のAFTAによる関税削減状況（2013年12月時点）

	総品目数	関税率0％	総品目数に対する割合	0％超	0％超5％以下	総品目数に対する割合	5％超	その他
カンボジア	9,558	5,700	59.6％	3,858	3,706	38.8％	152	0
ラオス	9,558	7,525	78.7％	2,033	1,585	16.6％	361	87
ミャンマー	9,558	7,614	79.7％	1,944	1,884	19.7％	−	60
ベトナム	9,558	6,905	72.2％	2,653	2,365	24.7％	98	190
CLMV	38,232	27,744	72.6％	10,488	9,540	25.0％	611	337

（注）　AHTN2012バージョン。
（資料）　ASEAN事務局資料（2014年1月）から作成。

いる（表II-18）。

　一方，通関手続き面では，通常，陸路で国境を越えて部材や完成品等貨物を動かす場合，輸出通関直後に輸入通関手続きが待っている。また，貨物も国境で相手国側車両に積み替えることになる。しかし，多国間・二国間協定により，それら手続きを簡素化しようとする動きが始まっている。例えば，輸出入両国共同で通関検査を行う「シングルストップ検査」や両国車両の相互乗り入れを実現する「越境一貫輸送」がその代表例である。

　タイ・カンボジア間で貿易量が最も多いアランヤプラテート（タイ）・ポイペト（カンボジア）国境では，2012年6月からトラック及びバスで各国40台を上限に相互乗り入れを認めている。相互乗り入れの可能化は積み替えを不要化し，輸送時間の短縮，貨物破損リスクを軽減する。陸路輸送で常につきまとう「片荷問題」も，タイ・カンボジアのグループ工場間での貨物量の均衡化を通じ解決でき，輸送コストの低減を可能にする。メコン地域全体を戦略的に面で活用するには，CBTA（越境交通協定）の全面発効が待たれる。

　CBTAは越境交通実現に向けソフトインフラの整備を目指すものであり，①シングルストップ／シングルウィンドウの税関手続き，②交通機関に従事する労働者の越境移動，③検疫などの各種検査の免除要件，④越境車両の条件，⑤国際通過貨物（トランジット）輸送，⑥道路や橋の設計基準，⑦道路標識や信号に関する事項などについて規定するものである。CBTAは協定本体と17の付属文書，3つの議定書から成る。現在までにラオス，ベトナム，カンボジア，中国はすべての文書で批准が終了しているが，タイは2014年8月時点で5つの付属文書，ミャンマーは2つの付属文書と1つの議定書が，それぞれ批准待ちである（表II-19）。メコン地域を「単一の市場と生産基地」化し，真に「面」として活用出来るかどうかは，タイ・ミャンマー政府の努力とリーダーシップにかかっている。

　関税および非関税措置・障壁の低減に加え，緩やかな外資規制も加わり，サービス業のASEAN後発加盟国への進出が始まっている。2014年6月末，プノンペン中心部に3階建ての「イオンモール・プノンペン」がオープンし

表II-19 タイ・ミャンマーのCBTA付属書および議定書の批准動向（2014年8月現在）

文書の種類	分署名	署名日	タイ	ミャンマー
越境交通協定		2003年9月19日		
付属文書1	危険物の運搬	2004年12月16日	－	○
付属文書2	国際輸送の車両の登録	2004年4月30日	○	○
付属文書3	腐敗しやすいモノの運搬	2005年7月5日	○	○
付属文書4	越境関連手続きの簡素化	2004年4月30日	－	○
付属文書5	ヒトの越境移動	2005年7月5日	○[注2]	○
付属文書6	トランジット輸送と内陸通関体制	2007年3月20日	－	○
付属文書7	道路交通規制と標識	2004年4月30日	○	○
付属文書8	自動車の一時的輸入	2007年3月20日	－	○
付属文書9	越境輸送業務のための輸送免許の基準	2004年12月16日	○	○
付属文書10	輸送条件	2005年7月5日	○	○
付属文書11	道路・橋梁設計と構造基準・詳細	2004年4月30日	○	○
付属文書12	越境とトランジット・サービスおよび施設	2004年4月30日	○	○
付属文書13A	マルチ・モーダル輸送業者の責任体制	2004年4月30日	○	－
付属文書13B	越境輸送業務のためのマルチ・モーダル輸送業者のための免許基準	2004年12月16日	○	－
付属文書14	コンテナ通関体制	2007年3月20日	－	○
付属文書15	商品分類システム	2004年4月30日	○	○
付属文書16	運転免許基準	2004年12月16日	○	○
議定書1	回廊、ルート、出入口の指定	2004年4月30日	○	○
議定書2	トランジット輸送に関する料金	2005年7月5日	○	○
議定書3	輸送サービスの頻度と有効範囲および許可と割当の発行	2007年3月20日	○	－

(注) 1 ラオス、ベトナム、カンボジア、中国はすべての文書を批准済み。
    2 タイの批准は同付属文書のPart 1～4のみ。
(資料) アジア開発銀行資料及びヒアリングをもとに筆者がまとめた。

た。同モールには国内外から186テナントが入居，そのうち49テナントは日系企業である。イオンモールにこれだけの小売店やレストラン等テナントが集まるのは，同モールの中間層や富裕層に対する集客力への期待もあるが，カンボジアの緩やかな外資規制も大きく後押しした。例えば，小売業の場合，タイでは外資出資比率は49％以下に制限されている。独資での進出は資本金1億バーツ以上，または店舗あたり資本金2000万バーツ以上が求められる。ラオスの場合，更に厳しく外国出資比率は25％未満のみ。これらの国々では，残る出資が可能な地場パートナーを見付ける必要がある。ミャンマーに至っては運用上，外資の参加すら認められていない[24]。一方，カンボジアは，外資に対する出資制限はなく独資で進出出来るなど，他のASEAN加盟国に比べ進出し易い環境が整っている。

　「タイプラスワン」を担う工程の部材や部品，イオンモールで販売される商品の多くは，隣国タイやベトナムから陸路で国境を越えて運ばれる。そのため，国境での確実なAFTA特恵関税の適用や越境一貫輸送等を実現する各種国境円滑化措置は，カンボジアが引き続き投資を惹き付ける「鍵」と認識されつつある。

4. 局地的にとどまる「タイプラスワン」拠点

　カンボジアやラオスは「タイプラスワン」の候補ではあるが，その国土全体がその対象とは言い難い。例えば，カンボジアには現在までに32カ所の経済特区（SEZ）がある。うち2014年9月現在，稼働しているのは8つのみ。しかし，製造業を担うに足るインフラが整備された環境を備えるSEZは決して多くはない。具体的には，日本政府がODAで支援したシハヌークビル港SEZやプノンペンSEZなどごく一部にとどまる。多くのSEZは，賃料自体は安価なものの，上下水処理設備がなかったり，バックアップ用電源がなく停電リスクは入居企業自ら負わねばならない。その結果，自らの責

24　ただし日本経済新聞（2014年7月27日付）は，ミャンマー政府が小売業も含めた流通業の外資規制を撤廃する方針を固めたと報じている。

任・負担で製造に専念出来る環境を整備する必要がある。

　シハヌークビル港 SEZ は，日本政府の ODA 事業で開発されたこともあり，国際水準のインフラが整った SEZ である。更に，2013 年 11 月には企業が初期投資コストを抑えられるようレンタル工場を設置した。現在までに，王子製紙，大阪のタイキ（化粧品・化粧用具製造）が工場を設置した他，レンタル工場への入居を決めた企業もある。タイのレムチャバン工業団地同様，国際深海港に隣接しているため，原材料や部材の輸入や製品輸出面でリードタイムと物流コスト面で優位性を持つ。現在はその立地条件に魅力を感じる企業の投資が多いが，タイ工場との繋がりをベースに事業を展開する「タイプラスワン」拠点になる可能性も秘めている。バンコクから東南部トラート県ハートレックとカンボジア側コッコンの国境からシハヌークビル港までは距離にして約 240km 強。現在は，山あいの道が続くことから普通車でノンストップでも約 5 時間を要するが，所々で拡幅工事が行われており，今後，走行時間の短縮が期待出来る。

　一方，カンボジア最大の「タイプラスワン」拠点であるプノンペン SEZ は，タイ国境から 450km 弱，普通車でノンストップでも 6 時間強を要する。日本で不動産業を営むゼファーが出資し開発した同 SEZ には，2014 年 6 月現在で 72 社が入居しており，うち日系企業は 41 社。この中には，デンソー，ミネベア，住友電装等機械分野の大手企業が数多く名を連ねる。発電施設や上下水設備等インフラが十分に整備されている中で，プノンペン中心部から約 18km という近接性も人気が高い理由である。

　その一方，近年，カンボジアでは労働者の賃上げ要求や暴力行為に発展しかねない労働争議，そして同争議の利用を狙う政治勢力の台頭等政情流動化がリスクとして懸念される。2013 年末にベトナム国境付近バベット地区の SEZ で賃上げを求め労働争議が発生した。その争議は救国党の反政府デモ[25]と合流，首都プノンペンにまで拡大した。

25　2013 年 7 月の国民議会選挙で与党人民党は議席数を 90 から 68 に減らす一方，サム・ランシー率いる野党救国党が 55 議席と躍進した。しかし，救国党は投票で多数の不正があったとして，約 1 年に亘り議会をボイコットした。

これら争議を受け労働諮問委員会は，一旦は最低賃金80ドルを毎年引き上げ，今後5年（2018年）かけて2013年比2倍の160ドルにすることを発表した。この賃金水準は工業化で先を行くベトナムを大きく上回り，仮に実行されればカンボジアへの投資に急ブレーキをかけるのは明らかであった。そのため，発表から1週間後，労働大臣は先の決定を取り消し，最低賃金を2014年2月から100ドルへ引き上げることのみを決めた。企業からは政府のバランス感覚を評価する声があがっているものの，一旦は獲得した大幅な賃上げが覆された。外部労働組合や労働者側は不満を募らせており，依然として火種は燻っている。

　近年，投資先のみならず市場としても注目されはじめたメコン地域であるが，依然として所得水準は低く，また必ずしも事業展開に十分なインフラが整っているとは言い難い。これらASEAN後発加盟国のリスクを抑えながら，メコン地域をいかに「面」で活用することが出来るか，その戦略構想力が問われている。

5. ASEAN経済統合の深化に向けて

　ASEANは加盟国の主体性を重んじ緩やかな統合体として運営されている。そのため，「地域的約束を実施する政治的意志」は，加盟各国にとってより重要である。市場統合について加盟各国からASEAN首脳会議や同事務局に主権の委譲が行われているわけではない。ASEAN内で決めた統合措置の実施は，加盟各国政府が法令化，行政指導を通じ，あくまで国内措置として実施する。

　一方，地域統合の先駆けであるEUの場合，統合措置に関する権限はASEANに比べ強化されている。具体的には，EU規則の場合，加盟国の立法手続きを経ることなく直接的に加盟国に適用される。一方，EU指令の場合は，加盟国に対し所定の期間内に国内法の改正・整備を求めるなど，EUの権限はASEANに比べて強化されている。仮に，加盟各国がEUの基本条約に違反する行動をとった場合，EU政府とも言われる欧州委員会がEU条

約違反で欧州裁判所に提訴することもあり，強制力を兼ね備えている。

　ASEAN が EU の統合と距離を置く理由に，内部に「行き過ぎた地域統合が欧州債務危機を深刻化させた」との見方がある。2008 年のリーマンショックに端を発した金融危機は欧州にも飛び火，翌 2009 年にギリシャで財政危機が顕在化，以降，南欧を中心に瞬く間に信用不安が拡散した。EU はユーロ導入で単一金融政策を採った一方で，財政政策は各国に委ねられていたことから，財政規律が緩い一部加盟国でソブリン・リスク（国家の信用リスク）が顕在化，債務不履行（デフォルト）寸前になるなど欧州債務危機と呼ばれるまでに拡大した。経済統合深化のリスクを目の当たりにした ASEAN は，経済統合に向けた歩みは続けながらも，その歩み自体は一層慎重になっている。

　2008 年から進めている ASEAN の経済統合作業は第 4 コーナーを周ろうという重要な時期を迎えているが，シンガポールやマレーシア等これまで統合を牽引してきた国々も，国内支持基盤の不安定化から，より政策を内向きにシフトしている。マレーシアは，2009 年のナジブ首相就任後，サービス業 27 業種の自由化（ブミプトラ資本 30％出資義務撤廃）等ブミプトラ政策の改革に着手したものの，2013 年 5 月の総選挙で与党連合は議席数を減らし，過半数を確保するのがやっとであった。同政権は支持基盤強化を狙い，事業開始資金の融資拡大や政府調達の優先的発注等新たなブミプトラ政策の導入を表明するなど，これまでの取り組みから逆行する動きを見せている。

　前述の通り，ASEAN での統合措置実施は，加盟各国政府が法令化，行政指導を通じ，あくまで国内措置として実施する。現在，複数の加盟国で政治情勢が流動化しており，これら混沌とした政治情勢は，各国における統合措置実施の遅延に直結しかねない。ASEAN が東アジア地域の経済圏構築の「ハブ」になり，引き続き「ASEAN 中心主義」を発揮するには，強い政治的リーダーシップが何よりも不可欠である。

参考文献

石川幸一・清水一史・助川成也編著『ASEAN 経済共同体と日本』文眞堂，2013 年。
石川幸一・清水一史・助川成也編著『ASEAN 経済共同体』日本貿易振興機構（ジェトロ），2009 年。

日本貿易振興機構（ジェトロ）「在アジア・オセアニア日系企業活動実態調査」（2013 年度調査）。
日本貿易振興機構（ジェトロ）「アジア・オセアニア主要都市・地域の投資関連コスト比較（2013 年 10 〜 11 月調査）。
末廣昭・伊藤亜聖・大泉啓一郎・助川成也・宮島良明・森田英嗣著『南進する中国と東南アジア：地域の『中国化』』東京大学社会科学研究所，2014 年。
山澤逸平・馬田啓一・国際貿易投資研究会編著『アジア太平洋の新通商秩序』勁草書房，2013 年。
世界銀行「Trends in average MFN applied tariff rates in developing and industrial countries, 1981-2010」（2014 年 7 月 8 日閲覧）。

（助川成也）

第 III 部

東アジア大統合の展望
～TPP，RCEP，AEC のメガ FTA の将来図

はじめに

　東アジア地域統合の中心に位置し，6億人の人口を抱えるASEANは，中間所得層の成熟に伴い，消費，生産の両面から，有望な成長市場として期待されている。だが，外資の集積で一定の発展は遂げたものの，一部に少子高齢化の影が広がり始めている。人件費の上昇や自国産業の育成が不十分なため「中進国の罠」に陥りつつある国もある。民主主義の未成熟さから，深刻な腐敗や，社会が不安定な状況に陥る局面も散見される。一方，中国は経済協力などによる影響力を駆使して，南シナ海の領有権問題などでASEAN分断を図ろうとしている。
　第Ⅲ部では，ASEANが抱える「死角」を分析し，この地域が将来も安定成長を続けるうえでのボトルネックの部分や，克服すべき課題を探る。日本企業にとっても，今後のASEAN戦略を定めるうえで，避けて通れないテーマといえるだろう。
　加えて，2015年末に創設されるASEAN経済共同体（AEC）の実像を分析し，AECがどのような姿になるのかを示す。AECが創設されれば，ASEAN市場は名実ともに一体化し，貿易や投資・サービス分野のあらゆる面が自由化されるという期待値が先行している。だが，果たしてそうなのか。質の高い自由化が進んで真の共同体が生まれるのか，もしくは自由化の例外分野が多い「名ばかり共同体」にとどまるのか，その見通しをひも解いてみたい。
　最後は，ASEANを軸とする東アジア大市場統合時代の展望である。東アジアでは環太平洋経済連携協定（TPP），東アジア地域包括的経済連携（RCEP），AEC，日中韓など，様々なメガ地域統合が同時並行的に動き出しているが，これらの市場統合は将来的に，どのような枠組みへと変貌を遂げていくのだろうか。
　それぞれの地域統合構想の枠組みや交渉の問題点などを整理しつつ，複数

のメガ統合は結合が可能なのか，その場合，ASEANと日本，米国，中国，韓国，インドなどのプレーヤーはどのような対応や妥協が必要なのか，そして，日本やアジア経済にどのような利益がもたらされるのか——などの点を，中長期的な視野を絡めながら考察する。

第1章

「緩やかな共同体」ASEAN の死角

1.「巨大な隣人」中国, 経済は共栄, 安保は ASEAN 分断の脅威

　ASEAN と中国の FTA は 2010 年に完成した。中 ASEAN 間の貿易額は, 2001 年に朱鎔基首相と ASEAN 各国首脳が FTA 創設に合意してから 10 年後の 2011 年には, 10 倍近くに膨らんだ。国際通貨基金（IMF）統計によると, 2001 年に 337 億ドルだった双方間の貿易額は 2011 年には 3346 億ドルへと拡大した。FTA の効果も相まって, 中 ASEAN の経済的な共存関係は着実に強まっている。

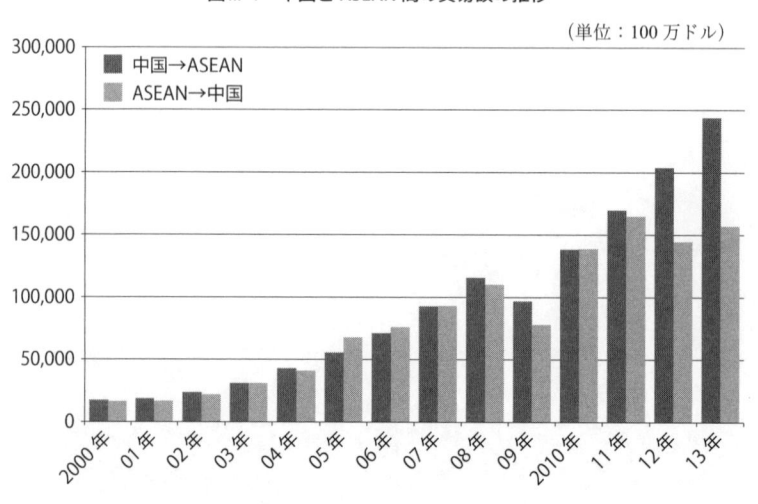

図III-1　中国と ASEAN 間の貿易額の推移

（単位：100 万ドル）

（資料）Direction of Trade（IMF）.

経済緊密化の恩恵は，ASEAN 各国の地方の農村部まで波及している。例えば，タイ北部チェンマイ県の山裾に広がる広大なゴム農園。タイ政府は貧しい地方農家の所得対策として，国際的に高値で売れるゴムへの転作を奨励しており，ゴム産地は，従来のタイ南部から北部へと拡大した。

　タイ国内の生産量の 4 割は，「世界の自動車工場」に成長した中国に輸出され，タイヤなどの原料に使われている。中国の自動車市場が拡大すればするほど，タイ北部のゴム農家が潤う構図が出来上がっている。チェンマイ近郊のゴム園やゴム加工会社の経営者などは，「中国の経済成長で地元の所得環境も改善されている」と口々に恩恵を語った。

　双方間の貿易・投資活動の活発化に伴い，ASEAN 内では中国通貨・人民元の流通が一段と浸透してきた。中国人民銀行（中央銀行）は 2009 年以降，タイ，シンガポール，インドネシア，マレーシアの中央銀行と，通貨危機が発生した際に通貨を融通しあう通貨交換協定を相次いで結んだ。さらに，米ドルなどに加えて，人民元建ての決済を増やすよう各国に求めている。

　中国は，ASEAN 内で人民元の流通量を増大させて，将来的な「アジアの基軸通貨」としての基盤固めを図ろうとしているのは明白だ。英スタンダード・チャータード銀行のエコノミスト，タイ・フイ氏（シンガポール駐在）は，「（南シナ海問題などの）中国と ASEAN が抱える地政学的な問題は貿易活動には影響せず，経済の共存関係はさらに強まるだろう」と指摘し，近い将来，人民元は「アジアのドル」として頭角を現すと予測した。中国は通貨の面からも，ASEAN 経済への影響力や支配力を強めようとしている。

　中国が ASEAN との経済関係を強化するもう 1 つの狙いは，インドネシア，ブルネイ，ミャンマーなど ASEAN 域内に埋蔵されている石油，天然ガス，石炭や希少金属などの豊富な資源を獲得することだ。

　インドネシア政府が 2012 年に 65 種類の鉱石資源を対象に，インドネシア国内で精錬まで行わなければ高い輸出税を課すとの政策を打ち出した際，巨額の建設費に慎重だった日本企業を横目に，中国企業は精錬施設の投資に動いた。

中国のペトロチャイナなどの国営や民間の資源会社は，インドネシアやブルネイなどで原油や鉱物資源の開発を積極的に進めている。2013 年には，インド洋に面したミャンマー西部チャウピューからミャンマー国内を北東方向に貫いて，雲南省までを結ぶ石油・天然ガスパイプラインが完成した。中東，アフリカ方面からの原油と，ミャンマー沖で産出される天然ガスを，マラッカ海峡を通らずインド洋から中国本土に直接輸送できるルートを確保することは，中国のエネルギー安全保障上，長年の悲願ともいえるものだった。

　中国は一方で，ASEAN の援助国としての存在感も急速に強めている。南シナ海問題で激しく対立するフィリピンに対しても，例えば 2012 年には，マニラ首都圏の水道整備事業向けに約 100 億円を融資した。2012 年 11 月にラオスのビエンチャンで開催されたアジア欧州会議（ASEM）首脳会議の会場となった国際会議場は，地元紙によると，中国からの 7200 万ドルの援助で建設され，ASEM 首脳会議の際，中国の温家宝首相が出席して引き渡し式が行われた。

　ラオス国会は同年 10 月，中国国境からビエンチャンを結ぶ延長約 400 キロ・メートルの鉄道計画を承認した。70 億ドルとされる事業費は中国が融資する。その担保はラオス国内の資源とみられている。ラオスは融資を受ける見返りとして，国内で産出される鉱物資源を中国に長期間供給する契約とされており，ラオス国内では事業費の根拠や採算性を疑問視する声が出ていた。

　中国は，カンボジアにも積極的な援助を重ねている。2012 年にプノンペンで開催された一連の ASEAN の外相会議と首脳会議，東アジア首脳会議（EAS）などの会場に使われた近代的な大型ビルは，中国の援助で建てられたものだ。

　中国は ASEAN 各国での道路，橋梁などのインフラ整備に加えて，軍政当時のミャンマー，フン・セン首相の長期政権が続くカンボジア，隣国のラオスなどに対して，各国首脳への直接的な贈与品として政府関係のビルや大型国際会議場を無償で提供することなどを通じて，これらの国々を親中国派と

中国が建設し，ASEM 首脳会議に使われたラオス・ビエンチャンの国際会議場（2012 年 11 月 5 日撮影）。

して囲い込んできた。

　中国のシンパ作りの狙いは，南シナ海の領有権問題を中心に，ASEAN との関係で中国の利害が深く関わる案件で，中国の利益代表として ASEAN 内で振る舞ってもらうことにある。それが端的に表れたのが，2012 年 7 月にプノンペンで行われた ASEAN 外相会議だった。南シナ海の領有権問題を巡る共同声明の文案作業が決裂し，1967 年 8 月に ASEAN が創設されて以来，初めて共同声明の作成を断念するという異例の事態に陥った。

　共同声明がまとまらなかった原因は，南シナ海問題で中国と直接対峙して緊張関係にあるフィリピン，ベトナムと，議長国カンボジアとの激しい対立だった。記者会見したカンボジアのホー・ナムホン外相は，「共同声明を出せないことは残念だが，（声明発表の断念は）全ての加盟国の決定だ」と強調した。これに対して，フィリピン外務省は現地で各国メディアに配った英文の文書で，「声明が発表されないのは遺憾である。議長国は（中国とフィ

リピンが領有権を争う）スカボロー礁に関する（声明での）言及に一貫して反対した」とカンボジアへの批判と憤りを表明した。

　共同声明の文案作業では，ベトナム政府も，中国国有企業が海底資源開発を進めようとしている海域が，ベトナムが主張する排他的経済水域（EEZ）内にあることを念頭に，「EEZ の尊重」を声明に含めるよう求めた。しかし，ホー・ナムホン外相は，「ASEAN は二国間の論争を解決する裁判所ではない」と一蹴した。

　これを機に ASEAN 加盟国間に深刻な亀裂が生じ，2014 年 8 月にミャンマーのネピドーで開催された ASEAN 外相会議でも，やはりフィリピンとカンボジアが南シナ海問題で激しく対立して，共同声明の取りまとめが難航した。

　中国は，開発資金援助を通じて，さらに網羅的に ASEAN を囲い込もうとしている。習近平政権は 2013 年，アジア各国に開発資金を提供する目的として，「アジアインフラ投資銀行」（AIIB）を創設する構想を打ち出した。これは，日米が主導してインフラ開発などの資金を供給しているアジア開発銀行（ADB）に対抗して，中国主導の新たな開発金融機関を通じて，アジア地域での影響力をさらに強化する狙いがあるのは間違いない。タイ，マレーシア，インドネシアなど東南アジア各国も AIIB 構想に賛同している。

　また，2014 年 5 月にクーデターで軍部が政権を掌握したタイは，欧米から激しい批判に晒された。米国のケリー国務長官はクーデター同日，「軍事政権は政治活動や言論への制限をやめ，ただちに自由と選挙を通じて民政復帰すべきだ」と非難，在タイ米国大使も失望を表明し，米国は軍事協力の見直しや人身売買の報告書でタイを「レベル 3」に引き下げるなどの措置を採った。EU も外相理事会で，公式訪問や各種パートナーシップ協定の締結の中断を決めた。日本も菅官房長官が遺憾の意を表明している。

　一方，中国は訪中したタイ外相代行のシーハサック外務次官に対し，王毅外相，楊潔篪国務委員が応対し，中タイ国交樹立 40 周年の 2015 年に，プレム枢密院議長を招待することを表明した。続いて訪中した国家平和秩序評議会（NCPO）顧問であるソムキット元副首相を迎えた李源潮国家副主席は

「中国は他国の内政に干渉しない」と発言するなど，欧米などと一線を画した態度をタイに示した。

中国とASEANは，経済関係では共存共栄関係を強めている。しかし，政治・安全保障関係では，中国が様々な形でASEANの結束に揺さぶりをかけ，ASEAN加盟国間の亀裂がさらに拡大していく恐れをはらんでいる。

2. ミャンマー民主化ショック

軍事政権が民主化勢力や少数民族を弾圧してきたミャンマーは2011年3月，民政移管を遂げ，テイン・セイン大統領は様々な民主化改革に乗り出して欧米との関係を正常化させた。ASEANにとって，ミャンマーの国際社会での「デビュー」は，ASEAN域外国との対外関係に加えて，ASEAN域内の外資誘致競争など様々な面で大きなインパクトを与えている。

2012年7月13日，アンコールワット遺跡観光の町として知られるカンボジア西部のシエムレアプ。プノンペンでのASEAN地域フォーラム（ARF）に出席したクリントン米国務長官は特別機で現地に飛び，ミャンマーから到着したテイン・セイン大統領を出迎えた。「わざわざ来て下さって感謝します。米国を代表する企業団を御国に派遣します」。クリントン長官は，記者団の前で約5分も大統領と笑顔で立ち話を交わし，米ミャンマー関係の改善をアピールした。

クリントン長官はその3年前，「アウン・サン・スー・チー氏の自宅軟禁を解かなければ，ASEANはミャンマーの除名を検討すべきだ」とASEANに迫った。だが，シエムレアプでは米国の企業団を引き連れ，ミャンマー市場開拓の先導役として振る舞った。同夜にシエムレアプのホテルで開かれた米国とASEAN各国の経済人による夕食会には，カンボジアのフン・セン首相，タイのインラック首相も招待されたが，主役はテイン・セイン大統領だった。英語での講演で「ミャンマーは外資の進出を歓迎する」と述べると，約100社の米企業代表から大きな拍手を浴びた。

ASEANは1997年，ミャンマーの加盟を承認したが，その際，米国と欧

シエムレアプのホテルで握手を交わすクリントン長官とテイン・セイン大統領（2012年7月13日）

州連合（EU）はスー・チー氏とともに、「軍政の正当化につながる」と承認に猛反対した。マレーシアのマハティール首相とインドネシアのスハルト大統領は、ミャンマーを国際社会から孤立させれば、中国の影響力が強まる懸念があるなどとして、これらの反対を押し切って加盟を認めた。

ASEANはその代償として、欧米から「軍政の人権弾圧に毅然と対応していない」と弱腰批判を浴び続けた。ASEANは内政不干渉を原則にしており、首脳会議などの声明で、ミャンマーへの厳しい批判を避けたためだ。日本、中国などはASEAN全体とFTA締結に動いたが、米国はASEAN加盟国と個別に2国間FTAを進める手法を選んだ。一方、2005年5月にASEANとのFTA交渉を開始したEUは、ミャンマーの人権問題に対する反対から、2009年3月を最後に全体との交渉を中断し、二国間ベースでの交渉に移行した。欧米にとって、ミャンマーを含むASEAN10カ国全体とのFTA交渉は、受け入れられないものだった。

そのミャンマーが民政移管に踏み切った要因の1つは、欧米の経済制裁でミャンマー経済が疲弊し、軍政側が周辺国とこれ以上の経済格差が広がる事

態を避けようと判断したためであろう。加えて，ASEAN がミャンマーをメンバーとして受け入れてから 15 年の歳月は要したものの，軍政に緩やかに改善を促してきた ASEAN 流のアプローチが，一定の成果を上げたことも否定できない。クリントン長官が「ミャンマー除名」を主張した当時，タイのアピシット首相は，「除名すればミャンマーはさらに孤立する。それが問題の解決になるのだろうか」と反論し，欧米流の圧力による解決を否定した。

　テイン・セイン大統領は，2011 年 3 月に就任以来，政治・経済・社会の広範な分野で，軍政時代には考えられなかった改革を矢継ぎ早に推進した。

　政治的には，▽政治犯の大量恩赦などによるスー・チー氏ら民主化勢力との和解▽約半世紀続いた新聞の事前検閲の廃止▽民間新聞社への日刊紙の発行解禁▽少数民族との和平実現に向けた停戦交渉の開始——など。

　経済政策の面では，▽外資導入を促すため外国投資法を制定▽労働組合を容認して賃上げなど労使交渉の解禁▽法定最低賃金制度の導入の検討開始▽国外で就労するミャンマー人の帰国促進▽IMF の協力を受け，実態とかけ離れた外為公定レートの 37 年ぶり廃止——などが挙げられる（表Ⅲ-1）。

　軍政時代に中国寄りだった外交方針も，180 度転換させた。テイン・セイン政権は「新生ミャンマー」を国際社会にアピールして信頼を引き寄せ，欧米や日本など西側との関係を強化する方向に外交の舵を切った。大統領の政治担当の筆頭政策顧問は 2011 年 12 月，ヤンゴンで会った際，「軍政時代は制裁の影響で中国にしか援助を頼れなかった。経済を浮揚させるには，欧米や日本企業を強力に誘致して，雇用と輸出を増やす政策が不可欠だ。日本企業などのマネジメント手法も研究したい」と語った。

　テイン・セイン大統領は 2011 年 9 月，中国雲南省に接するカチン州ミッソンで中国資本の電力会社が開発していた水力発電用巨大ダム「ミッソンダム」の開発を中止すると表明した。事業は軍事政権が認可しており，民政移管後の新政府が軍政時代の決定を覆すという極めて異例の決定だった。

　ミッソンダムは，中国国有企業がミャンマー国土を南北に貫くイラワディ川源流の合流地点に 36 億ドルを投じ，出力 6000 メガ・ワットの発電ダムを建設するという計画で，2009 年に着工した。電力の 9 割は雲南省に送電さ

表Ⅲ-1　軍政当時と比べたミャンマーの変化

		軍政時代	テイン・セイン政権
〈民主化〉		▽アウン・サン・スー・チー氏ら民主化勢力を徹底弾圧。スー・チー氏率いる国民民主連盟（NLD）が圧勝した1990年総選挙の結果を無視	▽スー・チー氏と大統領が対話路線。協調して改革を推進。2012年4月の補選でスー・チー氏らNLDメンバーも議会に参加
		▽2000人以上を政治犯として収監。1988年及び2007年の反政府デモを武力鎮圧し、多数の死傷者が出た	▽著名な民主化活動家をはじめ、ほぼ全ての政治犯を釈放。亡命者にも帰国を呼びかけ、タイなどから帰国が始まる
		▽言論を徹底弾圧。事前検閲で民間の新聞記事を規制	▽事前検閲を廃止。民間の日刊紙発行も解禁。軍政時代の外国メディアのサイトなどのネット接続禁止も解除
〈少数民族〉		▽少数民族武装勢力と戦闘。停戦合意を結んでも軍が破棄して攻撃	▽主要な約15の武装勢力で組織する「統一民族連邦評議会」（UNFC）と停戦交渉を開始。和平実現を目指す方針
		▽武装勢力地域の住民が難民化。タイなどに15万人以上が逃げ込む	▽タイなどの難民に帰還を促す。武装勢力地域の国内避難民への人道援助に理解
〈経済政策〉		▽欧米が経済制裁を科し、主要輸出先を失った国内の繊維・衣類産業が打撃	▽欧米が民主化改革を評価し、米国が禁輸を解除するなど事実上の制裁解除を実現
		▽経済実態とかけ離れた公定レートなど、非効率な為替制度が貿易・投資を阻害	▽公定レートを廃止し、IMFの協力で国際標準に合わせた管理変動相場制に移行
		▽外国企業は欧米の経済制裁や軍政の不透明な経済制度を敬遠し、対内直接投資は停滞	▽外資企業の権利などを保障する外国投資法を制定。ヤンゴン近郊のティラワなどに経済特区を開発
〈外交政策〉		▽国際社会で孤立する中、中国が資源確保を狙って接近。軍事面は北朝鮮とも緊密化。国別累積投資額は中国がトップ。ただ、国民は「資源の買い漁りだ」と反発	▽中国資本が自国に送電するためカチン州に開発中だったミッソンダムの建設中止を宣言し、親中路線の転換をアピール。日本や欧米との関係を重視するバランス外交路線へ

（出所）　深沢淳一作成。

れる予定だったが，民政移管後，ミャンマー国内で環境保護などを理由に開発に反対する世論が噴出し，国民の間には，軍政当時に幹部が中国から賄賂を受け取ったとの風評も広がった。

　ミャンマーの新政府内では，軍政時代に独裁体制を敷いていたタン・シュエ国家平和発展評議会（SPDC）議長の側近だったゾウ・ミン第1電力相らがミッソンダムの開発推進を強く主張したが，テイン・セイン大統領は推進派を押し切り，声明で「私の政権中は開発を中止する」と宣言した。

前述の大統領の政策顧問はこの件に関して,「ミッソンダムの開発中止は,今後,ミャンマー政府は中国と一線を画すという,欧米に対するメッセージだった」と明かした。さらに,中国が何らかの報復や制裁に動く可能性に対しては,「中国は,ミャンマー国内で（チャウピューから雲南省までの）パイプラインの建設を重視している。中国にとって,ミッソンダムよりも,パイプラインの完成で得られる（エネルギー安全保障上の）利益の方がはるかに大きい。このため,我々はダム開発を中止しても,中国は報復や制裁に動いてこないと判断した」と語った。

当然ながら,テイン・セイン政権は欧米との関係を重視する路線に転じても,中国にけんかを売るつもりはない。この政策顧問は「外交の黄金律は,隣人の大国とけんかをしないことだ。（2008年8月にグルジアが南オセチアに侵攻してロシアがグルジアを攻撃した）グルジアのケースがそれを物語っている」と指摘した。

「隣人（隣国）は自分で選ぶことはできないが,友人（友好国）は選べる。ミャンマー政府は多くの国と友人になりたい。その方が,利益が大きい」（政策顧問）――。これがテイン・セイン政権の基本的な外交方針だ。

ミャンマー西部から雲南省までを結ぶ石油・天然ガスパイプラインの建設当時の模様。工事に中国の建設会社が参加している（2012年6月8日,ミャンマー中部マンダレーの南方で撮影）

ミャンマーは，中国とインドの間という安全保障上も交易上も重要な位置にあり，中国，米国とも，ミャンマーを自陣営に引き込みたいという力学が働く。その地理的優位性を最大限に活かして，中国や欧米，日本などから援助や投資を呼び込もうという戦略だ。

テイン・セイン政権の民主化改革への姿勢や新たな外交姿勢は，ミャンマー国内と ASEAN 周辺国の双方に，大きな経済的変化をもたらした。2012年 11 月には，オバマ米大統領がプノンペンで開催される東アジア首脳会議（EAS）に臨む途中，ミャンマーを初めて公式訪問し，米政府は米企業への禁輸や投資規制などの経済制裁を解除した。EU も経済制裁を停止したことで欧米企業のミャンマーへの投資環境が整い，日本や ASEAN，欧米企業の視察や進出ラッシュが本格化した。タイ，シンガポール，ベトナムなどの ASEAN 企業は，食品加工，エネルギー，製造業，ホテル，農業関連などの分野で，日本や欧米企業に先手を打つように続々と参入している。

ヤンゴンから南東に車で 1 時間程度のティラワ地区には，約 2400 ヘクタールの広大な土地に，日本の政府開発援助（ODA）で経済特区が建設されている。三菱商事，丸紅，住友商事が開発に関わり，第 1 期の約 400 ヘクタールは，2015 年の開業を予定している。

日本は 2013 年 6 月，ミャンマー政府と 25 年ぶりの新規円借款（約 510 億円）の供与に署名した。今後，軍政時代に資金不足で整備が大幅に遅れた電力，道路，港湾などのインフラ整備が各国の援助で進展すれば，安価な労働コストや，ASEAN と中国，インドの結節点としての地理的な優位性を見込んだ外資系工場の進出が一段と本格化するのは確実だ。

こうしたミャンマー改革の効果は，他の ASEAN 各国にも波及する。第 1 に，メコン川流域国の一体開発の促進が期待される。軍政時代に援助をストップしたアジア開発銀行（ADB）と世界銀行は，四半世紀ぶりにミャンマーへの支援を再開し，ベトナム，カンボジア，ラオス，タイを通る幹線道路の開発計画のうち，唯一手つかずのミャンマー国内区間の整備が視野に入ってきた。

ミャンマーからベトナムまでが高規格道路で結ばれて，ミャンマー側の港

湾施設も整備されれば，インド洋側と南シナ海側の港湾が陸路でタイなどを経由してつながることになり，ASEAN内の物流網や工場立地の構図が大きく変わる可能性がある。ひいては，ASEAN各国の外資誘致や生産・輸出などの競争力自体を，大きく塗り替える可能性も秘めている。

　冒頭に記したシエムレアプでの夕食会。テイン・セイン大統領より先にスピーチしたカンボジアのフン・セン首相は，米国が主導するTPP交渉への参加条件を緩和して，APECに加盟していないカンボジアも交渉に参加できるよう，クリントン長官に唐突に配慮を求めた。TPPに参加して，米国市場に無関税で輸出できる投資環境を整えることで，ミャンマーに関心が向いている外資系企業にカンボジアをアピールしたい，という焦りがうかがえた。ミャンマー政府の高官はネピドーで会った際，「カンボジアの官僚から，外資をミャンマーに奪われてしまう，と冗談めかして言われた」と話した。

　ミャンマーの隣国タイにとっても，ミャンマーが発展すれば，タイ経済の競争力が低下する恐れを抱えている。タイ国内では，建設現場や工場などの労働力は，主にミャンマー，カンボジア，ラオスからの就労者に依存している。このうちミャンマーからの出稼ぎ労働者は最大の200万〜300万人にのぼり，タイ経済はミャンマー人労働者抜きには成り立たない状況にある。

　労働条件が良い自動車，家電，部品などの外資系工場では，主にタイ人が就労し，ミャンマーからの就労者は，エビの殻を一日中むき続ける水産加工工場や，酷暑の建設現場など，タイ人が敬遠する過酷な作業に従事している。タイの主な輸出品である農水産物の食品加工製品は，ミャンマー人労働者がいなければ生産に大きな影響が及ぶのは必至だ。

　外資系工場の集積が年々進むタイでは，隣国から労働者を受け入れている現在の状況下でも，全体で50万〜60万人の労働力が慢性的に不足しており，自動車産業では，メーカー各社の工場やラインの増設で20万人の労働力が足りなくなるという指摘もある。

　近い将来，ミャンマーが経済成長を遂げてミャンマー国内に多くの雇用機会が創出されれば，タイに出稼ぎに来るミャンマー人は減少する公算が大きい。その場合，タイの水産加工業や建設業では，人手を確保するため人件費

タイ・バンコク近郊のマハチャイでは，食品加工工場で推定40万人のミャンマー人が働く（2012年5月撮影）

を上げざるを得ないようになり，コストを価格に転嫁して輸出競争力の低下を招くか，それを避けるために人件費の上昇分を価格に転嫁できず，企業収益の悪化を招く恐れがある。タイ国内のオフィスビルや商業施設，工場建屋などの建設コストも，人手不足による上昇は避けられない。

他の産業でも労働力を確保するために賃金水準が上昇し，外資系企業がタイへの新規投資を躊躇したり，タイ国内から隣国に生産拠点をシフトしたりする状況も起きうるであろう。ミャンマーの成長の行方は，タイ経済の死活に影響を及ぼすと指摘しても，決して過言ではない。

3.「高齢化の罠」と「中進国の罠」

人口6億人を抱え，中間所得層が旺盛な消費力を発揮し始めたASEAN市場が将来も発展を維持するには，経済成長の影に潜む「2つの罠」を避けられるかどうかが，大きなカギを握っている。

1つは，忍び寄る高齢化だ。東南アジア各国は一見，国民の平均年齢が若く，人口が増え続けているという印象がある。だが，国ごとに実相は異なっている。

　アジア開発銀行（ADB）の調査では，タイ，インドネシア，ベトナムは，人口に占める60歳以上の割合が2005年の6〜11％[1]に対して，2050年にはタイが29.8％，ベトナムは26.1％，インドネシアは24.8％と，軒並み25〜30％程度まで上昇する。高齢化社会に突入した日本の2005年当時の姿（26.5％）が東南アジア各国に広がることになる（表III-2）。

　とりわけ，シンガポールは少子高齢化がすでに現実問題として深刻化しており，1人の女性が生涯に産む子供の数を示す合計特殊出生率は，2012年には1.2％まで低下した。シンガポールでは，2050年に60歳以上の割合が39.8％と10人に4人となり，その頃の日本の割合（44.2％）と大差のない超少子高齢化社会が出現すると予測されている。

　人口増加率が鈍化しているタイでは，経済成長の維持に不可欠な労働力人口がすでに頭打ちの傾向を示し，今後の成長に黄信号が灯り始めている。

　タイの2010年の合計特殊出生率は1.8と，ASEAN加盟国の中ではシンガポールに次いで低い[2]。そうした状況下，タイの労働力人口がすでに減少を始めた恐れがあることは，タイ中央銀行の統計[3]からうかがえる。

　タイの労働力人口は，実数ベースでは季節労働力などの要因で増減があるものの，前年同月との水準ベースで比較すると，2013年4月には3878万7000人と，前年同月比で0.3％のマイナスに転じた。同年5〜6月はいったんプラスに戻したが，それ以降は一貫してマイナスが続き，2014年6月の減少幅は，それまでで最大の3.14％に達している（図III-2）。

　一般的にいえば，タイ政府は，労働力不足を外国人労働者で補うか，付加価値が高い産業構造への転換を迫られている。しかし，前項で触れたよう

---

[1] 日本は26.5。
[2] Asian Development Outlook2011 update より。ASEANでは，シンガポール，タイに次いで低い順にブルネイ2.0，インドネシア2.1，ミャンマー2.3，マレーシア2.5，カンボジア2.8，フィリピン3.0，ラオス3.4。
[3] データの出典は National Statistical Office。

表III-2 アジア各国の60歳以上が人口に占める割合と合計特殊出生率

	2005年		2050年（推計値）	
	60歳以上の割合（％）	合計特殊出生率（2010年）	60歳以上の割合（％）	合計特殊出生率
シンガポール	12.3	1.3	39.8	1.7
タイ	11.3	1.8	29.8	1.9
ベトナム	7.6	2.0	26.1	1.9
インドネシア	8.3	2.1	24.8	1.9
マレーシア	6.7	2.5	22.2	1.9
ブルネイ	4.7	2.0	20.8	1.9
フィリピン	6.0	3.0	18.2	1.9
カンボジア	5.2	2.8	16.2	1.9
ラオス	5.4	3.4	14.4	2.0
ミャンマー	—	2.3	—	1.9
日本	26.5	1.3	44.2	1.7

（注）ミャンマーの人口割合は調査対象外。
（資料）アジア開発銀行（ADB）資料をもとに作成。

に，外国人労働力の大部分はミャンマー人に依存しており，今後，ミャンマーの経済発展でタイへの出稼ぎ労働者は減少に向かう可能性が高い。

　高付加価値型の産業構造への転換を図るにしても，タイ政府はアピシット政権時代から，その必要性は自ら何度も唱えているものの，理系学生を育成するための教育制度の拡充や，研究開発（R&D）投資を促すための政策は，皆無に等しいといえる状況だ。タイの理系学生は大学を卒業後，給与条件が良い事務系管理職を志向する傾向が強い。バンコク日本人商工会議所（JCC）のアンケートなどでは，タイの日本企業の間でエンジニアなどの技術者や，熟練労働者の人手不足が深刻化している。

　タイの労働力不足が一段と顕著になれば，少子高齢化の影響と相まって，タイの経済活力は衰退し，日本企業を含む外資系企業のタイへの投資・生産・販売戦略は見直しを避けられなくなるだろう。1960年代以降，近隣国に先駆けて外資誘致で発展を遂げてきたタイは，労働力や年齢構成などの構造的な観点から見れば，成長力は現在がピークか，もはやピークアウトに差

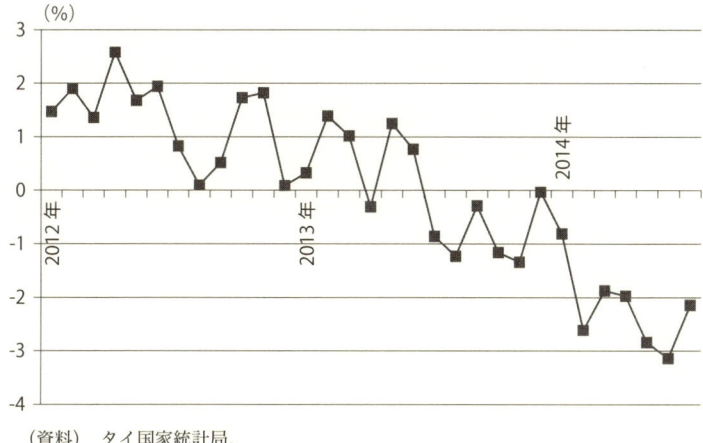

図Ⅲ-2　タイの労働力人口の伸び率推移（前年同月比）

（資料）タイ国家統計局。

し掛かっている可能性がある。

　長期的には，他のASEAN各国の出生率も，2050年には1.9％前後まで低下する（表Ⅲ-2）見通しで，将来の少子化問題はおおむね各国に共通している。アジア開発銀行（ADB）の分析[4]では，一般的にアジアの高齢者は家族からの資金援助に頼っており，生涯収支の赤字や貯蓄の減少を埋め合わせる重要な手段になっている。タイ，インドネシア，フィリピンでは，老後の消費は貯蓄の取り崩しに大きく依存している状況だ。そうした現状に対して，ASEANのほとんどの国は，高齢者向けの福祉，医療，介護，保険，年金などの社会保障のセーフティネット（安全網）の整備は遅れている。

　高齢化社会は，長期の年月をかけてじわじわと広がるため，切迫した問題としてとらえられにくい面がある。しかし，いずれ各国は労働力人口の減少と，少子高齢化社会に直面するのは確実だ。ADBの社会開発担当者は，「健康保険や国民年金など，高齢者を支える仕組みを今から早急に整備する必要がある」と強調する。さもなければ，今の若年層が高齢化する将来，アジアの成長力や消費力は勢いを失うであろう。

4　Asian Development Outlook2011 update.

それは日本経済にも無縁ではないどころか，アジア市場での日本企業の事業展開や収益に直接影響する問題である。アジアの中で真っ先に高齢化社会を迎えた日本は，社会保障のセーフティネットの構築や，老後資金向けの金融サービスの導入など様々な高齢化対策の分野で，ASEAN への政策支援やノウハウ提供に力を入れる必要がある。

　ASEAN の成長を損なう恐れがあるもう 1 つの落とし穴は，「中進国の罠」といわれるものだ。

　一般的に，途上国は安い人件費を呼び水に外資系企業の工場を集積させて，一定のレベルの工業化に達することはそれほど困難ではない。しかし，賃金上昇による輸出競争力の減退や，産業の外国企業への高い依存度により，その先の成長力は鈍化する恐れがある。経済発展の効果で中間所得層は増えるが，それに伴って労働コストも上昇するため，より労働コストが低い国（貧困国）に外資の投資先を奪われるためだ。「中進国の罠」とは，こうした要因が絡み合い，中進国から先進国のレベルに到達できずに，経済が停滞，衰退するケースを指す。

　ASEAN では，1965 年に建国したシンガポールは製造業の高度化とサービス経済化に成功し，中進国の罠を切り抜けた。当初の労働集約型産業から，バイオなどのハイテク産業や化学など付加価値が高い製造業にシフトした一方，金融・資本市場でも ASEAN の金融センターとして揺るぎない地位を占める。2013 年の 1 人当たり名目 GDP は 5 万 4776 ドルと日本を上回る状態が続いている。

　これに対して，経済発展段階でシンガポールに次ぐ第 2 グループのタイ，マレーシアは，中進国の罠に陥る可能性が指摘されている。ADB は 2011 年に発表したリポート「Asia2050」で，ASEAN を含むアジア各国に対して，「中進国の罠」への警鐘を鳴らした。

　リポートは「アジアの世紀は実現するか」という副題を掲げ，アジア地域の将来のベストシナリオとして，アジア経済が今の成長を続けられれば，2010 年に 17 兆ドル規模だったアジアの GDP は，2050 年には 174 兆ドルと 10 倍に膨らみ，世界の GDP に占める割合は現在のほぼ 2 倍の 52％を占め

る，と予測した。所得は現在の欧州の水準に近づき，新たに約30億人が富裕層の仲間入りを果たすと展望している。

ところが，中国，インド，タイ，ベトナム，インドネシア，マレーシアなど11の高成長国[5]が，今後5〜10年にわたって「中進国の罠」に陥って成長が減速し，更に低・中成長国[6]の経済も改善されなかった場合，2050年のアジアのGDPは65兆ドルにとどまり，1人当たりGDP（購買力平価ベース）は約2万600ドルと，ベストシナリオ（4万800ドル）の半分にとどまる。その結果，「数十億人規模のアジアの人々は，豊かで福祉が充実するはずだった人生を送れなくなる」という。

つまり，「中進国の罠」を克服できるかどうかによって，アジアの将来は極端に異なる2つの結果に分かれることになる。

これらの国々が「罠」を回避するには，1つは技術革新を促して産業構造を底上げする必要がある。それには人材育成が重要であり，前項までのタイのケースのように，理系人材や創造性のある起業能力を備えた人材などを多く育成するための，質の高い教育制度の整備が不可欠だ。

しかし，東南アジア各国の実態を見ると，対応は遅れている。ASEANは工業化が進んだとはいえ，それは日系を含む外国企業の集積による他力依存型にすぎない。いずれ国外へ逃避するかもしれない外国企業を除いた各国の産業構造は，農業国（タイ，ミャンマーなど），原油，天然ガスなどの資源国（マレーシア，インドネシア，ブルネイなど），外国に職を求める人材供給国（フィリピン）に大別される。コメや果実，水産加工品などの農水産品の輸出では一定の国際競争力を持つが，製造業では，国際市場で十分に競争力のあるオリジナルの部品や素材，最終製品を開発・生産できるASEAN企業は皆無に等しい。

各国の経済力は，外国企業がコスト面などの要因で拠点を他国へ移したり，新規の対内直接投資が鈍化したりすれば，たちまち「中進国の罠」に

---

[5] アルメニア，アゼルバイジャン，カンボジア，中国，グルジア，インド，インドネシア，カザフスタン，マレーシア，タイ，ベトナムの11カ国。
[6] 合計31カ国。ASEANではラオス，ミャンマー，フィリピンなど。

はまる外資頼みの脆弱な構造にすぎない。経済が停滞する事態を避けるために，各国政府は真剣に技術革新や教育改革などの対策に取り組む必要がある。

　ASEAN 域内ではまた，大都市と地方の成長のゆがみや，貧富の格差が深刻化している。地方から都市部に人口移動が続き，バンコク，ジャカルタ，マニラ，クアラルンプールなどの首都は発展を遂げる一方，各国の地方は今の日本と同じく，農村部の高齢化と人口減少により，衰退に歯止めがかからなくなる恐れが出ている。実際，各国では，農村部の子供が仕事を求めて都会に出たり，都市部の大学に進学したりして，地方に戻らないケースが目立ってきた。

　タイでのタクシン元首相派と，反タクシン派の激しい対立は，貧しい農村部と都市部の既得権益層や中間層との階級闘争であり，根底には，GDP の規模などのマクロ面ではタイ経済が大きく発展し，バンコクには高層ビルが林立しているのに，自分たちの村には成長の果実が届かないという農村部の強い不満がある。

　タクシン氏が実権を握る「タイ貢献党」は 2011 年 7 月の総選挙で，タクシン元首相の妹のインラック氏を「党の顔」として前面に打ち出し，農民や労働者層の所得拡大を公約に掲げて大勝した。翌月発足したインラック政権は，バラマキ政策を相次いで打ち出した。

　柱の 1 つは，同年 10 月に導入されたコメ担保融資制度だった。農家は担保の白米 1 トンにつき，市場価格より約 3 割高い約 1 万 5000 バーツ（当時のレートで約 4 万 3000 円）を政府系銀行から借りられる。担保のコメの量に上限はなく，農民はコメを担保に銀行からどんどん融資を受けて，返済せずに焦げ付かせた方が得になるため，政府は膨大な在庫米と財政負担を抱え込んだ[7]。

　市場に出回る流通米が減少したため，コメの輸出業者が買い取る米価は上

7　これに絡み，国家汚職防止委員会（NACC）は，タイ貢献党政権が 2014 年 5 月にクーデターで追放される直前，インラック首相が国家に約 6300 億円相当の損害を与えたとして，職務怠慢で捜査に着手した。

昇した。タイ米輸出業者協会によると，タイ米は国際市場で他国産より1トンあたり150ドル以上高くなり，タイのコメは輸出競争力を失ってしまった。2012年の輸出量は前年比35％減の690万トンと激減し，国別でインド（950万トン），ベトナム（780万トン）に次ぐ3位となり，31年間維持してきたコメ輸出世界一の座から転落した。

バラマキ政策のもう1つの柱は，法定最低賃金を全国一律で1日300バーツ（同約860円）に上げたことだ。2012年4月にバンコクなど7都県で引き上げたのに続き，残る70県も2013年1月に一律アップした。県によっては最低賃金が最大で2倍近く跳ね上がり，地元企業からは「他国との競争が厳しく，労賃のアップ分を価格に転嫁できない」（バンコク近郊の水産加工工場）などと悲鳴が聞かれた。タイの大手銀行，カシコン銀行の調査研究機関は，政府が法定最低賃金を上げた当時，「多くの日系企業は最低賃金の引き上げ率を昇給率の目安にしており，幅広い日系企業にも影響が出る可能性がある」と指摘したが，実際，日系企業にもコストアップの形で影響が及んでいる。

当時，インラック政権のキティラット副首相は，「一連の政策は低所得層の生活改善をもたらし，消費の刺激につながる。農民と労働者の低い所得を引き上げてあげなければならない」と力を込めた。その目標自体に全く異論はないが，インラック政権の政策の最大の欠点は，そのための手法が通常とは逆だったことだ。

政府が規制緩和や税制改革，研究開発援助などを通じて企業の生産性向上を支援し，その政策効果で企業収益が改善されて賃上げが浸透していくことが通常の政策手法であろう。インラック政権の「まず法定最低賃金の引き上げありき」のやり方では，産業界や企業は政策面による外的な要因によって，労働コストの上昇を一方的に迫られる。反面，企業の生産性向上を支援するための政策的視点は欠如しており，労働者や農民への人気取り政治の代償として，経済全体の活力低下や倒産の誘発を招きかねない。

法定最低賃金の大幅な引き上げは，もはやタイは労働集約型の産業立地には適さない国である，と政府が宣言した形ともいえる。しかし，バイオやハ

イテクをはじめとする次の産業構造の具体的なビジョンは，政変もあって策定が遅れている。

タイに生産拠点を置く日系企業には，労働集約型の生産工程の一部を隣国のカンボジア，ラオスなどに移して部品などを製造し，それをタイ国内のマザー工場に戻して次の工程に組み込んでいく「タイプラスワン」という生産分業の形態が広がり始めている。だが，人手不足や人件費などのコスト増がこの先も進めば，タイの生産工程の大半や全てを他国に移してタイから撤収を図る「タイマイナスX」につながる可能性は否めない。

ASEAN各国はそれぞれに格差問題を抱えているが，バラマキ政策で格差是正を図ることは，国の財政悪化や産業競争力の低下，投資先としての魅力の毀損などを引き起こし，政府自らの手によって「中進国の罠」に落ち込む危険がある。ASEAN10カ国は，1人当たりGDPが1000ドル未満のミャンマー，ラオス，カンボジアを除き，「低所得国」から「中進国」の段階に移っている。経済発展の過程で生じた様々な「成長の歪み」を適切に正せなければ，長期的に待ち受けているのは衰退だ。「アジアの国々は危機感を持って行動すべき」（Asia2050）段階にある。

4．ASEAN各国，未成熟の民主化

ASEANは，独裁的な長期政権を敷いてきたフィリピンのマルコス大統領が1980年代に，インドネシアのスハルト大統領も1990年代にそれぞれ国民の反政府デモで崩壊した。最近のミャンマーの民主化改革もあり，ASEAN内では民主化が拡大している印象がある。しかし，実際には各国の民主化の完成度は未成熟と言えるだろう。

タイでは2014年5月22日に軍がクーデターを起こし，タクシン元首相派のタイ貢献党政権を追放した。現職首相のタクシン氏を国外追放した2006年9月のクーデターから8年後に，再び軍が民意で選ばれた政権を駆逐する事態が繰り返された。5月のクーデターは，タイが立憲君主制に移行した1932年の立憲革命以来19回目にあたり，タイでは単純計算すれば約4年に

1回のペースでクーデターが起きていることになる。

　近年のタイの政治構造は，次の4つのフェーズに大別される。第1フェーズは，1990年代前半までの軍の支配による「民主主義」だ。タイ式民主主義ともいわれるもので，首相に軍高官出身者が就き，軍が政治を間接的に統治した。この間もクーデターが発生し，共産主義者や学生による民主化運動の弾圧も行われてきた。

　1997年にタイ通貨バーツの暴落から始まったアジア通貨危機で，タイ経済は大打撃を受け，経済再建が喫緊の課題となった。景気浮揚と政治の変化を望む民意が強まる中，2001年の総選挙でタクシン氏率いる「タイ愛国党」が圧勝し，タクシン政権が発足した。これが第2フェーズの始まりだ。

　首相に就任したタクシン氏は，トップダウンによる即断即決型のCEO型首相として「タクシノミクス」と言われる経済政策運営を展開し，通貨危機後のタイ経済を急速に復活させた。タクシノミクスの特徴の1つは，FTAを各国と締結して，タイの投資先としての魅力を高めたことだ。タクシン氏は「アジアのデトロイトを目指す」と公言して，自動車メーカーの誘致にも力を入れた。現在のタイの外資企業の集積と輸出力は，ASEAN域外国とのFTAのネットワークなどに裏打ちされており，タイ経済はタクシノミクスの遺産によって支えられていると言ってよい。

　タクシン氏は中国の共産党政権とも親しく，中国や中東各国などと「アジア協力対話」（ACD）を創設して，「アジア債券市場」構想を打ち出した。欧米の金融市場に流れているアジアの貯蓄を域内の投資に振り向け，「アジアのマネーをアジアで活用する」ことでアジア経済を活性化させるとして，受け皿となる債券市場を整備する計画だった。低所得層や農村部への対策としては，30バーツ（約90円）で医療を受けられる制度の導入や，大分県をモデルにした「一村一品運動」の全国展開，地方のインフラ整備などを推進した。

　タイの歴代政権と比べて，農村対策を重視するタクシン氏の登場は，経済発展の恩恵から取り残されていたタイの農民層に，参政意識と権利意識を目覚めさせた。タクシン氏の農村支援は，当然ながらタイ愛国党の基盤を強固

にするという政治的思惑があり，北部や東北部の農民層から熱狂的な支持を集めたことで，政治やビジネスの既得権益を握る守旧派層には，タクシン氏が「王政の打倒を企てている」と映った。

　タクシン氏の政治手法の負の部分としては，軍や警察幹部への縁者の登用，親密な企業に有利に働く規制緩和の実施，資産隠し疑惑などが指摘され，タクシン氏を頂点とする利権や腐敗，縁故の色が強まった。これらの点が王室派の軍や既得権益層の反発を呼び，2006年のクーデターにつながっていった。

　タイ政治の第3フェーズは，タクシン氏が追放された2006年のクーデターから次の2014年5月のクーデターまでの期間だ。2006年のクーデター以降，タクシン派の政党は憲法裁の判決で解党を余儀なくされ，王党派の軍や既得権益層の代表として，総選挙を経ずに民主党のアピシット政権が発足した。

　その後，反タクシン派勢力の「市民民主化同盟」（PAD＝黄色シャツ）と，タクシン派の「反独裁民主戦線」（UDD＝赤シャツ）が，スワンナプーム国際空港の占拠，パタヤでのASEAN首脳会議の粉砕，バンコク中心部占拠などの激しい抗議活動を互いに繰り広げ，タイ社会は混沌期に突入した。

　国民の亀裂が決定的になったのが，2010年5月，軍がバンコク中心部を占拠していたUDDデモ隊の強制排除に踏み切ったことだ。同年3月からバンコクで続いたUDDの反政府デモは，最終局面ではUDD側の武装勢力と軍が市街戦状態となり，バンコク中心部で迫撃砲が飛び，銃撃戦が交わされた。5月の強制排除を含む一連の騒乱で90人以上が死亡し，タクシン支持層と反タクシン層の国民和解は不可能な状況となった。

　その後，2011年7月の総選挙でタイ貢献党が圧勝して，インラック政権が発足した。中東のドバイに滞在していたタクシン氏が，閣僚や党の人事を含めて指揮を執る事実上の「タクシン政権」であり，2013年8月以降，政権が議会でタクシン氏の帰国を可能にする恩赦法案の成立を目指したことから，反タクシン派の抗議デモが本格化した。

　インラック政権は反タクシン派の批判をかわすため，2014年2月に総選

挙を行ったが，一部の投票所が反タクシン派の妨害で閉鎖され，投票が出来なかった。これに対し，憲法裁判所は同年3月，「投票日は全国で同日」と定めた憲法108条に違反したとして選挙無効の判決を下した。憲法裁はさらに，インラック首相が2011年の国家安全保障会議（NSC）事務局長人事の際，職権を乱用して縁者を充てようとしたとして，5月に違憲判決を言い渡し，首相は憲法の規定で失職した。

憲法裁をはじめタイの司法機関は，反タクシン派と目されている。2008年9月には，タクシン派の「国民の力党」を率いるサマック首相がテレビの料理番組に出演した際，テレビ局から

2010年のタイ治安部隊とタクシン派勢力との衝突による犠牲者を悼む集会（2012年5月19日，バンコク中心部で）

報酬を得たのは違憲であるとの判決を下し，サマック首相は退任に追い込まれた。同年12月には，前年の総選挙で組織ぐるみの違反があったとして，「国民の力党」に解党命令が下された。インラック首相に対する一連の憲法裁判決も，「司法クーデター」との指摘が聞かれる。

そして第4フェーズは，プラユット陸軍司令官率いる軍が起こした2014年5月のクーデター以降である。軍がこのタイミングでクーデターに踏み切ったのは，国民から絶大な敬愛を集める絶対的権威のプミポン国王が高齢化する中，タクシン派を将来にわたって完全に追放し，タクシン政権以前の王党派や既得権益層による政治体制を奪回して，その基盤をこの先も万全にしたいとの狙いがあるとみられる。2006年と2014年のクーデターは，タイには西洋型の議会制民主主義が存在せず，軍や権力層を頂点とする統治制度が厳然と根ざす「タイ式民主主義」であることを，改めて浮き彫りした。

チュラロンコン大学の政治学者は，「これまでタイの国民は，（支配層と非

支配層による）階級の存在を受け入れ，その中で共存の道を選んできた。しかし，農民はタクシン時代に権利というものを理解し，選挙で平等がもたらされることを知った」と指摘した。また，2007年に憲法裁判決で解党されたタイ愛国党の幹部で，5年間の政治活動禁止処分が下された111人のうちの1人であるタクシン氏側近のチャトゥロン氏（解党時の党首代行）は，処分が解けた当時，「タクシン氏が帰国できないのは，タイが非民主的な国家であり，法の支配が行われていないことを意味する。憲法も民主的ではない」と語った。2014年のクーデターを経て，「タイ式民主主義」が今後も続く限り，タイの真の国民和解の実現は困難といえるだろう。

英誌エコノミストの調査研究部門が，世界167カ国・地域を対象に，選挙制度の透明性や言論の自由度などから算出している「民主主義指数」では，タイに限らず，ASEAN各国に厳しい評価が下されている（表Ⅲ-3）。2012年版でも，各国は「不完全な民主主義国」以下に分類された。

表Ⅲ-3 英誌エコノミストの調査部門による民主主義指数

順位	国名	点数
1	ノルウェー	9.93
2	スウェーデン	9.73
3	アイスランド	9.65
21	米国	8.11
23	日本	8.08
53	インドネシア	6.76
58	タイ	6.55
64	マレーシア	6.41
69	フィリピン	6.30
81	シンガポール	5.88
100	カンボジア	4.96
142	中国	3.00
144	ベトナム	2.89
155	ミャンマー	2.35
156	ラオス	2.32
167（最下位）	北朝鮮	1.08

（注）点数は10点満点。色付きはASEAN加盟国（ブルネイは調査対象外）。
（資料）エコノミスト誌（2012年報告書）。

国際人権団体「ヒューマン・ライツ・ウォッチ」はリリースで，例えばカンボジアに対しては，「フン・セン政権は，野党勢力や労働組合，活動家らによる政治変革を求める集会の開催を暴力的に阻止するなど，日常的に人権侵害を行なっている」（2014年1月27日），ラオスには，「表現と集会・結社の自由を著しく抑圧し，すべてのマスメディアが政府の厳しい支配下に置かれている」「ラオス政府は国民の反対意見をいっさい許容せず，人権侵害的な国内法と長期刑を適用することで，政府に対する異議を押さえ込んでいる」（2014年6月10日）と強く非難している。ベトナムも，共産党支配下で言論やデモは厳しく規制されている。

　マレーシアでは，1957年の英国からの独立以来，統一マレー国民組織（UMNO）を軸とする与党連合が長期政権を敷き，長年実権を握ったマハティール首相時代には，野党や言論への弾圧が半ば公然化していた。ナジブ政権に対しても，言論規制や腐敗に対する国民の不満は根強い。

　民政移管したミャンマーは，民主化の一層の深化を見極めるうえで，軍政時代に制定された憲法の改正と，少数民族武装勢力との和平実現の可否が試金石となる。憲法を巡っては，上下両院とも議員定数の4分の1が自動的に軍人に与えられる規定と，アウン・サン・スー・チー氏の大統領就任を事実上不可能にするための規定[8]が見直されるかどうかが焦点になる。

　ただ，内政不干渉の原則を掲げるASEANでは，首脳会議などの場で，こうした個別国の民主化や人権問題が議論されることはほとんどない。互いに触れられたくない部分を抱えているからだ。インドネシアでは，開発独裁を敷いてきたスハルト大統領への国民の不満が1997年のアジア通貨危機で爆発し，一気に民主化改革が進んだ。インドネシア戦略国際問題研究所の研究員は，「ASEANは各国で民主主義の解釈や対応が異なる上，内政不干渉の原則もある。民主化推進への共通の取り組みは困難だ」と指摘する[9]。

8　外国人の配偶者がいたり，外国政府から援助を受けたりしている議員は，大統領になれないという規定がある。スー・チー氏の亡夫は英国人のため，スー・チー氏は現状では大統領になれないと一般的に解釈されている。

9　『読売新聞』2012年8月9日付国際面。

東南アジアで群を抜く発展を遂げてきたシンガポールは，1965年の独立以来，経済成長を主導してきた与党・人民行動党（PAP）による一党支配体制が苦境に立たされている。

　リー・クアンユー初代首相が結成したPAPは，言論や集会の自由を厳しく制限し，メディアも統制してきた。議会選挙（一院制）は，選挙区ごとに最大得票の政党が議席を総取りする与党に有利な制度を敷く。一部のエリートが国民を管理しながら国家を運営することで，ベトナム戦争による東南アジアの共産化や反政府の動きを抑えながら，経済を先進国水準まで押し上げてきた。

　ところが，PAPはシンガポール経済の成熟とともに，成長のジレンマに直面している。政府は外国人の人材を積極的に受け入れて経済活力を高めてきたが，若いシンガポール国民は外国人に仕事を奪われていると反発している。住宅価格も上昇しており，シンガポールの男性会社員（30）は，「企業はインドや中国，欧米人を安い給料で採用しており，シンガポール人は自分たちの仕事を外国人に取られる重圧を常に感じている。特に20〜30代の世代は外国人労働力と住宅購入の2つの問題に悩まされている」と語った。無職のマレー系男性（50）は，「PAPは国民のことを考えていない。生活に苦しむ国民が多い中で，閣僚や議員は高い給料をもらっている」と批判した。

　こうした国民の反発から，2011年5月の議会選挙で，PAPの得票率は約60％と過去最低に落ち込んだ。リー・シェンロン首相は反発に配慮して，外国人の管理職や社員に対する就業許可基準を強化して受け入れを制限する一方，住宅供給を増やす方針を打ち出したが，直後の同年8月の大統領選挙で，PAP出身の候補者は次点に約7000票差と薄氷の勝利だった。

　ゼロからの出発だった建国当時やシンガポールの高度成長期を，「建国の父」であるリー・クアンユー氏らとともに経験してきた高齢者層はPAPを支持しているが，豊かになったシンガポールしか知らない若い世代は，「PAPの一党支配は公平とは感じていない」（シンガポール経営大学の准教授）との指摘もあり，世代間でPAPの支持や評価は分かれている。一方で，建国以来の一党支配の影響で，PAP以外の政党は組織や人材，資金力が乏しく，

今は単独で政権を担う力はない。

　人口が少ない都市国家のシンガポールが成長力を維持するには，外国人は貴重な労働戦力であり，政府は単純労働のほか，情報技術（IT）や金融など様々な分野で外国人を積極的に導入して，経済的な大成功を収めてきた。今は，永住者も含めると人口の3人に1人を外国人が占める。PAPや各党が外国人労働力などへの国民の不満を汲んで人気取り政策に走れば，シンガポールは競争力を損なう恐れがある。PAPが築いてきたシンガポール型の一党支配モデルは，建国以来最大の岐路に立たされている。

5. 構想力のある統合の牽引役が不在に

　ASEAN議長国は毎年，加盟国のアルファベット順による輪番制のため，ASEANの議論は議長国の思惑に左右されやすいというネックを抱える。中国と南シナ海の領有権問題で対立するベトナムは，2010年に議長国を務めた際，中国包囲網を敷くために，東アジア首脳会議（EAS）への米露首脳の参加を各国に認めさせた。2011年にインドネシア・バリ島で行われたEASでは，オバマ大統領はベトナムの思惑通りアジアへの米国の関与拡大を強調し，中国をけん制した。

　この2011年のEASの時点で，ASEAN外交関係者は「来年（2012年）はカンボジアが議長国になるため，中国は巻き返しに動くだろう」と予測した。中国寄りのカンボジアとフィリピン，ベトナムの対立で決裂した2012年7月のプノンペンでのASEAN外相会議は，いわば想定内の出来事だった。

　ASEANの結束の乱れは，全体を引っ張るリーダーが不在なことも一因だ。ベトナム戦争の終結後にインドシナ半島で共産化が進んだ1976年，東南アジア地域の安定への危機感を強めたインドネシアのスハルト大統領，フィリピンのマルコス大統領，シンガポールのリー・クアンユー首相らは，政治・経済・安全保障の協力を定めたASEAN協和宣言を採択し，東南アジア各国の結束強化を図った。

　当時，「反共の砦（とりで）」と言われたASEANの性格はその後，東西冷

戦構造の終結で一変した。今では社会主義国のベトナム，ラオスも ASEAN に加盟し，市場統合を軸とする経済発展を共通利益とする協議体に変貌している。その柱となる ASEAN 経済共同体（AEC）構想は，自由貿易推進派だったシンガポールのゴー・チョクトン首相とタイのタクシン首相が手を組み，各国を説得して前進させた。

2003 年 10 月にインドネシア・バリ島で行われた ASEAN 首脳会議では，AEC 完成の目標年に合意したが，その時点では AEC は 2020 年の実現を目

表Ⅲ-4　ASEAN の歩み

1961年	ラーマン・マラヤ連邦首相（当時）の提唱でタイ，フィリピン，マラヤ連邦の3カ国で「東南アジア連合（ASA）」結成
1967年	8月8日にインドネシア，マレーシア，フィリピン，シンガポール，タイの5カ国外相がバンコクで「バンコク宣言」を採択し，ASEAN 発足。ASA は解消
1976年	2月に首脳会議で東南アジア友好協力条約（TAC）を採択
1984年	1月にブルネイ加盟
1992年	7月，外相会議で「南シナ海に関する ASEAN 宣言」を採択
	ASEAN 自由貿易地域（AFTA）創設
1994年	7月にバンコクで初の ASEAN 地域フォーラム（ARF）開催
1995年	7月にベトナム加盟
	12月，東南アジア非核兵器地帯条約に東南アジア 10 カ国が署名
1997年	7月にラオス，ミャンマー加盟
	首脳会議で「ASEAN ビジョン 2020」採択。「ASEAN が 2020 年までに共同体となることを展望する」との目標を示す
	タイ通貨バーツの暴落を発端にアジア通貨危機発生
	初の ASEAN プラス3（日中韓）首脳会議
1999年	4月にカンボジア加盟
2000年	5月の ASEAN プラス3財務相会議で，通貨スワップ協定「チェンマイ・イニシアチブ」に合意
	シンガポールのゴー・チョクトン首相が11月の首脳会議で「ASEAN 統合イニシアチブ」（IAI）を提唱し，各国が合意。人材育成などの経済協力や地域統合を進めて域内の経済格差是正を目指す
2003年	11月の首脳会議で「第2ASEAN 協和宣言」（バリ・コンコードⅡ）に署名。「安全保障」「経済共同体（AEC）」「社会・文化共同体」の3つの共同体を 2020 年に実現を目指すことを明記
2005年	12月に初の東アジア首脳会議（EAS）開催
2007年	1月の首脳会議で AEC の完成時期を5年前倒しして，2015 年とすることに合意
	11月の首脳会議で ASEAN の最高規範となる「ASEAN 憲章」に署名
2008年	AFTA 協定を見直し，包括的な ASEAN 物品貿易協定（ATIGA）に署名
2010年	EAS で翌年からの米国，ロシアの首脳の参加を決定
2011年	首脳会議で ASEAN 主導の東アジア地域統合として RCEP 構想に合意

（資料）　著者作成。

指すことになっていた。タクシン首相は「AECの完成が17年後では遅すぎる。前倒しする柔軟性が必要だ」、ゴー・チョクトン首相は「サービス分野の自由化に進展がないことがASEANの市場統合を遅らせている」と指摘し、中国やインドとの外資誘致や輸出競争が激化する中、完成時期を前倒しさせる必要性を強調した。2006年8月経済閣僚会議でAECの実現目標が2015年に改められたのは、両氏の意向が強く反映された結果である。

タクシン氏とゴー・チョクトン氏は当時、ASEAN域内の市場統合に関して、「10マイナスX」アプローチという手法も強調した。ASEANの市場統合のペースを、自由化に消極的な国に合わせていては各国が共倒れになるとの懸念から、共同歩調で貿易・投資の自由化を進めてきたASEANの原則を崩し、加盟10カ国のうち、準備が整った国同士で先に自由化を進める構想だ。タイとシンガポールの間では、農業、自動車部品、金融サービス、観光、運輸などの分野を互いに自由化することで合意した。

マレーシアのラフィダ通産相も、「自由化の取り組みが遅れる国は、あとで参加すればよい」とこの構想に同調し、ASEAN経済閣僚会議で各国は、民間航空の乗り入れ（オープン・スカイ）、金融、情報通信、運輸などのサービス分野の自由化や、投資、電子商取引、ビジネスマンの移動などを「10マイナスX」方式の対象とすることに合意した。

しかし、両氏がASEAN政治の舞台から去った後、域内の統合を積極的に牽引しようとする指導者は見当たらない。欧州連合（EU）でも、議長国は輪番制で交代するが、EUには、政策立案の強力な権限を持つ執行機関の欧州委員会が存在する。ASEANはジャカルタに事務局を置くものの、事務総長や事務局は加盟国の調整役にすぎず、政策面で大きな権限は持っていない。

各国の自主性を尊重しつつ、全体が1つにまとまって地域統合を進めるASEANの「緩やかな統合」のスタイルは、政治体制や経済発展の段階が大きく異なる国々を束ねるためのASEAN流の知恵といえる。同時に、一国ごとの事情や思惑で足並みが乱れ、「ASEANは一つ一つ」という状況に陥りかねない弱点も抱えている。

第2章

ASEAN 経済共同体（AEC）の実態

1.「ASEAN 経済共同体」命名の由来

　ASEAN が経済共同体（AEC）構築に踏み出したのは，経済成長のエンジンとしてきた「外国企業」の視線が自らに向けられない懸念を強く持ったためである。1997年に発生したアジア通貨危機と投資受入国としての中国の台頭は，これまでの ASEAN の経済成長モデルを根底から揺さぶった。ASEAN は外国投資に対する求心力維持のため，アジア通貨危機発生直後の1997年12月にクアラルンプールで開催された ASEAN 首脳会議で「ASEAN ビジョン2020」を発表，2020年までの域内中期目標として，AEC の原点となる「モノ，サービス，投資の自由な移動，資本のより自由な移動，平等な経済発展，貧困と社会経済不均衡の是正が実現した安定・繁栄・競争力のある ASEAN 経済地域の創造」を目指すことを打ち出した。それらを「ASEAN 経済共同体」と初めて呼称したのは，2003年10月の ASEAN 首脳会議で採択された「第2 ASEAN 協和宣言」（バリ・コンコードⅡ）である。
　第1章でみたように，「ASEAN 経済共同体」という呼称は，シンガポール首相ゴー・チョクトンによって命名された。「ASEAN 経済共同体」という名称から，「東南アジアに欧州連合（EU）が誕生するのではないか」と高い期待感を持つ企業も多い。しかし，実際の統合の姿は EU とは大きく異なる。
　AEC は，アジア通貨危機に伴う経済環境の悪化により ASEAN の投資に対する求心力が目に見えて失われつつある中で，「ASEAN は地域統合に真剣であり，ASEAN が投資家にとって充分に魅力ある規模と多様性を持つ市

場になるべく統合を進めていく」という意思を表明したものである。そのため，AECは外国投資家の目線を再びASEANに引き戻すことが最大の目標であり，ASEANが掲げる「内政不干渉の原則」や「コンセンサスによる意思決定」を超えて，EUが進んできた統合の道のりを辿っていくことを目指しているわけではない。「モノ，サービス，人，資本が自由に移動する」のは「共同市場」と呼ばれるが，ASEANが目指しているのはASEAN自由貿易地域（AFTA）を核にサービス，人の移動で部分的自由化を目指す緩やかな経済統合体であり，いわゆる「FTAプラス」である。実際，スリン前ASEAN事務総長は2012年末の退任の際に，「EUはASEANの動機だが，地域体のモデルではない」[10]と語っている。例えば，EUが実現した共通域外関税，通貨統合，政府調達は最初から目指していない。これはASEANが加盟国の国内事情に配慮しているためである。例えば，「政府調達」の自由化は，特にマレーシアにとってセンシティブである。マレーシアは，政府調達においてブミプトラ（マレー人の意）優遇政策を採っており，同政策の放棄は与党UNMO（統一マレー国民組織）の権力基盤を揺るがしかねないインパクトを持つためである。一方，サービス投資や人の移動は部分的自由化にとどまるなど，AECの姿はむしろ日本が推進している「経済連携協定」（EPA）に近いといえる。

2. ASEANが進める緩やかな経済統合体の実体

　ASEANは経済共同体を，①単一市場と生産基地，②競争力のある地域，③公平な経済発展，④グローバルな経済への統合，の4つの特徴を持つ統合体にすることを目指すが，中でも最も具体的かつ投資家が注目するのは，①「単一の市場と生産基地」である。ここには，i）物品の自由な移動，ii）サービスの自由な移動，iii）投資の自由な移動，iv）資本のより自由な移動，v）熟練労働者のより自由な移動，vi）優先統合分野，vii）食料・農業・

10　2013年1月10日付Nation紙 "Surin urges ASEAN to think regionally"

林業，の計 7 つの核となる要素（コア・エレメント）が掲げられている。

　i) については，第Ⅱ部で，水準の高い自由化を実現したと述べた。しかし，関税が撤廃されたとしても，非関税障壁・措置（NTB/NTM）が残された場合，円滑な物品貿易を妨げることもある。ASEAN は非関税措置一覧を作成，同措置をリスト化するなどの可視化作業を行った上で，赤，黄，緑の 3 種類に分類した。「赤」は透明性がなく，適用において差別的である等により直ちに撤廃すべき措置。「黄」は透明性があるものの，当該国の利益あるいは義務を損なうような適用において差別的でないが交渉の対象にすべき措置。そして最後に「緑」は透明性があり，適用において差別的でなく，公衆の健康，宗教的あるいは国家安全保障上の理由により課され，かつ WTO に整合的で合理的な措置は正当化され維持できる。

　また ASEAN は NTB/NTM について，貿易的制限措置を新たに導入しないスタンドスティル[11]，既存の貿易制限措置を段階的に削減・撤廃するロールバックの原則の下，全ての非関税障壁を撤廃することを目指している。それにも関わらず，例えばインドネシアは，当初，先行加盟国が目指していた NTB/NTM 撤廃期限である 2010 年以降も非関税障壁を導入していた。2010 年に入り，自動車部品，化粧品，陶器，鉄鋼，省エネ電球，携帯電話，自転車の 7 品目について輸入検査を義務化する方針を示した。また，鉄鋼及び非鉄金属分野では，冷延鋼板（2011 年 6 月施行），形鋼（2012 年 2 月施行）でそれぞれ事前にインドネシア規格 SNI の取得が求められるようになった。このように ASEAN 経済共同体が目指す方向と逆行するかのような動きを見せている。

　NTB/NTM には安全規格・工業標準，保健衛生規則・品質規格，植物衛生検疫（SPS）措置など，国によっては国内法の改正や規制の変更を伴う場合も多く，概して撤廃には相当程度の時間を要する。そのため，NTB/NTM の撤廃は，今や 2015 年末に迫る AEC 実現に立ちはだかる最も高い壁の 1 つに

11　ATIGA 第 4 章(非関税措置)第 40 条 3 項で,「新たな措置を導入または既存措置を改訂する場合, 第 11 条に沿って適切に通報すること」が明記され, 第 11 条では高級経済事務レベル（SEOM）と ASAEN 事務局に対し, 発効 60 日以上前に通報することが求められている。

なっている。

　2013年8月にブルネイで開催されたASEAN経済閣僚会議では，NTB/NTMの削減・撤廃に関し，その実施が遅れている事実の懸念を共有，その上でASEAN非関税措置データベースを国連貿易開発会議（UNCTAD）新分類[12]で分類しなおすこと，非関税措置・障壁に関して加盟各国で関係省庁に跨る横断的機関の設置，国家および地域レベルでのNTB/NTMに関する作業プログラムを承認するなど，2015年の目標期限がすぐそこに迫っているにも関わらず，その取り組みは緒に就いたばかりとの印象すらある。

　一方，サービス面でASEANは「ASEANのサービスに関する枠組み協定（AFAS）」のもと自由化に取り組んでいる。サービス貿易の4形態でみれば，第1モード（越境取引）や第2モード（国外消費）は完全自由化を目指すものの，サービス分野の投資にあたる第3モード，労働の移動を意味する第4モードについては必ずしも完全自由化にまで踏み込んでいない。特に，第3モードでは，ASEANの自由化は極めて限定された狭い範囲に留まる懸念がある。

　具体的には，ASEANは12分野155サブセクターの自由化について，WTOの「サービス貿易に関する一般協定（GATS）」と同様にポジティブリスト方式[13]による自由化を進めている。ただし，ASEAN経済閣僚会議（AEM）のもとで自由化が推進されるのは，金融サービス，航空運送サービスを除いた128サブセクターとなる。加盟国はAECブループリントのもと，サービス自由化交渉で自由化するサブセクター数を設定し，加盟各国は指定されたサブセクター数を上回る自由化分野を自ら決定，提示している。ASEAN加盟各国は，2012年のAEMで合意された第8パッケージでは80

12　UNCTADはこれまでのNTM分類から，i）SPSとTBT措置およびそのサブ・カテゴリーを明確に区別した上で技術的措置を拡大，ii）政府調達，知的所有権，補助金，その他に関連措置等従来分類されていなかった措置を導入，iii）新たな概念として履行姿勢など「手続上の障害」の導入，等変更した。

13　市場アクセスや内国民待遇など，サービス自由化の基本的義務を負う分野をリストに掲げる方式。一方，自由化義務約束の例外とする措置や分野を明示的に示す方式はネガティブリスト方式と呼ばれる。一般的にネガティブリスト方式の方がより自由化に資する枠組みと考えられている。

表III-5 ASEANのサービス貿易・第3モードの外資出資比率緩和スケジュール

パッケージ		第7パッケージ		第8パッケージ		第9パッケージ		第10パッケージ	
目標終了期限		2008年経済相会議		2012年経済相会議		2013年経済相会議		2015年経済相会議	
		分野数	外資容認比率	分野数	外資容認比率	分野数	外資容認比率	分野数	外資容認比率
合計分野数		65		80		104		128	
外資制限	優先統合分野	29	51%	29	70%				
	ロジスティクス分野	9	49%	9	51%	9	70%		
	その他サービス	27	49%	42	51%	66	51%	90	70%

(注) 1 分野横断的制限も含む。
2 優先分野は、e-ASEAN、観光。
3 その他モード3における市場アクセス制限の除去は2015年迄に漸次実施。
4 サブセクターの一部の自由化であっても、「当該分野自由化済み」とカウント。
(資料) ASEAN事務局及び各種ヒアリングをもとに作成。

サブセクターを，2014年8月にミャンマー・ネピドーで開催されたAEMでは104サブセクターを，それぞれ自由化する。

　自由化分野を自ら決定して提示する方式は，自由化しても大きな問題がない分野を先に，国内産業への影響が懸念される分野を後に，それぞれ時間差を設けて自由化出来ることから，センシティビティを持つ国内産業は自由化の対処に必要な準備時間を確保することが出来る。

　しかし，ASEANのサービス自由化の真の問題は，実際に外資が参入出来る分野は極めて限られた分野にとどまる懸念があることである。つまり，2015年末のAEC発足後でも，128分野の範疇にあるサービス全てが自由化される訳ではない。具体的には，加盟国は128に分けられた「サブセクター単位」で自由化を行う必要はなく，当該サブセクターを細分化し，自由化する分野を限定することが出来る。当該サブセクター全体でも，また極めて限られた一部でも，ASEANの求める「外資70％容認」分野を設ければ，「自由化が約束された分野」としてカウントされる。そのため，加盟各国は国内保護を主張する業界に配慮し，自由化への影響が最小限に抑えられる業種を選定，ASEAN加盟各国に提示する誘因が働くようになった。例えば，ベト

ナムとタイはサブセクターの1つ「卸売サービス」について，両国とも「自由化を約束した分野」としてカウントされている。しかし，その自由化の範囲は大きく異なる。ベトナムは「卸売サービス」分野全体の自由化を約束したのに対し，タイは卸売サービス分野のうち「医薬品の卸売サービス」のみの自由化を約束した。このように，サービス投資の自由化に後ろ向きな国を中心に，一種のモラルハザードが起きている。

更に，「人の移動」の自由化も限定された部分的なものにとどまっている。AECブループリントの下では，「実業家・熟練労働者および才能ある人材の移動を促進する」とされている。最も所得が高いシンガポールと最も低いミャンマーとでその格差は63.1倍[14]にも達する中，熟練労働者の完全な移動の自由化は，各国の産業・労働構造を崩壊させかねないマグニチュードを持つ。そのため，特定の専門サービス分野の資格についてASEAN全体で相互承認協定（MRA）を締結することで，資格保有者の域内移動の自由化を目指す。しかし，現在までに8分野でMRAが締結されているが，発効しているものはまだない[15]。加盟国の中には，所得や技能の格差から実施に慎重な国があるとみられる。

また，熟練労働者の移動の自由化については，2012年11月にASEAN経済相間で「ASEAN自然人移動協定」を締結した。本協定により，物品貿易，サービス貿易，投資等に従事する自然人[16]の一時的移動について入管手続き申請の合理化・透明化が図られるが，手続き自体が免除されるわけではない。また，ここでの対象範囲は，業務出張者，企業内転勤者，契約サービス提供者，その他加盟国がAFASの下での約束スケジュールで特定をした者であり，労働者全てが対象となるわけではない。

このように非関税障壁・措置削減・撤廃の深刻な遅延，有名無実化したサービス投資の自由化，従来の各国手続きの迅速化を求めるにとどまる熟練

---

14 World Economic Outlook（April, 2014）IMF.
15 2014年8月のAEMで，会計サービス分野について，従来の枠組み協定を新たにMRA協定として置き換えた。
16 一般的な意味での人（人間）のこと。権利や義務の主体である個人を意味する「自然人」（natural person）と，会社など法律上の主体である「法人」（juridical person）とを区別するもの。

表Ⅲ-6　ASEAN が締結した専門家サービスの相互承認協定（MRA）

番号	専門的サービス	担当会議	署名日
1	エンジニアリング・サービス	経済相	2005 年 12 月 9 日
2	看護サービス	経済相	2006 年 12 月 8 日
3	建築サービス	経済相	2007 年 11 月 19 日
4	測量技師	経済相	2007 年 11 月 19 日
5	会計サービス	経済相	2009 年 2 月 26 日 2014 年 8 月 25 日
6	開業医	経済相	2009 年 2 月 26 日
7	歯科医	経済相	2009 年 2 月 26 日
8	観光専門家	観光相	2012 年 11 月 9 日

（資料）　ASEAN 事務局資料を参考に著者が作成。

労働者の移動等に代表されるように，関税削減以外は部分的な自由化・統合にとどまっているのが実情である。また ASEAN 合意事項の国内法や各国規則への反映・展開の遅れもあり，2015 年末に AEC が発足しても，実際のビジネスの現場での影響は限定的であることが予想され，投資家が落胆する可能性がある。

3. ASEAN 経済共同体（AEC）の波及効果

　地域統合の先がけである欧州はどのように統合を進めてきたのか。欧州は，1957 年に欧州経済共同体設立条約，いわゆるローマ条約を締結し，関税同盟と共同市場の設立，経済政策の同質化を目指した。その 11 年後の 1968 年には物品の移動を自由化し，対外共通関税政策を採る関税同盟を実現した。欧州のサービス，資本，人の移動が自由化された共同市場実現には更に四半世紀待たねばならない。欧州が共同市場を実現するマーストリヒト条約を締結したのは 1993 年になってからのことである。EU 加盟の中東欧と西欧との「人の移動の完全自由化」は，シェンゲン協定により 2011 年 5 月に国境検査を撤廃したことで実現した。

　更に，2009 年 12 月にはリスボン条約が発効，これまでマーストリヒト条

約で定義された主要な3つの政策の柱，欧州共同体（EC），共通外交・安全保障政策（CFSP），警察・刑事司法協力（PJCC）を欧州連合（EU）の下で一本化，「共同体」から「連合」に歩を進めた。これによりEUに単一の国際法人格が付与され，外交政策が一元化された。更にEU大統領が誕生するなど，欧州は経済統合から更に政治統合へと踏み出した。

一方のASEANは，加盟各国にとって「心地がいい統合」を目指す。ただしASEANは，自らの経済統合であるAECを東アジアの中で最も自由化水準が高いものにすることを通じて，AEC創設の真の目的である「投資誘致」の実現を目指す。現在までに，東アジアでは環太平洋経済連携協定（TPP），東アジア地域包括的経済連携（RCEP），そして日中韓FTA等メガFTAの交渉が進められている。特に，TPPとRCEPとは，自由化の範囲，水準，速度等において相互に刺激し合いながら交渉が進められるなど「相互刺激効果」がある。いずれか一方が先に統合が進めば，その枠組みに参加していない国が輸出市場の喪失やサプライチェーンから外れる等の経済的不利益を被る懸念を抱くことにより，自らが所属する枠組みも前に進めようとするモメンタムが働く。実際にこれらメガFTAの経済効果は非参加国に負の影響をもたらす場合が多いとみられる。メガFTA構想が主要国に与える経済効果について，関税撤廃・非関税障壁の削減について計測した。TPPは中国と韓国とに負の経済効果をもたらし，一方，RCEPは交渉に参加している日中韓3カ国に顕著な経済効果が確認出来るものの，非参加国の米国・EUに対しては経済効果はない（表Ⅲ-7）。

その中で，ASEAN経済共同体の成否や自由化水準が，高い水準のRCEP実現の大きな鍵を握る。RCEPではその「交渉の基本指針及び目的」で「ASEAN+1FTAよりも相当程度改善した，より広く，深い約束」の実現が約束されている。基本的に，ASEAN10カ国で実現出来ないことは，16カ国で構成されるRCEPでも実現は難しい。そのためRCEP関係国は，まずAECの深化と統合水準を引き上げるべく様々な面で支援することが不可欠である。

RCEPにおける経済連携作りは，関係各国間の産業界の競争力を増進する

表Ⅲ-7　メガ FTA 構想の関税撤廃および非関税障壁削減の経済効果

	TPP	RCEP	FTAAP	日 EU	TTIP
日本	1.6	2.8	3.2	0.8	▲ 0.2
中国	▲ 0.4	3.4	6.0	▲ 0.2	▲ 0.3
韓国	▲ 0.6	6.4	7.1	▲ 0.1	▲ 0.2
米国	0.8	0.0	1.7	▲ 0.1	0.4
EU	▲ 0.1	0.0	▲ 0.6	2.0	2.0

（注）1　数字は、等価変分の GDP 比（％）。
　　　2　TTIP は米国と EU との環大西洋貿易投資連携。
（出所）経済産業研究所　川崎研一氏（http://www.rieti.go.jp/jp/columns/a01_0390.html）。

ものでなければならない。RCEP が効率的且つ効果的な経済連携を目指すには、関係各国がそれぞれ設けている貿易・サービス・投資を中心とした垣根を低くし、更にその運用は産業界の意向を踏まえた「ビジネスフレンドリー」な視点から協定の各種措置を実施することが重要である。そのため、ASEAN 経済共同体構築に際し重要と謳われた「民間部門の関与」を RCEP 構築にも生かしていく必要がある。

ASEAN で実現出来ないことは、ASEAN+1 でも、また 16 カ国で構成される RCEP でも実現出来ない。逆に、ASEAN で実現している様々な要素、措置、規則、自由化水準は、ASEAN+1 や RCEP で展開出来る可能性が高い。その意味で ASEAN 経済共同体は東アジア経済統合のモデルであり、そのルールや取組手法は、容易に ASEAN+1 など他の東アジアの地域統合に伝播する。そのため、制度導入や履行する上でのキャパシティビルディングなどを通じて AEC の形成を支援することは、最終的には日本のみならず RCEP 交渉に参加する ASEAN 対話国にとっても利益になる。

4．経済統合の推進に不可欠な ASEAN の抜本的な権限改革

これまで述べてきたように、AEC は加盟国の主体性を重んじる緩やかな統合体である。そのため、2015 年末の完了を目指す統合作業は遅れがみられる。物品貿易では NTB/NTM の削減・撤廃が、またサービス分野では自由

化分野の選定が，熟練労働者の移動では，専門的サービスのMRA発効が，それぞれ遅れている。ASEANが進める経済統合は，その統合水準に加えて，速度面でもビジネス界の期待と相当なギャップが生じている。AECブループリントの実施状況を示すスコアカードは，2013年9月時点で79.7％だった（全321措置の実施等）。一方，2014年8月のAEMでは全321措置のうち229の優先主要措置のみを抜き出し，その実施率を計測，82.1％と発表した。評価方法の変更は，関係者によれば，全ての措置で実施率を一旦は計測したがASEAN側の想定よりも低くとどまったため，公表をためらったことが理由である。

　ASEAN事務局ミン事務総長はAEC各種措置の実施上の問題点として，①ASEAN内で合意された事項の各国での批准の遅れ，②各国の国内法への適用の失敗，③地域的約束を実施する政治的意志の欠如，を指摘[17]している。市場統合について，ASEAN首脳会議や同事務局は加盟各国から主権の委譲を受けているわけではない。ASEAN内で決定された統合措置の実施主体は，あくまで「加盟各国」である。統合措置の多くは法令化，行政指導を通じ，国内措置として加盟各国政府が実施する。ASEAN事務局や他の加盟国が出来るのは，唯一，各種会合での仲間うちの圧力（ピアプレッシャー）を通じ，措置の実施を求めることである。統合措置の実施は国際情勢もさることながら加盟各国の国内経済・政治情勢に大きく左右されるため，「地域的約束を実施する政治的意志」がより重要となっている。

　ASEAN合意の国内措置への適用問題について，プッシュパナターン・サンドラム元ASEAN事務次長は2014年7月に日本で開かれたAECに関わるラウンドテーブルの中で，「ASEANでの合意（国際合意）と国内法とがうまく共存できる，または国際合意が国内法に反映できる仕組みを作るべき」と述べた上で，「EUでは域内合意が国内法に優先する規定が設けられており，そのように優先順位を明確化することは一案」と述べている。加盟各国で政情不安や選挙による議席数の減少など国内政治体制の脆弱化により，地

17　2013年7月のASEAN日本人商工会議所連合会（FJCCIA）との対話での発言。

域的約束を国内法に展開できない場合も増えてきており，各種統合措置の実施を担保するには，EU を参考に，市場統合に関する権限の抜本的見直しが必要になってきている。

　EU は，前述の通り統合作業を長年に亘り着実に進めてきた。この裏付けとなっているのは，欧州機関が持つ市場統合に関する「権限」である。EU 閣僚理事会は合意した政策を加盟各国議会に下ろし，各国法規を共通化させるなど重要な権限・役割を担う。具体的には，EU 規則の場合，加盟国の立法手続きを経ることなく直接的に加盟国に適用される。一方，EU 指令の場合は，加盟国に対し所定の期間内に国内法の改正・整備を求める。仮に，加盟各国が EU の基本条約に違反する行動をとった場合，EU 政府とも言われる欧州委員会が EU 条約違反で欧州裁判所に提訴することもあり，その結果次第では多額の罰則金が課されるなど強制力を兼ね備えている。

　一方，ASEAN は ASEAN 憲章の原案を策定する段階（賢人会議）では，加盟国が憲章に反した場合，何らかの制裁措置を下す条項を設けることを検討した。しかし最終的に ASEAN 憲章では，重大な違反がある場合，その案件は首脳会議に付託されるとの記載にとどめられた。また，ASEAN の各種協定で加盟国同士での解釈と適用に関する紛争が生じた場合，2004 年に署名した「紛争解決に関する ASEAN 議定書」に従って解決されることが ASEAN 憲章で明記されている[18]。当事国間の協議が失敗に終わった場合，当事国の合意に基づき WTO 同様，パネルを設置して当該事項を審査する。パネルが設置され，当事国が是正勧告に従わなかった場合，被害国は代償交渉を求めるか対抗措置を発動できる。ただし，パネルの設置には，対立する両者の合意が必要になるなど，ここでも「コンセンサス」が必要になっている。このように EU と比較して，ASEAN は統合措置の遅延や不履行に対して明確な罰則措置はなく，あくまで各国に委ねられていることから，全ての措置でスケジュール通りに実施することは難しい。

18　鈴木早苗「第 7 章 移民労働者に関する ASEAN の協力」山田美和編『東アジアにおける移民労働者の法制度』ジェトロアジア経済研究所研究双書 No. 611（2014 年 3 月）。

5. ポストAEC2015に向けて

　AECは緩やかな統合体にも関わらず，AECブループリントが出された2007年当時から，実施を後押しする立場のASEAN事務局からすら「300以上の措置があり，全てを完全に終了させることは不可能」（ソエン・ラッチャピーASEAN事務次長）との声があがっていた。AEC構築期限が徐々に近付くにつれ，その懸念は現実のものとなり，ASEAN内部では「（AECの期限である）2015年12月末は統合作業の『終了日』ではない。統合の努力はそれ以降も続けなければならない」との声があがってきた。

　ASEANは次の10年に向け，現在の統合を更に深化させる青写真の検討作業を始めている。2014年8月にミャンマー・ネピドーで開催されたASEAN経済閣僚会議の開会式で，議長国ミャンマーのテイン・セイン大統領は「ASEAN経済共同体2025：Consolidation and Going Beyond」を現在，作成しているとした。AEC2025は，AEC2015のブループリントで掲げられたにも関わらず期限までに完了できなかった措置に加え，ASEANの包括的統合を目指すための資本市場等新分野での統合を掲げるという。

　既存措置の改善作業も始まっている。前述の通りAFASの下でのサービス自由化は，実際に外資が参入出来る分野は極めて限られた分野にとどまるなど，「有名無実化」している。ASEANは，AFASを内容・形式両面で見直し，「ASEANサービス貿易協定」（ATISA）へと改善・強化する作業を開始している。

　ASEANの統合作業は2015年以降も続くことが確実になり，目標だった「2015年」はあくまでも1つのマイルストーンの位置付けになりつつある。しかし，東アジアで自らの「ASEAN中心主義」を堅持し，「ドライビングシート」に座り続けるには，ASEAN合意に関する権限の抜本的な見直し，ASEAN事務局機能強化，「ASEANマイナスX」フォーミュラの積極的活用など，自己改革が不可欠である。

第3章

東アジア大統合時代へ
~TPPとRCEP,動き出したメガFTA

1. 似て非なる2つのメガ市場統合

　東アジアでは,AECを抱き込むようにTPP,RCEPの2つの地域統合交渉が,同時並行で進み始めた。TPPが実現すれば,GDPの総額は世界全体の37.5%,貿易総額は世界の3分の1に達する。一方のRCEPも,総人口は34億4000人と世界の約半数を占め,GDP総額は21兆3000億ドル,貿易総額は10兆ドルと,それぞれ世界の約3割にのぼる。ただ,2つの超巨大地域統合は,その性質においては,現時点で似て非なる統合の形を指向している。

　TPPは,シンガポール,ブルネイ,ニュージーランド,チリの4カ国による原協定（P4協定）が2006年に発効したことに始まる。米国のオバマ政権はこれをベースに高い水準の協定とすることを目指し,現在の交渉は2010年3月,米国,豪州,ペルー,ベトナムを加えた8カ国で開始された。ブッシュ政権が2006年のアジア太平洋経済協力会議（APEC）で打ち出したAPEC加盟国・地域全体によるアジア太平洋自由貿易地域（FTAAP）構想の素地となることを念頭にしており,関税や投資・サービス分野の自由化に加えて,政府調達,環境,労働などを含む21分野（表III-9）に及ぶ包括的な協定となる。

　このため,交渉分野によって,▽日本対米国（農産物の関税撤廃問題）,▽先進国対中進国（ジェネリック医薬品や著作に対する保護期間など）,▽国有企業の保護や民族優遇策を導入している国々対日米など（国有企業を多

第3章 東アジア大統合時代へ～TPPとRCEP，動き出したメガFTA

表III-8 各メガFTAの経済・人口規模の対世界比率

	経済規模（注①）		人口規模（注②）		国・地域数
	兆ドル	%	億人	%	
環太平洋経済連携協定（TPP）	27.8	37.5	8.0	11.4	12
東アジア地域包括的経済連携（RCEP）	21.3	28.7	34.4	48.8	16
日中韓自由貿易協定（CJK）	15.3	20.7	15.4	21.9	3
日EU経済連携協定（EUJ）	22.3	30.1	6.3	9.0	29
米国EU包括的貿易投資協定（TTIP）	34.2	46.2	8.2	11.7	29
アジア太平洋自由貿易地域（FTAAP）	42.6	57.6	28.0	39.9	21
世界	74.0	100.0	70.4	100.0	189

（注） ①2013年名目GDPベース。②2013年時点。③TPPにはASEANからブルネイ，マレーシア，シンガポール，ベトナムの4カ国のみ参加，FTAAP（APEC）にはカンボジア，ラオス，ミャンマーが未参加。④%は世界に占める割合。重複国が多数あるため，各協定の合計は100%を超える。
（資料） WEO, April 2014（IMF）からジェトロが作成。

く抱えるベトナム，ブルネイ，マレーシアなどでの入札や投資環境を巡る外国企業との公平性確保の問題，マレーシアのブミプトラ政策＝マレー人優遇策の緩和・撤廃問題）など，利害が複雑に絡み合う状況を生んでいる。

　例えば，日本と米国は農産品の関税問題では対立関係にあるが，ベトナムなどに対して，知的財産の保護対策の強化や，国有企業と外国企業との差別待遇の解消を要求する場合は協調関係にある。このように，交渉分野によって敵と味方が入れ替わるなど，対立・協調の組み合わせが幾通りにも変わるうえ，合意は分野別ではなく，全分野一括で合意する手法（シングル・アンダー・テーキング）を採用しているため，交渉参加国は分野ごとの妥協点を探りにくい。さらに，TPPは「例外なき自由化」を原則としており，交渉は難航が続いた。

　ただ，TPPが発効すれば，アジア太平洋地域の貿易・投資活動に及ぼす利益は大きい。アジア地域で米国とFTAを締結しているのは，韓国とシンガポールの2カ国のみだが，TPPに参加している日本，ベトナム，マレーシア，ブルネイも，新たに米国とFTAを結ぶことになる。ベトナム，マレーシア，ブルネイは，米国に原則，無関税で製品を輸出できる環境が整

表Ⅲ-9　TPPの構成内容

項目	主な内容
1. 物品市場アクセス	関税は原則として撤廃。TPP加盟国の企業を自国企業と同じ条件で扱う内国民待遇など貿易面の基本的ルールも策定
2. 原産地規則	TPP加盟国からの輸入品であることを定義するためのルール
3. 貿易の円滑化	通関手続きの簡素化など貿易を円滑に行うための環境整備
4. 衛生植物検疫（SPS）	動植物の過度な検疫などの基準が農業貿易の妨げにならないようにするための取り決め
5. TBT（貿易の技術的障害）	製品や生産工程での安全，品質，環境などの基準が貿易の障害とならないようにするための取り決め
6. 貿易救済（セーフガードなど）	特定の輸入品が急増し，国内産業に影響を及ぼす恐れがある場合に，輸入量を制限することができる措置
7. 政府調達	中央・地方政府が公共事業や物品を調達する際，入札などで国内外の企業を同じ条件で扱うためのルール
8. 知的財産	製品からデザインまで幅広い知的財産の保護対策などのルール
9. 競争政策	独占禁止法などの競争法の改善などを通じて，カルテルなどを防ぐための措置
10～13. サービス	〈10. 越境サービス〉国境を越えるサービスで，自国以外の企業に差別的な措置を行わないための取り決め
	〈11. 一時的入国〉ビジネスで入国する人への滞在要件の緩和など
	〈12. 金融サービス〉国境を越える金融サービスの提供に関するルール
	〈13. 電気通信〉主要な電気通信事業者に対する義務などのルール
14. 電子商取引	電子商取引のルールや環境を定めるうえでの原則
15. 投資	投資を行う際の自国企業と外国企業の無差別原則（TPP加盟国企業への内国民待遇，最恵国待遇の付与など）
16. 環境	輸出競争力を高めるために工場の環境基準を緩和して，環境汚染などをもたらさないための取り決め
17. 労働	輸出競争力を高めるための労働基準の緩和を認めないための取り決め
18. 制度的事項	協定の運用などを巡って当事国同士が協議する際のルール
19. 紛争処理	協定の運用や解釈で締約国間で紛争が起きた場合の解決ルール
20. 協力	協定を運用する体制が不十分な国に対する技術・人材協力など
21. 分野横断的事項	複数の分野にまたがる規制が通商の妨げにならないよう，一定の規定を設ける

（資料）　内閣官房の資料などから作成。

うことにより，シンガポールとともに外資系企業の拠点誘致の面で，他のASEAN各国よりも有利な条件を得られる。TPP交渉に参加しておらず，当時ASEAN議長国であったインドネシアが2011年11月，RCEP創設を提案したのは，ASEAN自らが東アジア広域経済圏構想に向けてドライビングシート（運転席）に座り続けることで，ASEANルールの広域化を通じ，「ASEAN中心主義」，「投資に対する求心力」の堅持を狙うこともある。同時に，自国を含めて，ASEAN内のTPP交渉非参加国の投資誘致力が衰退することへの警戒感や，さらにはTPPの参加国と非参加国の形でASEANが分断される懸念があったことも一因である。

　日本企業にとっては，TPP加盟国に投資する際に内国民待遇と最恵国待遇が与えられるため，相手国の企業と同じ条件で市場参入の機会を得られる。出資比率の制限や，進出企業に対する自国民の一定割合以上の雇用要求，自国企業などへの技術移転の要求などの現地政府による「パフォーマンス要求」も抑制されるようになり，サービス業を含めてビジネス機会が拡大する効果が期待出来る。

　例えば，インドネシア政府は，スーパーマーケットやショッピングセンターなどで取り扱われる物品の数量と種類の80％以上をインドネシア国産品とするよう義務付け，2014年6月に施行した。これはローカルコンテント要求であり，また，国産品に対して輸入品が不利に扱われるという内国民待遇違反の可能性がある。

　マレーシアでも，自動車の輸入に関して，ライセンス（自動車輸入が認められる権利）が付与される輸入業者は，一定のマレー資本が入ったブミプトラ企業に限定されている。内国民待遇原則に抵触することに加えて，輸入許可制度を通じて事実上の輸入車の台数制限を行っており，WTOルールの「数量制限の一般的廃止」に違反する可能性がある。TPP交渉は，これら不公正な取り扱いを可能な限り削減・撤廃することを狙う。

　一方，RCEPは，TPPのような高水準の協定を目指しているわけではない。交渉分野は，主に関税の削減・撤廃を軸とする物品貿易交渉と，投資，サービス分野が中心で，協定の構成としては，オーソドックスなFTAとい

える。

　2012年11月に首脳間で立ち上げが合意されたRCEP交渉は，高級実務者レベルの貿易交渉委員会（Trade Negotiating Committee）の下に，当初は物品貿易，サービス，投資の3つの作業部会（WG）が設けられ，2013年5月のブルネイでの第1回目以降，約4カ月に1回のペースで行われている。2014年1月のマレーシア・クアラルンプールでの第3回交渉では，新たに競争政策，知的財産，経済技術協力，紛争解決に関するWGを設けることが決まった。さらに，同年6月にシンガポールで行われた第5回交渉で，植物衛生検疫（SPS）措置と，貿易の技術的障害（TBT/STRACAP）に関するサブWGを設けることで一致した。

　RCEP交渉開始以降，8～9月頃に開かれる定例のASEAN経済閣僚会議に合わせてRCEP閣僚会議が開催されている。2014年8月にミャンマーのネピドーで行われた第2回RCEP閣僚会議では，関税撤廃などの自由化の方式や水準などの共通ルールとなるモダリティの合意を目指していたが，インド商工相が急遽，国内事情を理由に参加を見合わせた影響もあり，合意は先送りされた。一方で，新たに「電子商取引」，「中小企業」の2つのWGを追加することで合意した。

　ASEANを軸としたRCEP交渉に参加している日本，中国，韓国，インド，豪州・ニュージーランドは，すでにASEANとそれぞれFTAを締結しており，RCEPの自由化の水準は，これら「ASEANプラス1」のFTAを超える水準を目指すとしている。サービス分野では，すべての分野を自由化の対象とし，WTOルールと整合した包括的で質の高い協定を目指す。投資分野は，「促進」「保護」「円滑化」「自由化」を含む内容とする。

　ただ，TPPの交渉参加国と比べると，RCEP交渉には，経済の発展段階が遅れているカンボジア，ラオス，ベトナム，ミャンマーのCLMV4カ国が含まれるうえ，ASEAN先発6カ国の中でも，産業分野によって貿易・投資の自由化に慎重な国も存在する。このため，RCEPの実現には，過去に日本，インドなど各国がASEANとのFTA交渉で示してきたように，発展段階に配慮した異なる自由化の進め方を容認するなど，特別な柔軟性が求められて

いる。

　TPPとRCEPのそれぞれの交渉参加国同士のうち，すでに二国間でFTAを締結しているケースの自由化率（貿易品目数に対する関税撤廃品目の割合）を比較すると，次のようになる。

　TPP参加国のうち，▽米国とシンガポールのFTA（2004年1月発効）は双方とも100％，▽米国と豪州（2005年1月発効）は豪州が100％，米国は将来撤廃する品目を含めると99％，▽米国とチリ（2004年1月発効）は双方とも98％程度──など，米国が絡むFTAの自由化率は100％近い水準だ。

　一方，RCEP交渉の参加国では，▽中国とニュージーランド（2006年10月発効）はNZ側が100％，中国は97％程度，▽中国とシンガポール（2009年1月発効）は，シンガポール側100％，中国は97％程度──と，中国と他国との自由化率は米国並みの高い水準になっている。しかし，日本はASEAN全体とのFTAの自由化率が86.5％にとどまり，日本とASEAN各国や他のRCEP交渉参加国との二国間FTAも，最も高いフィリピンと豪州で88.4％しかない[19]。

　常にFTA交渉相手国に「例外なき自由化」を要求してきた米国が主導するTPPでは，他の参加国もすでに自由化率がほぼ100％のFTAを締結している国が多く，関税率以外にも労働，環境分野などを含めた21世紀型の新たな包括的な通商協定のモデルを目指すという点では，指向が一致しやすい。これに対して，RCEP交渉は，TPP交渉にも参加しているベトナムは工業化の進展でCLMVのグループから離れつつあるとはいえ，カンボジア，ラオス，ミャンマーというASEAN後発国を抱えており，日本も農産物の自由化では難しい政治判断を求められる。

　TPPとRCEPは，関税の削減・撤廃に対する交渉参加国の「耐性」が大きく異なっており，TPPのような高水準の自由化協定をRCEPで実現するのは困難であろう。同じメガFTAであっても，協定の性格として，労働，環境，

19　内閣官房資料。日本と他のASEAN各国とのFTAの自由化率（品目ベース）は，タイ87.6％，マレーシア86.8％，インドネシア86.6％，ベトナム86.5％，ブルネイ84.6％，シンガポール84.4％。

表III-10 アジア太平洋での地域統合構想における対象範囲

	TPP	RCEP	ASEAN+1 FTAs	AEC
物品貿易	◎	◎	◎	◎
物品市場アクセス	◎	◎	◎	◎
繊維・衣料品	◎	○	◎	◎
原産地規則	◎	○	◎	◎
税関	◎	○	◎	◎
貿易円滑化		◎		
TBT（貿易の技術的障害）	◎	○	◎	◎
SPS（衛生植物検疫）	◎	○	◎	◎
貿易救済(セーフガード等)	◎	○	◎	◎
サービス貿易	◎	◎	◎	◎
越境サービス	◎	◎	◎	◎
金融サービス	◎	○	◎	◎
電気通信	◎	○	◎	◎
一時的入国	◎		◎	◎
投資	◎	◎	◎	◎
投資保護	◎		◎	◎
投資自由化	◎		◎	◎
投資円滑化		◎	◎	◎
投資促進		◎	◎	◎
経済・技術協力	◎*	◎		
知的財産	◎	◎		◎
競争	◎	◎	◎	◎
紛争解決	◎**	◎	◎	◎
その他	◎	◎		◎
電子商取引	◎	◎		◎
環境	◎			
政府調達	◎			
労働	◎			
分野横断的事項	◎			
中小企業		◎	◎	◎

(注) ◎は対象範囲（但しASEAN+1FTAの場合、少なくとも1つ以上の協定で対象範囲）。RCEPの○は、ASEAN+1FTAおよびAECから対象範囲と推察されるもの。*：協力・能力開発、**：紛争解決を含め協定運用のための法的問題。

(資料) USTRウェブサイト、ASEAN事務局、豪州政府、ADBより福永佳史氏作成。

政府調達などの広範な分野を網羅するTPPは、アジア太平洋地域で高度な通商秩序のひな形となる一方、RCEPは、自由化の例外措置を容認してきた「ASEANプラス1」FTAの拡大版として、貿易・投資・サービス分野を軸とする従来型の協定モデルを踏襲していく形になるであろう（表Ⅲ-10）。

2. 自由化水準が低くても、使い勝手に期待できるRCEP

　では、RCEPはTPPよりも地域統合の水準や質の面で劣るのだろうか。答えは「否」だ。TPP交渉は、先進国と途上国などの利害が対立して交渉が進展しない「ミニ・ドーハラウンド」と化しつつある。一方、RCEP交渉は、「参加国の個別かつ多様な事情を認識しつつ、既存のASEAN+1FTAよりも相当程度改善した、より広く、深い約束」を目指しているが、参加国はそれぞれ「ASEANプラス1」協定のたたき台があり、交渉の難易度としてはTPPより容易だ。

　東南アジア各国や中国、インドなどに生産・販売拠点を展開する日本企業にとって、東アジア地域のサプライチェーンを強化するためには、RCEPの早期妥結・発効が欠かせない。第Ⅱ部で指摘したように、日本企業は、日本とASEAN全体とのFTAや、日本とASEAN各国との二国間のFTAに加えて、日本が絡まない「外・外FTA」（第三国間FTA）のメリットを十分に研究し、部品や完成品のアジア域内外での輸出入に活用している。FTAは、2000年代初頭の各国政府間の構想・交渉の時期を経て、メーンプレーヤーである各国企業がいかにネットワークを使いこなすかという、活用の段階に入っている。

　RCEPの自由化率が、仮に80％半ばにとどまったとしても、日本とASEANの既存のFTAの自由化率と大差はない。RCEPの自由化率がそれ以上であれば、日ASEANのFTA効果よりもプラスになる。

　交渉で自由化率を高くするのは重要だが、日本企業にとってさらに重要なのは、RCEP域内で「共通の原産地規則」が適用されることだ。日本と中国、韓国のFTA交渉や、日韓FTA交渉は外交問題に左右されやすく、実現

の目途が予測しづらい状況にある。

　そうした中でRCEPが実現すれば，加盟各国間で共通の関税率（共通譲許方式）と共通の原産地規則が適用されるため，日中韓及び日韓のFTAも，RCEPの枠組みの中で自動的に完成する。日本と中国，韓国の間でも関税率が削減・撤廃されるため，3カ国間の貿易拡大効果が期待される。

　さらに，RCEPでも「ASEANプラス1」のように累積付加価値基準などの原産地規則が導入されれば，ASEANと日中韓，インド，豪州・NZで分業生産される製品や部品に対して，RCEP特恵関税率の恩恵が及ぶ。日本とASEAN，中国とASEANなど既存の5つの「ASEANプラス1」FTAでは，それぞれのFTAで原産地規則が異なるうえ，他のASEANプラス1のFTAとの間で，付加価値の累積が出来ないことが大きなボトルネックだった。

　現状では，例えば日本とASEANとのFTAでは，日本とASEAN10カ国で分業生産される部品や製品のみが特恵関税を享受できる対象だが，RCEPが実現すれば，日本企業はASEANプラス6カ国の広大なエリアで，生産・販売拠点の配置や部品調達のルートなどを自在に組める柔軟性を手に入れられる。関税の削減・撤廃に伴うコスト削減効果のみならず，生産拠点や人員など経営資源の最適配置，自然災害や政情不安からのリスク分散という点でもメリットがある。

　例えば，タイは世界でも生産台数でトップ10に入る東南アジア最大の自動車生産拠点になった。高機能の基幹部品も徐々にタイで生産されるようになったが，それに使われる部品は依然としてASEAN域外からの調達に依存している場合が少なくない。ある在タイの日系自動車用変速機メーカーは，部品全体の約6割はタイ国内で調達しているが，残りはASEAN域内と日本，韓国，米国から輸入している。また，製造された変速機は，タイ国内に加えて，インド，韓国，中国に輸出している。部品の調達・供給網が東アジアを中心に広がる同社にとって，RCEPの傘の下で原産地規則の統一累積付加価値基準が利用できれば，原産性を確認する際に求められる事務作業を軽減できるばかりでなく，関税コストの大幅な削減効果が見込める。

　ただし，RCEPで採用する原産地規則は，「ASEANプラス1」FTAで採用

されている規則の中で最も自由度が高いルールを導入して，域内取引を阻害しないようにする必要がある。

現在，ASEANプラス1 FTAの原産地規則の多くは「地域累積付加価値基準（RVC）」と「関税番号変更基準（CTC）」の選択性が採られている。ただし，ASEANと中国のFTAが「RVC 40％」のみなのに対して，ASEANとインドのFTA（AIFTA）は，「RVC 35％」および「CTC 6桁」の両方が求められ，他の「ASEANプラス1」のFTAに比べて原産地認定基準が厳しくなっている。

RCEP実現に期待を寄せている日本の自動車産業は，RCEPの原産地規則がインド寄りになることを強く警戒している。自動車部品の場合，関税番号は「その他自動車部品」にまとめて入れられてしまう場合も多く，加工しても関税番号が変わらないことから，「CTC」の基準を満たせない品目が多数出てくる可能性があるためだ。前出の在タイの日系自動車用変速機メーカーの場合，RCEPの原産地規則がインドに引きずられてAIFTAと同じルールになった場合，タイ以外からの調達部品90点のうち約50点が関税番号6桁ベースで同一になり，RVCとCTCの両方の基準を同時に満たすことができず，RCEPの特恵関税を受けられないという。

東アジア全体で調達・供給網を張り巡らすこうした企業にとって，RCEPは最も効率的かつ効果的なFTAである一方，インドのRCEP参加を優先するあまり原産地規則でインドに配慮・妥協した場合，RCEPは「全く使えない協定」になる。

日本にとって，TPPの実現は，日米FTAが完成することを意味しており，さらには，ベトナム，マレーシアなど，これまで日本が二国間EPAで自由化を取りこぼした投資・サービス分野への日本企業の進出が容易になるメリットがある。これに対して，RCEPはルール設定さえ誤らなければ，日本企業がASEAN市場を中心に東アジア地域で長年構築してきたサプライチェーンや分業生産網，販売ネットワークを強靭にする効果が十二分に見込める。

RCEPとTPPは二者択一ではなく，協定の優劣を比較するのは枝葉末節で

ある。日本企業の競争力を高めるには，まずは RCEP の早期実現を優先し，自由化のもう一段の深掘りは，協定発効後の見直し協議で対応しても遅くはない。RCEP，TPP の双方に参加している日本は，それぞれのメガ FTA の特性を存分に活用して，国益の最大化を図ることが至上命題である。

　日本にとっては，RCEP を補完するためにも，日中韓 FTA，日韓 FTA を自由化の水準が高い協定に仕上げることが求められる。さらに，ASEAN 各国やインド，豪州などとの二国間 FTA でも，日本は今後の協定の見直し協議などを通じ，投資・サービス分野を含めて自由化の質を一段と高める努力が不可欠だ。

3. TPP，RCEP，AEC の先にあるもの

　東アジア市場統合の最終的な姿として，21 カ国・地域が加盟する APEC は，「アジア太平洋自由貿易地域」（FTAAP）構想の実現を掲げている。2006 年のハノイでの首脳会議で初めて議論され，2010 年 11 月の横浜での首脳会議では，ASEAN プラス 6 など既存の地域統合の取り組みを発展させることで，FTAAP を追求していく方針が確認された。さらに，2012 年 9 月にロシアのウラジオストックで開催された首脳会議では，地域統合を前進させることが，FTAAP に向けた「経路」であるとして，FTAAP 構想の模索を続けることで一致した。

　FTAAP は遠大な構想であり，実現の目標年限や自由化の内容を政府間で議論するのは時期尚早である。ただ，遠大な目標がアジア太平洋域内の自由化をけん引した 1 つの事例がある。1994 年のインドネシアでの APEC 首脳会議で採択された「ボゴール宣言」だ。

　宣言が打ち出した「先進国は 2010 年，途上国は 2020 年に自由化を完了させる」という目標は，当時から見れば現実味に欠ける遠い未来の話だったが，APEC 加盟国・地域の自由化のモメンタムを維持するための「旗印」としての効果はあった。ボゴール宣言当時はアジアに存在しなかった FTA が，2000 年ごろから ASEAN を軸に拡大を始め，ボゴール宣言が先進国グルー

プの自由化完了年限に掲げた「2010年」を前にして、「ASEANプラス1」のFTAが次々と発効した。その意味では、宣言にうたわれた自由化目標は、対象がFTA相手国に限定されるものの、大幅な前倒しを伴って実現したともいえるだろう。

東アジアでは「ASEANプラス1」FTAの次のステップとして、ASEAN経済共同体というASEAN内でのさらに深化した経済統合に加えて、TPP、RCEPというメガFTAが形成に向かい始めた。

これまでのアジアでの地域統合の流れは、例えばインドが中国を意識して強引にASEANとのFTA締結に動き出すなど、ライバル視する他の地域統合の動きをにらみながら、相互に進捗を競い合ってきた。ポーカーゲームで掛け金を釣り上げるレイズにも似ている。

アジアでの様々な地域統合がWTOのドーハ・ラウンドと異なるのは、ゲームのルールが全く違う点であろう。WTOは全員一致の原則のため、一国でも反対すれば交渉は進まなくなる。しかし、地域統合のゲームは、まず交渉に参加しなければ不戦敗となり、自国だけが競争力を大きく損なう。カンボジアのフン・セン首相が2012年7月、シエムレアプの夕食会で、TPP交渉への参加希望をクリントン米国務長官に伝えたのも、TPPという地域統合に加わらなければ、外資をミャンマーに奪われるという危機感があったからだ。

RCEPでは、交渉の立ち上げ前に参加国の経済閣僚が「RCEPの交渉の基本指針及び目的」の範囲を議論した際、豪州は、TPPにも含まれる「労働」「環境」を交渉対象に盛り込むよう強く主張した。しかし、ASEANの中にはTPP交渉に参加していない国も多く、概して豪州の提案に否定的だった。豪州は、RCEPの交渉開始に合意出来なかった場合、その責任を一身に負わされることを懸念し、一旦は鉾を納めた。

一方、インドは高い自由化率の実現にもともと否定的であり、2014年4～5月の総選挙が近づくにつれ、RCEP交渉に参加はするものの、様々な場面で決定を先延ばしにしてきた。モディ新政権が5月末に発足して初めての2014年8月のネピドーでのRCEP閣僚会議では、各国は最低限の自由化

水準を設定することを目指したが，40％程度と極めて低い水準を主張するインドと，広範囲かつ可能な限り例外のない自由化を主張する豪州・ニュージーランドを中心とした他の交渉国との溝は埋まらず，全体の合意は断念した。RCEP 閣僚会議は，WTO 同様，一部の国に足を引っ張られた形となった。

今後，豪州は「協定の対象範囲に『労働』と『環境』が含められるよう働きかけを続ける」（エマーソン貿易相）構えも見せており，RCEP 交渉でインドや豪州・NZ は自国の主張を貫き通す可能性がある。しかし，交渉のブレーキとなっている国に対して，ASEAN や他の参加国が RCEP の趣旨に反するとして，「退場宣告」も辞さない構えを示せば，ドーハ・ラウンドとは異なり，その国は地域統合からの脱落を避けるため，強硬な主張を緩める可能性も出てくるだろう。RCEP 交渉は，「全会一致」を原則としながらも，早期妥結を図るには，特定の主張にこだわる一部の国や頑なに反対を貫く国に対し，時には「退場カード」をちらつかせるなど，硬軟織り交ぜた駆け引きが不可欠である。

RCEP 参加国は発効後，構成国を現在の ASEAN プラス 6 カ国から広げる方針であり，将来，自由化の効果を見極めたうえで，南西アジアや南米の国々が RCEP への参加を表明する可能性は十分にある。TPP にしても，ASEAN 内を含めて，新たに参加を希望する国が出てくる可能性は否めない。いずれも，協定発効後の貿易・投資の拡大効果が大きいほど，自国の競争力を失うまいと，新規参入を望む国は増えるであろう。TPP と RCEP は併存しつつ，それぞれの参加国は膨らんでいく形になるとみられる。

繰り返しになるが，TPP と RCEP は二者択一ではなく，企業にとって，利用できる自由化の枠組みは多いに越したことはない。実際，日本は ASEAN との間で二国間の EPA と，ASEAN 全体との FTA（AJCEP）を締結しているが，日本企業は日本と ASEAN 域内の複数の国にまたがる生産活動では AJCEP の原産地規則を，単純な 2 カ国間取引であれば関税削減の恩恵が AJCEP より得られる二国間 FTA の制度を巧みに利用している。FTA のプレーヤーは企業であり，政府の役割は，ASEAN を舞台にした通商パワー

ゲームの中で，企業の活動を最大限支援することにある。

　TPPとRCEPという2つのメガFTAは，「米国がアジア太平洋地域で米国流の通商秩序を構築するためのTPP」，「中国が通商戦略上，米国抜きの地域統合を通じて東アジアを自らの影響圏に収めようとするためのRCEP」というような，米中対立の道具としてはならない。東アジア地域の共存共栄を目的とするメガ市場統合の将来像さえ見失わなければ，やがて「FTAAP」の輪郭が見えてくるであろう。

　　　　　　　　　　　　　　　　　　　（深沢淳一・助川成也）

東アジア通商年表（ASEANを巡る主な動き）

年	月	国・地域名 FTA 名	FTA 関連の動き
1990年	12月	マレーシア	マハティール首相が東アジア経済グループ（EAEG）の創設を提唱
1993年	1月	ASEAN	AFTA のための共通効果特恵関税（CEPT）協定発効
1997年	12月	ASEAN+3	ASEAN が日中韓首脳を招待し，初の ASEAN+3 首脳会議をクアラルンプールで開催
1998年	12月	ASEAN+3	ハノイでの ASEAN プラス 3 首脳会議で金大中大統領が東アジア・ビジョン・グループ（EAVG）の設置を提案
1999年	11月	日中韓	金大中大統領が日中韓による経済協力構想を提案
	12月	日本	シンガポールのゴー・チョクトン首相が日本に FTA 締結を提案していることが明らかに
		日本	小渕首相とゴー・チョクトン首相が産学官による FTA（EPA）の共同研究の開始に首脳合意
2000年	1月	日中韓	研究機関間で FTA に関する共同研究開始（※ 2005 年 12 月報告書・政策提言を首脳に提出）
	3月	日本	シンガポールとの FTA 共同研究会開始
	9月	日本	共同研究会が日シンガポール経済連携協定（EPA）締結を提言する内容の報告書を取りまとめ
		日本	タイ北部チェンマイでの日 ASEAN 経済閣僚会議で，ASEAN 側が FTA の研究開始を提案
	10月	日本	森首相とゴー首相が日シンガポール EPA の政府間交渉の開始に合意
		豪 NZ	アンコール・アジェンダ（AFTA・CERFTA に関するハイレベルタスクフォース報告書）報告
	11月	中国	朱鎔基首相が ASEAN との首脳会議で FTA の可能性を含む共同研究を提案
		NZ	シンガポールとの間で両首脳が FTA 調印
		豪州	シンガポールと FTA 交渉の開始に合意

		米国	シンガポールとFTA交渉の開始に合意。米国にとってアジアの国とは初の交渉
		ASEAN	金大中大統領が政府レベルの東アジア・スタディー・グループ(EASG)の設置を提案
2001年	1月	NZ	シンガポールとのFTA発効
		日本	シンガポールとFTA(EPA)締結交渉を開始
	3月	中国	ASEANと「経済協力に関するASEAN-中国専門家グループ」を設置
	4月	中国	ASEANとの専門家グループの初会合で中国がアーリー・ハーベストを提案
	5月	NZ	タイとのFTA交渉開始
		インド	シンガポールと包括的経済協力協定(CECA)交渉開始
	9月	日本	メキシコと産学官によるFTAの共同研究会設置に合意
		日本	ASEANと経済協力や経済統合を検討する専門家グループの設置に合意
	10月	日本	小泉首相とシンガポールのゴー首相がFTA(EPA)締結に合意
	11月	中国	ASEANとの首脳会議で「10年以内に自由貿易圏(FTA)」の創設を目指すことで合意
	12月	中国	WTO加盟
2002年	1月	日本	シンガポールで小泉首相とゴー首相がEPAに調印。日本にとって初のEPA締結
		日本	ASEANとの専門家グループがバンコクで初会合
	3月	日本	ASEANとの専門家グループの第2回会合。農業自由化を巡ってASEANが反発
		日本	韓国とFTAの共同研究開始に合意
	4月	中国	胡錦濤・国家副主席(次期国家主席)がマレーシア,シンガポールを訪問
		日本	小泉首相が海南島のボアオフォーラムでFTAを積極的に推進する方針を宣言
		日本	海南島でのタイとの首脳会談で,FTA締結の可能性を検討する作業部会の設置に合意
		日本	ヤンゴンでの日ASEANフォーラムで,ASEANとFTAを含む2国間の経済連携推進を表明
	5月	中国	ASEANとの高級事務レベル会合で,投資・サービス分野の自由化にも取り組むことで一致
		米国	USTRとASEANがバンコクで10年ぶりに経済閣僚会議を開催
		日本	フィリピンとの首脳会談でFTAの可能性を検討する作業部会の

			設置に合意
	6月	豪州	タイとFTA交渉開始
		NZ	タイとのFTAで署名
		インド	シンガポールとの包括的経済協力協定（CECA）に署名
	7月	日韓	FTAの共同研究を開始（2003年10月にFTA締結を提言する報告書を首脳に提出）
	8月	日本	ASEANとの専門家グループ会合で，来年1年をかけてFTAの大枠を取りまとめることに合意
	9月	豪NZ	AFTA・CER-包括的経済連携にかかる共同閣僚宣言で貿易，投資，地域経済統合を促進するための枠組み構築に合意
		中国	ASEANとの経済閣僚会議でアーリー・ハーベストの内容に大筋合意
	10月	中国	ASEANとの事務レベル協議で「枠組み協定」がほぼ完成
		米国	ブッシュ大統領がASEAN各国とのFTA締結に向けて「ASEANイニシアチブ計画」を発表
	11月	ASEAN+3	プノンペンでのASEANプラス3首脳会議で東アジアスタディグループ（EASG）が中長期的課題として東アジア首脳会議を提言
		インド	プノンペンでASEANと初の首脳会議。10年以内のFTA完成を提案し，共同研究開始に合意
		中国	ASEANとの首脳会議で，FTAの完成時期をASEAN先発加盟6カ国とは「2010年」とすることで合意
		中国	プノンペンでの日中韓首脳会談で，朱鎔基首相が「日中韓FTA」を提案
		中国	朱鎔基首相がカンボジアのフン・セン首相と会談し，債権を帳消しに
		中国	プノンペンでのメコン川流域国首脳会議でCLMV支援の拡大を表明
		日本	ASEANとの首脳会議で，FTAを含む経済連携構想の枠組みを策定することに合意
		日本	シンガポールとのFTA（EPA）発効
		米国	マニラでUSTRとASEANの経済閣僚会合。ASEANイニシアチブ計画をASEAN側が歓迎
2003年	1月	ASEAN	AFTAで先発加盟6カ国の関税削減対象品目（IL）を0〜5％に（ベトナムは2006年）
	2月	中国	ASEANとFTA交渉を開始
		日本	マレーシアとFTA（EPA）の可能性を検討する作業部会の設置に合意
		豪州	シンガポールとのFTAに署名

アジア通商年表　269

	4月	EU	貿易投資拡大の枠組みとして「EU-ASEAN 地域間貿易構想（TREATI）」に合意
	5月	米国	ブッシュ大統領とシンガポールのゴー・チョクトン首相が FTA に署名
	6月	中国	香港との経済貿易緊密化協定（CEPA）に署名
	7月	豪州	シンガポールとの FTA が発効
		中国	ASEAN との ACFTA の「枠組み協定」が発効
	9月	韓国	欧米や ASEAN などとの FTA 締結方針を示した FTA の「ロードマップ」（行程表）を策定
		日本	ASEAN と 2005 年に FTA 交渉を開始することで合意
	10月	中国	タイとの間でアーリー・ハーベストの自由化を ASEAN 全体に先駆けて実施
		中国	ASEAN との首脳会議で，「平和と繁栄のための戦略的パートナーシップ」に関する共同宣言
		中国	ASEAN の基本条約「東南アジア友好協力条約」（TAC）に署名
		インド	ASEAN と経済連携枠組み協定に署名。主要国とは 2011 年の FTA 完成を目指す
		インド	中国に続き，「東南アジア友好協力条約」（TAC）に署名
		韓国	盧武鉉大統領が ASEAN と FTA を締結する方針を表明。専門家グループ設置に合意
		日本	ASEAN との首脳会議で FTA（EPA）交渉開始に合意。主要 6 カ国とは 2012 年に自由化完成へ
	12月	日本	東京で ASEAN と初の特別首脳会議を開催。TAC に署名
		日韓	日韓 FTA 交渉を開始
2004 年	1月	中国	香港との経済貿易緊密化協定（CEPA）が発効
		韓国	シンガポールとの FTA 交渉開始
		中国	ASEAN との農産物のアーリー・ハーベストによる自由化を開始
		日本	マレーシアと FTA（EPA）交渉開始
		米国	シンガポールとの FTA が発効
	2月	日本	タイとの二国間 FTA（EPA）交渉を開始
		日本	フィリピンとの二国間 FTA（EPA）交渉を開始
	3月	韓国	ASEAN との間で包括的経済協力に関する共同研究開始（※ 2004 年 9 月終了）
	4月	韓国	初めての FTA としてチリとの協定が発効
	7月	豪州	タイと FTA に署名
	9月	インド	タイとの経済協力枠組み協定発効。アーリーハーベストで 82 品

			目の関税削減開始
	11月	豪NZ	ASEAN 豪・NZ 記念首脳会議で AANZFTA 交渉の 2005 年開始で合意
		日中韓	日中韓投資協定の政府間協議開始に合意
		中国	ASEAN との「中国 ASEAN 博覧会」を初めて開催
		日韓	第6回のFTA交渉以降，交渉が中断状態に
		ASEAN+3	ビエンチャンでの ASEAN プラス 3 首脳会議で，初の EAS を 2005 年，マレーシアで開催することを決定
	12月	中国	NZ と FTA 交渉開始
2005年	1月	豪州	タイと FTA 発効
	2月	韓国	ASEAN との間での FTA（AKFTA）本交渉入り。2 年以内の妥結目指す
		豪NZ	AANZFTA 本交渉入り。2 年以内の妥結目指す
	3月	インド	ASEAN との 2005 年 4 月実施予定のアーリーハーベストを原産地規則問題で断念
		中韓	FTA の民間共同研究開始
	4月	ASEAN+3	東アジア FTA（EAFTA）構想について民間専門家による検討開始
		日本	ASEAN との FTA（EPA）で本交渉入り
	5月	NZ	マレーシアとの FTA 交渉開始
		豪州	マレーシアとの FTA 交渉開始（2006 年に一時交渉中断）
		日中韓	投資協定の政府間協議を開始
	7月	NZ	タイとの FTA が発効
		中国	ACFTA で ASEAN との関税削減開始
		日本	インドネシアとの二国間 FTA（EPA）交渉を開始
		EU	ASEAN-EU ビジョングループ開催（※ 06 年 5 月 AEM-EU 経済相に提言。交渉期間 2 年以内，締結後 7 年で関税撤廃を提言）
	8月	インド	シンガポールとの包括的経済協力協定（CECA）が発効
		韓国	シンガポールとの FTA に署名
	11月	日本	豪州との二国間 FTA（EPA）で共同研究開始
	12月	ASEAN	第 1 回の東アジア首脳会議（EAS）がクアラルンプールで開催
		日本	マレーシアとの二国間 FTA（EPA）に署名
2006年	3月	韓国	シンガポールとの FTA が発効
	5月	TPP	TPP の原協定（P4 協定）が発効（ブルネイは 7 月，チリは 11 月に発効）
	6月	日本	ブルネイと二国間 FTA（EPA）交渉を開始

	7月	ASEAN+3	EAFTA 構想の民間専門家による共同研究終了（計4回開催）
		日本	マレーシアとの二国間 FTA（EPA）が発効
	8月	ASEAN+3	AEM+3 会議で民間専門家の EAFTA 構想の研究報告書提出
		ASEAN+6	日本が ASEAN+6 による「東アジア包括的経済連携」(CEPEA) 構想の研究会設置を提案
		韓国	ASEAN との間での FTA（AKFTA）署名（タイを除く）
	9月	日本	フィリピンとの二国間 FTA（EPA）に署名
	10月	中国	シンガポールと FTA 交渉開始
	11月	中韓	産官学による FTA の共同研究を 07 年初めに開始することで合意（期間は 1 年間）
		日本	豪州との二国間 FTA（EPA）で両首脳に共同研究報告を提出
		米国	ブッシュ大統領がハノイでの APEC でアジア太平洋 FTA（FTAAP）構想を提案
2007年	1月	ASEAN+3	EAFTA 構想で民間専門家会合第 2 フェーズ実施を首脳間で合意
		ASEAN+6	東アジア首脳会議で CEPEA 構想の研究開始に合意
		中国	ASEAN との FTA でサービス分野の自由化協定に署名
		日本	ベトナムとの二国間 FTA（EPA）交渉を開始
		日本	インドとの二国間 FTA（EPA）交渉を開始
		ASEAN	AFTA で先発加盟 6 カ国の関税撤廃品目比率 80% 以上に
	3月	中韓	FTA の共同研究会開始
	4月	日本	豪州との二国間 FTA（EPA）で交渉開始
		日本	タイとの二国間 FTA（EPA）に署名
	5月	日本	ASEAN との FTA（EPA）で原則合意（枠組みとなるモダリティに合意。以降、8月大筋合意〔譲許品目リスト〕、11月最終合意）
		EU	ASEAN との FTA 交渉入りで合意。同月交渉開始
	6月	ASEAN+6	ASEAN+6 による CEPEA の研究会発足（2009 年の ASEAN+6 経済閣僚会議に最終報告）
		韓国	ASEAN との FTA で物品貿易自由化協定が発効（ただしタイを除く）
		日本	ブルネイとの二国間 FTA（EPA）に署名
	7月	中国	ASEAN との FTA でサービス分野の自由化協定が発効
	8月	日本	インドネシアとの二国間 FTA（EPA）に署名
	11月	韓国	ASEAN との間でサービス貿易協定締結（タイを除く）
		日本	タイとの二国間 FTA（EPA）が発効
2008年	2月	インド	マレーシアとの包括的経済協力協定の交渉を開始

	4月	日本	ASEANとのFTA（EPA）に署名
		中国	NZとFTAを署名
	7月	日本	インドネシアとの二国間FTA（EPA）が発効
		日本	ブルネイとの二国間FTA（EPA）が発効
	8月	豪NZ	ASEAN-CER経済閣僚会議でAANZFTAに合意
	9月	TPP	米国が原加盟4カ国（P4）の代表と共に交渉立ち上げを表明
		TPP	豪州が交渉参加を検討すると発表
	10月	中国	NZとのFTAが発効
		中国	シンガポールとFTAを署名
	12月	日本	フィリピンとの二国間FTA（EPA）が発効
		日本	ASEANとのFTA（EPA）発効
		日本	ベトナムとの二国間FTA（EPA）に署名
2009年	1月	中国	シンガポールとのFTAが発効
	2月	韓国	AKFTAでタイが物品貿易協定参加に関する議定書署名
		ASEAN	ASEAN物品協定（ATIGA）に署名
		豪NZ	ASEANとのFTA（AANZFTA）に署名
	3月	TPP	ベトナムが交渉参加を表明
		EU	ASEANとの第7回FTA交渉で交渉の一時停止で合意
	5月	韓国	ASEANとのFTAでサービス貿易協定が発効
	6月	韓国	AKFTA投資協定に署名（於：ASEAN韓国特別首脳会議）
	8月	ASEAN+3	ASEAN+3経済閣僚会議でEAFTA構想の報告書提出
		ASEAN+6	経済閣僚会議でCEPEA構想の報告書提出
		インド	ASEANインド経済閣僚会議でFTAに署名
		中国	ASEANとのFTAで投資分野の自由化協定に署名
	9月	韓国	ASEANとのFTAで投資分野の自由化協定が発効
	10月	NZ	マレーシアとのFTAに署名
		韓国	タイとのAKFTA物品貿易協定発効
		日本	ベトナムとの二国間FTA（EPA）が発効
2010年	1月	ASEAN	先発加盟国が関税撤廃（新規加盟国は2015年）
		インド	ASEANとのFTAで物品貿易協定が発効
		豪NZ	ASEANとのFTAが発効
		中国	ASEANとのFTAで投資分野の自由化協定が発効

		ASEAN	ASEAN物品貿易協定（ATIGA）が発効
	3月	TPP	ペルーが交渉参加を発表
		TPP	P4加盟4カ国に加え，米，豪，ペルー，ベトナムの8カ国で交渉開始（第1回交渉）
	5月	中韓	FTAの研究会終了，MOU締結
		日中韓	産学官によるFTAの共同研究を開始
	8月	NZ	マレーシアとのFTAが発効
	10月	EU	マレーシアとのFTA交渉開始
		TPP	菅首相，所信表明演説で「TPP交渉への参加を検討し，アジア太平洋自由貿易圏（FTAAP）の構築を目指す」
		TPP	マレーシアが交渉参加（第3回会合）
	11月	ASEAN	ハノイでの東アジア首脳会議で，次回から米露を加えることに合意。18カ国体制に
2011年	1月	インド	マレーシアとの包括的経済協力協定に署名
		インド	インドネシアとの包括的経済協力協定（EPA）の交渉開始
	2月	日本	インドとの二国間FTA（EPA）に署名
	7月	インド	マレーシアとの包括的経済協力協定が発効
	8月	日本	インドとの二国間FTA（EPA）が発効
		日中	ASEAN+6経済閣僚会議で日中が貿易・投資の自由化を議論する作業部会設置を提案
	11月	ASEAN	バリ島での東アジア首脳会議にオバマ大統領が初参加
		日中韓	日中韓首脳会議でFTA交渉の早期開始に合意
		RCEP	バリ島でのASEAN首脳会議で東アジア地域包括的経済連携（RCEP）構想を表明
		TPP	ホノルルでのAPEC首脳会議で野田首相が交渉参加に向けた関係各国との協議を開始すると表明
		TPP	メキシコ，カナダが交渉参加に向けた協議開始の意向を表明
	12月	日中韓	産学官のFTA共同研究が終了
2012年	5月	豪州	マレーシアとのFTAに署名
		日中韓	3カ国による投資協定に署名
		日中韓	日中韓首脳会議でFTA交渉の年内開始に合意
		中韓	中韓の貿易担当閣僚が中韓FTA交渉の開始に合意（同月交渉開始）
	6月	TPP	交渉参加9カ国が，メキシコ，カナダの交渉参加支持を表明
		EU	ベトナムとのFTA交渉開始

	7月	韓国	インドネシアとのFTA交渉開始
	8月	RCEP	プノンペンでのASEAN+6経済閣僚会議でRCEPの交渉開始に合意
	9月	韓国	ベトナムとのFTA交渉開始
		豪州	インドネシアとの包括的経済協力協定（EPA）の交渉開始
	10月	TPP	メキシコ，カナダの交渉参加を巡る9カ国の国内手続終了。計11カ国に（交渉参加は11月）
	11月	日中韓	プノンペンでの貿易閣僚会議でFTAの交渉開始を宣言
		RCEP	プノンペンでのASEAN関連の首脳会議で2015年までの合意目標を打ち出し，交渉開始を宣言
		TPP	東アジア首脳会議の際のTPP首脳会議で，参加7カ国首脳が2013年中の交渉妥結目標に合意
2013年	1月	豪州	マレーシアとのFTAが発効
	2月	TPP	日米首脳会談で交渉の早期妥結を目指す共同声明を発表
	3月	日中韓	3カ国のFTA交渉を開始
		TPP	安倍首相が日本の交渉参加を表明（第16回会合）
	4月	TPP	日米協議合意，交渉参加11カ国が日本の交渉参加支持を表明
	5月	EU	タイとのFTA交渉開始（2014年5月のクーデターで交渉停止）
		RCEP	ブルネイで第1回交渉。物品貿易，サービス，投資の各作業部会を設置
	7月	TPP	交渉参加11カ国の国内手続が終了し，日本が正式に交渉参加
	8月	RCEP	ブルネイで1回目の閣僚会合を開催
	10月	TPP	TPP首脳会合，閣僚会合（於：バリ）
2014年	4月	TPP	日米首脳会談，閣僚協議（於：東京）
	5月	日中韓	3カ国による投資協定が発効
	7月	日本	豪州との二国間FTA（EPA）に署名
		香港	ASEANとのFTA交渉開始
		中韓	習近平国家主席と朴槿恵大統領が中韓FTA交渉の年内妥結目標に合意
	8月	ASEAN	ASEAN包括投資協定（ACIA）修正にかかる議定書に署名
		豪NZ	ASEANとのFTA（AANZFTA）改訂議定書に署名
		中国	「ASEAN中国FTAのアップグレード」（2013年，中国・李克強首相が提案）について，要素文書（Elements Paper）を採択
		RCEP	第2回閣僚会合で協定の枠組みとなるモダリティに合意出来ず

（資料）　助川成也・深沢淳一が各種資料をもとに作成。

著者略歴

深沢 淳一（ふかさわ・じゅんいち）

1987年，読売新聞入社。主に経済部で通産省（現経済産業省），大蔵省（現財務省），経済企画庁（現内閣府），外務省，経産省，国交省，民間総括キャップ，官庁総括キャップなどを担当し，経済部次長，国際部次長など。この間2001～2004年にアジア経済特派員としてシンガポール支局をベースにASEAN，中国，インド，韓国経済をカバー。2010～2013年にバンコク支局でアジア総局長として東南アジアの政治経済，安全保障を中心にバンコク騒乱，タイ大洪水，ミャンマー民主化など取材。日米通商摩擦やASEAN，APEC，WTO，TPPなどの国際会議や通商交渉を多数取材。

助川 成也（すけがわ・せいや）

1969年，栃木県大田原市生まれ。九州大学大学院経済学府博士後期課程在学中。中央大学経済研究所客員研究員，国際貿易投資研究所（ITI）客員研究員，神田外語大学非常勤講師（所属は日本貿易振興機構（ジェトロ）企画部事業推進班）。1998～2004年，2010～2013年の2度に亘ってタイ・バンコクに駐在。主要編著書に，『ASEAN経済共同体と日本』石川幸一・清水一史・助川成也，2013年12月，『ASEAN経済共同体』石川幸一・清水一史・助川成也，2009年8月，『アジア太平洋の新通商秩序』（山澤逸平・馬田啓一・国際貿易投資研究会編著，2013年10月）他多数。

ASEAN大市場統合（メガ）と日本
TPP時代を日本企業が生き抜くには

2014年10月31日 第1版第1刷発行	検印省略

著 者　深　沢　淳　一
　　　　助　川　成　也
発行者　前　野　　　弘
発行所　㍿　文　眞　堂
　　　　東京都新宿区早稲田鶴巻町533
　　　　電　話　03(3202)8480
　　　　FAX　03(3203)2638
　　　　http://www.bunshin-do.co.jp/
　　　　〒162-0041　振替00120-2-96437

印刷・モリモト印刷
© 2014　The Yomiuri Shimbun, Seiya Sukegawa
定価はカバー裏に表示してあります
ISBN978-4-8309-4838-1　C3033

【好評既刊】

2015年，世界の成長センターASEANが巨大統合市場に！
ASEAN経済共同体と日本—巨大統合市場の誕生—
石川幸一・清水一史・助川成也 編著
ISBN：978-4-8309-4778-0　C3033　A5判　本体2600円　2013年12月発行

2015年，ASEAN経済共同体（AEC）が創設される。完成すれば中国やインドにも対抗する経済圏となり，日本と日本企業にとっても最重要の地域となる。日本とASEANとの関係は40年を迎え，ASEANとの経済関係を戦略的に見直す時期に来ている。各分野の専門家が統合への進展状況，課題，実現への展望などを検討，2015年末のASEANの姿を描く。

201X年，日本の投資はどこへ向かうのか？
ASEANシフトが進む日系企業—統合一体化するメコン地域—
春日尚雄 著
ISBN：978-4-8309-4772-8　C3033　A5判　本体2400円　2014年8月発行

近年の状況を見ると，海外進出企業は集中のメリットを優先し，リスク分散をはかる必要を軽んじていた感がある。日本企業はASEANとりわけメコン地域への投資の比重を増やす行動が起きつつある。本書では，一大経済圏となりつつあるGMS（拡大メコン経済圏）で，日系グローバル企業を中心に産業の集積と分散がどのように起きているかを論じている。

東南アジアのエネルギーの最新情報満載！
東南アジアのエネルギー—発展するアジアの課題—
武石礼司 著
ISBN：978-4-8309-4825-1　C3033　A5判　本体2000円　2014年7月発行

好調な経済の下，発展を遂げてきた東南アジアの10カ国は，アセアンを形成して域内協力を深めており，日本にとって，ますます重要な国々となっている。アセアン諸国は，歴史，人口，気候，宗教，資源，産業も大きく異なり，エネルギー需給への取り組みと政策も実に多様である。最新の現地情報を盛り込み，現状と今後を解説する。

難航するTPP交渉の背景と争点を検証！
TPP交渉の論点と日本—国益をめぐる攻防—
石川幸一・馬田啓一・渡邊頼純 編著
ISBN：978-4-8309-4823-7　C3033　A5判　本体2300円　2014年6月発行

年内妥結かそれとも漂流か。正念場を迎えたTPP交渉。日米をはじめ交渉参加12カ国はセンシティブな問題をめぐり激しく対立。関税撤廃，知的財産権，国有企業規律，投資（ISDS条項），環境など難航する交渉分野の主な争点は何か。合意への道筋をどう付けるのか。本書は，TPPの背景と交渉分野における主要な論点を取り上げ，攻めと守りのTPP交渉を検証。